Inhaltsverzeichnis

W0334930

1 Aufgaben und Aufgabenbereiche des betrieblichen Rechnungswesens

Lehrbuch Seite 16

Arbeitsaufträge

- ❑ Damit die Geschäftsleitung der Primus KG die Übersicht über die Geschäftsentwicklung nicht verliert, lässt sie über Bestände und deren Veränderungen laufend Bücher führen. Alle Einkäufe und dafür notwendigen Ausgaben sowie alle Verkäufe und dadurch erzielte Einnahmen werden fortlaufend erfasst. In regelmäßigen Abständen lässt die Geschäftsleitung durch Gegenüberstellung der Einnahmen und Ausgaben feststellen, wie sich der Zahlungsmittelbestand entwickelt hat, durch Gegenüberstellung der Aufwendungen und Erträge, ob das Unternehmen noch auf der Gewinnstraße ist.
- ❑ **Aufgabenkatalog des Rechnungswesens**
  - **für die Geschäftsleitung**: lückenlose Erfassung aller Geschäftsfälle, aller Einnahmen und Ausgaben, aller Aufwendungen und Erträge, aller Veränderungen des Vermögens und der Schulden, Umsätze einzelner Kunden, Lieferer, Artikel, Liquide Mittel, statistische Unterlagen, Unterlagen für die Kalkulation, für die Besteuerung u. a.
  - **für die Abteilungsleiter**: Kontenstand, offene Posten, Zahlungsverhalten, Umsätze einzelner Kunden, offene Posten gegenüber Lieferern u. a.
  - **Kreditgeber**: Schulden, Liquide Mittel, Erfolg
  - **Behörden** (z. b. Finanzamt), Gewinn, Vermögen, Umsatz

Lehrbuch Seiten 21, 22

1 Der Industriebetrieb kauft Roh-, Hilfs- und Betriebsstoffe bei seinen Lieferanten ein, um sie nach und nach in der Produktion zu verarbeiten. Weil Beschaffung und Absatz oft zeitlich auseinander fallen, müssen die Werkstoffe vielfach gelagert werden. Nach Bedarf werden die Werkstoffe dann verarbeitet und die erzeugten Produkte an Großhandel, Einzelhandel, Großabnehmer und weiterverarbeitende Betriebe der Industrie und des Handwerks verkauft.
Diese Hauptaufgaben des Industriebetriebs werden von den Abteilungen Einkauf, Produktion, Lager und Verkauf übernommen.
Um diese Hauptaufgaben durchführen zu können, benötigt das Industrieunternehmen Arbeitskräfte und Betriebsmittel. Das Personalbüro ist für die Beschaffung der Arbeitskräfte, die Anlagenwirtschaft für die Beschaffung der Betriebsmittel zuständig.
Beschaffung und Absatz verlangen die Lösung zahlreicher Finanzierungsprobleme. Mit der Wahrnehmung dieser Aufgaben ist eine laufende Veränderung des Vermögens und der Schulden verbunden. Die Buchführung hält alle Veränderungen des Vermögens und der Schulden durch Beschaffungs- und Absatzvorgänge und die damit verbundenen Ausgaben und Einnahmen fest.
Die Gegenüberstellung der Werte eingesetzter Produktionsfaktoren und der am Absatzmarkt erzielten Erlöse erteilt dem Unternehmer Auskunft über den Erfolg (Gewinn oder Verlust). Die Aufzeichnung der Werte der eingesetzten Produktionsfaktoren ist Grundlage für die Preisberechnung (Kalkulation). Die Ergebnisse werden für künftige Planungen und Entscheidungen aufbereitet und ausgewertet (Statistik, Planung). Die Unternehmensleitung übernimmt die Koordination aller Aufgabenbereiche.

2

Arbeit	Betriebsmittel	Werkstoffe
b) Leistungen der Unternehmensleitung e) Leistungen des Lagerpersonals j) Leistungen der Möbelschreiner in der Fertigung	a) Fahrzeuge c) Computer d) Grundstücke und Gebäude f) Regale h) Gabelstapler k) Sägen, Fräsen	g) Span- und Tischlerplatten i) Leim, Lacke

3 Mit der Wahrnehmung der Aufgaben ist eine laufende Änderung des Vermögens und der Schulden verbunden. Die Buchführung hält alle Veränderungen des Vermögens und der Schulden fest und liefert dem Unternehmer laufend Informationen über Art, Ursache und Höhe der Vermögensänderungen und damit Unterlagen für künftige Entscheidungen. Die Gegenüberstellung der Werte eingesetzter Produktionsfaktoren und der Erlöse am Absatzmarkt erteilt dem Unternehmer Auskunft über den Erfolg des Betriebes (Gewinn oder Verlust). Die Aufzeichnung der Werte der eingesetzten Produktionsfaktoren ist Grundlage für die Preisberechnung (Kalkulation).
Nicht zuletzt sammelt die Buchführung Angaben für Steuererklärungen.

4
- ❑ **Güterstrom:** Er fließt vom Beschaffungsmarkt zum Industrieunternehmen (Werkstoffe, Betriebsmittel, Arbeitskräfte) und vom Industrieunternehmen zum Absatzmarkt (Erzeugnisse).
- ❑ **Geldstrom:** Er strömt in der Gegenrichtung des Güterstroms. So erzielt der Industriebetrieb beim Verkauf von Erzeugnissen am Absatzmarkt Einnahmen und bei der Beschaffung von Produktionsfaktoren am Beschaffungsmarkt tätigt er Ausgaben.

5 a) Die Hausbank benötigt Informationen über das Vermögen als mögliche Sicherheit und über bestehende Schulden, um die Kreditwürdigkeit des Industrieunternehmens richtig einzuschätzen.
b) Das Finanzamt interessiert sich für die Aufzeichnungen aller Aufwendungen und Erträge, weil diese den steuerpflichtigen Gewinn beeinflussen.

6 **Rewe als Informationssystem**
stellt Daten über
- ❑ Einnahmen, Ausgaben,
- ❑ Aufwendungen, Erträge und Gewinn bzw. Verlust und
- ❑ Veränderungen der Güter- und Geldmittelbestände zusammen.

Rewe als Kontrollsystem
- ❑ überwacht die Erfassung aller Einnahmen und Ausgaben,
- ❑ kontrolliert die Einhaltung von Vorgaben (Soll-Ist-Vergleich) und
- ❑ kontrolliert, ob der Betrieb sich auf der Gewinnstraße befindet.

Rewe als Steuerungssystem
liefert Planungsdaten für künftige Entscheidungen, wie z.B. über den Stand flüssiger Mittel vor Einkaufsentscheidungen sowie über Absatzzahlen einzelner Produkte oder Produktgruppen vor Entscheidungen über das Sortiment.

7 **Finanzbuchhaltung**
- ❑ erfasst Geld- und Güterströme,
- ❑ ermittelt Bestände von Vermögen und Kapital, erfasst deren Veränderungen und
- ❑ ermittelt den Erfolg (Gewinn oder Verlust) des Unternehmens.

Kosten- und Leistungsrechnung
- ❑ stellt Kosten und Umsatzerlöse der Erzeugnisse gegenüber,
- ❑ ermittelt den Erfolg aus der Betriebstätigkeit und
- ❑ kontrolliert die Wirtschaftlichkeit des Betriebes.

8 a)

Datum	Text/ Vorgang	Einnahmen in EUR	Ausgaben in EUR	Aufschlüsselung der Ausgaben						
				Essen	Trinken	Kleidung	Bildung	Reisen	Gebrauchs-güter	Taschen-geld
01.01.	Haushalts-geld	400,00								

b) Ein Haushaltsbuch sollte
- ❑ Einnahmen und Ausgaben der Haushaltskasse und
- ❑ Ursachen (Herkunft der Einnahmen und Gründe der Ausgaben) ausweisen. Es könnte in Tabellenform aufgebaut sein und wie oben aussehen.

c)
- ❑ Jederzeit ist der Stand der Haushaltskasse erkennbar.
- ❑ Alle Einnahmen und Ausgaben sind nachzuvollziehen.
- ❑ Ursachen und Höhe aller Einnahmen und Ausgaben können erklärt werden.
- ❑ Es liefert Unterlagen für künftige Entscheidungen, wie z. B. Einsparungsmöglichkeiten, künftige Anschaffungen, Ferien- und Reiseplanungen usw.

9 Als Gruppenleiter will Herr Berg wissen, wie der Artikel Laserdrucker HP Laser Jet 3001 am Absatzmarkt nachgefragt wird und wie der Trend ist. Daraus kann er Maßnahmen ableiten, um das Produkt zu stützen, zu verändern oder aus dem Absatzprogramm zu nehmen. Informationen dieser Art können nur erschlossen werden, wenn für jedes Produkt eine eigene Datei geführt wird, aus der Produktions-, Absatz- und Bestandsmengen hervorgehen.

10 a) Bei jedem Auftrag ist die Bonität des Kunden zu prüfen.
Bei Stammkunden ist zu prüfen, ob der Kunde regelmäßig und pünktlich zahlt und ob bei offenen Posten die Fälligkeitstermine überschritten worden sind.
b) Für jeden Kunden ist ein eigenes Konto zu führen, auf dem die ihm erteilten Rechnungen und die von ihm geleisteten Zahlungen erfasst werden.

11 Bei der Vielfalt der Vorgänge in einem Inustrieunternehmen, wie Einkäufe, Produktion, Verkauf, Zahlungen, würde die Geschäftsführung sehr bald die Übersicht über die Vermögenslage verlieren.
Für künftige Entscheidungen fehlten notwendige Unterlagen.

12 a) 1 c) 2 e) 4
b) 4 d) 3 f) 1

2 Einführung in die Systematik der Buchführung

2.1 Rechtsgrundlagen der Buchführung

Lehrbuch Seite 23

Arbeitsaufträge

- ❑ **Gläubigerschutz:** Kreditgeber sind an einer richtigen und nicht überhöhten Darstellung von Vermögen und Gewinn interessiert. Angaben hierzu müssen verlässlich und vergleichbar sein.
- ❑ **Einheitlichkeit der Steuerbemessung:** Der Fiskus ist an einer einheitlichen und von Betrieb zu Betrieb vergleichbaren Darstellung von Steuerbemessungsgrößen interessiert: Gewinn, Umsatz, Vermögen.

Lehrbuch Seite 25

1 1. Regelmäßige Ermittlung des Vermögens und der Schulden
2. Erfassung aller Veränderungen des Vermögens und der Schulden:
   - Einnahmen und Ausgaben
   - Aufwendungen und Erträge
3. Ermittlung des Erfolges (Gewinn oder Verlust)
4. Unterlage für Besteuerung
5. Unterlagen für die Kalkulation
6. Feststellung von Schwachstellen des Betriebes durch statistische Auswertung, Vergleiche von Jahr zu Jahr und von Betrieb zu Betrieb.
7. Bereitstellung von Planungsunterlagen

2 §§ 238–263 HGB für **alle** Kaufleute
§ 264 ff. für Kapitalgesellschaften
Dazu Einzelvorschriften für Kapitalgesellschaften und Genossenschaften: AktG, GmbHG, GenG

3 a) Informationen über Bestand und Gebarung (Entwicklung) des Vermögens und der Schulden und über den Erfolg und einzelne Erfolgsquellen
b) Sicherheiten für gewährte Kredite
Liquide Mittel für deren Rückzahlung
c) Einheitliche Feststellung von Steuerbemessungsgrößen, wie Gewinn, Umsatz, Vermögen.

4 Die Unternehmung Adalbert Klar e. K. ist im Handelsregister eingetragen und daher Kaufmann. Gem. § 238 Abs. 1 HGB ist sie zur Buchführung verpflichtet.

5 Der Schlossermeister Adams ist mit seinem Gewerbe nicht im Handelsregister eingetragen und somit nicht Kaufmann, sondern Kleingewerbetreibender. Nach Handelsrecht ist er somit nicht zur Buchführung verpflichtet. Steuerrechtlich ist er gem. § 141 Abs. 1 AO zu einer vereinfachten Buchführung verpflichtet, weil sein Gewinn 30 000,00 EUR überschreitet (vgl. Lehrbuch S. 24).

6 Auf Antrag und mit der Begründung des Arbeitsengpasses in der Weihnachtszeit lässt sich die Umstellung des Geschäftsjahres durchsetzen.

2.2 Inventur, Inventar, Bilanz

2.2.1 Inventur

Lehrbuch Seite 26

Arbeitsauftrag Im Rahmen der Vorbereitung ist ein Aufnahmestichtag zu bestimmen, Aufnahmebezirke (-bereiche) sind festzulegen, die Aufnahmepersonen des Unternehmens zu bestimmen und auf die Aufnahmebezirke zu verteilen, Aufnahmelisten vorzubereiten und zu nummerieren. Wurden die Bestände bisher über EDV geführt, sollten Listen mit den Sollbeständen ausgedruckt werden.

Lehrbuch Seite 32

1 a) Bei der Durchführung einer zeitnahen Inventur zum 31. Dezember (Inventurstichtag) kann die Aufnahme vom 21. Dezember bis zum 10. Januar des folgenden Jahres dauern.

b)

Bestand am 09. 01. (Aufnahmetag)	180 Stück à 58,86 EUR =	10 594,80 EUR
+ Abgang : Verkauf am 03. 01.	160 Stück à 58,86 EUR =	9 417,60 EUR
+ Abgang : Verkauf am 07. 01.	70 Stück à 58,86 EUR =	4 120,20 EUR
	410 Stück à 58,86 EUR =	24 132,60 EUR
– Fertigung am 05. 01.	150 Stück à 58,86 EUR =	8 829,00 EUR
= Inventurbestand zum 31. 12.	260 Stück à 58,86 EUR =	15 303,60 EUR

2 a)

Originalbestandsaufnahme								**Stichtag:** 21. 12.
Abteilung/Lagerort/Fach: Organisation								Seite: 1
Waren-Nr.	Gegenstand: Handelsübliche Bezeichnung	Gegenstand: Beschaffenheit	Festgestellte: Menge Anzahl	Festgestellte: Stück, kg, m	Einstandspreis mit Fracht- und Bezugskosten	Verkaufspreis evtl. Marktpreis	minus Wertabschlag % Rabatt	Richtiger Inventurpreis
1	Primus Ordner A4	keine Mängel	750	Stück	1,00			750,00
Aufnahmedatum: 21. 12.		Aufgenommen durch: Isabel Lopp				Berechnet durch: Sven Fischer		

b) Körperliche Bestandsaufnahme als zeitnahe Inventur

c)

Warenart: Primus Ordner A4			**Artikel-Nr:** 119 B 263				
		Zugang		Abgang		Bestand	
Tag	Vorgang	Menge	Wert	Menge	Wert	Menge	Wert
21. 12.	Inventur					750 St.	750,00
22. 12.	ER	5000 St.	5000,00			5750 St.	5750,00
27. 12.	AR			2800 St.	2800,00	2950 St.	2950,00
28. 12.	AR			1600 St.	1600,00	1350 St.	1350,00
31. 12.	Endbestand					1350 St.	1350,00

3 Erfassung aller Vermögens- und Schuldenteile nach Art, Menge, Einzel- und Gesamtwert zu einem bestimmten Zeitpunkt (Stichtag). Diese Aufnahme ist

- bei Eröffnung oder Übernahme,
- zum Ende eines jeden Geschäftsjahres und
- bei Auflösung oder Übergabe

des Unternehmens vorgeschrieben.

4
- **Inventuranweisungen**: Sie enthalten Aufnahmevorschriften für alle Bereiche des Unternehmens.
- **Inventurablaufplanung**: Sie legt fest,
  - wer die Inventur an den verschiedenen Orten im Unternehmen durchzuführen hat,
  - wo im Unternehmen die Bestände zu erfassen sind und
  - wann die Bestandsaufnahme an den verschiedenen Orten abzuwickeln ist.

5
- **Buchinventur:** Bankguthaben (Kontoauszug), Forderungen a. LL (Liste der unbezahlten AR), Verbindlichkeiten a. LL (Liste der unbezahlten ER)
- **körperliche Inventur:** Kassenbestand, Handelswaren

2.2.2 Inventar

Lehrbuch Seite 33

Arbeitsauftrag Im Inventar werden Vermögensteile und Schulden hintereinander aufgeschrieben. Danach wird durch Gegenüberstellung von Vermögen und Schulden das Reinvermögen (Eigenkapital) berechnet. Die Vermögensteile werden in Anlage- und Umlaufvermögen gegliedert und nach zunehmender Liquidität geordnet. Die Schulden werden nach ihren Restlaufzeiten in langfristige, mittelfristige und kurzfristige Schulden gegliedert und nach zunehmender Fälligkeit geordnet.
Die Bewertung ist in § 253 HGB geregelt. Danach sind anzusetzen:

- das AV zu Anschaffungskosten abzüglich planmäßiger Abschreibung,
- das UV zu Anschaffungskosten (Waren),
- die Schulden zum Rückzahlungsbetrag.

Lehrbuch Seiten 39, 40

1 Inventar des Fleischkonservenherstellers Alois Berger e. K., Fürth, am 31. Dezember ..

Art, Menge, Einzelwert	EUR	EUR
A. Vermögen		
I. Anlagevermögen		
1. Gebäude		450 000,00
2. Maschinen lt. Verzeichnis 1		600 000,00
3. Geschäftsausstattung lt. Verzeichnis 2		120 000,00
II. Umlaufvermögen		
1. Erzeugnisse lt. Verzeichnis 3		75 000,00
2. Forderungen a. LL lt. Saldenliste		
Alois Hausmann e. K., Nürnberg	22 100,00	
Ludwig Sommer e. K., Bamberg	33 950,00	
Peter Dick e. K., München	43 270,00	99 320,00
3. Bankguthaben		
Handelsbank, Fürth	283 185,00	
Sparkasse der Stadt Fürth	117 430,00	
Postbank Nürnberg	62 865,00	463 480,00
4. Bargeld		2 487,00
Summe des Vermögens		1 810 287,00
B. Schulden		
1. Verbindlichkeiten gegenüber der Bank für Handel und Gewerbe		118 000,00
2. Verbindlichkeiten a. LL lt. Saldenliste		
Schmitz & Co. KG, Aachen	44 600,00	
König AG, Stuttgart	63 200,00	
Werner Linde e. K., Hamburg	55 100,00	162 900,00
Summe der Schulden		280 900,00
C. Eigenkapital		
Vermögen		1 810 287,00
Schulden		280 900,00
Reinvermögen		1 529 387,00

2
1. Grundlage der Betriebsbereitschaft bildet **das Anlagevermögen**.
2. Der eigentliche Gewinnträger des Unternehmens ist **das Umlaufvermögen**.
3. **Das Reinvermögen** ist der dem Unternehmer verbleibende Teil des Vermögens, nachdem **die Schulden** abgezogen wurden.
4. Kapital, das dem Unternehmen nur befristet zur Verfügung steht, bezeichnet man als **die Schulden** des Unternehmens.
5. **Das Anlagevermögen** ist dazu bestimmt, dem Unternehmen dauernd zu dienen.
6. **Die Schulden** können als Fremdkapital bezeichnet werden.
7. **Das Vermögen** wird nach zunehmender Liquidität geordnet.

3 **richtig:** c, d **falsch:** a, b, e

4

Anlagevermögen	Umlaufvermögen	Eigenkapital	Langfristige Schulden	Kurzfristige Schulden
2. Personalcomputer 6. Transportbänder im Lager 7. Geschäftshaus 12. Regale in den Lagerräumen 13. Gabelstapler 16. Geschäfts-Pkw 17. Geschäftsparkplatz 18. Gemüsemühle	1. Vorräte an Fleischkonserven 4. Bankguthaben 8. Guthaben bei einem Kunden 10. Vorräte an Gewürzen 11. Kassenbestand 15. Postbankguthaben	14. Einlagen der Kommanditisten	5. Darlehn mit zehnjähriger Laufzeit	3. Verbindlichkeiten gegenüber einem Lieferer 9. Verbindlichkeiten gegenüber Banken mit einer Laufzeit bis zu einem Jahr

5 a) Die **Inventur** ist die Tätigkeit des Aufnehmens der Bestände an Vermögen und Schulden nach Art, Menge und Wert zu einem bestimmten Stichtag.
Teilweise werden die Wirtschaftsgüter durch körperliche Bestandsaufnahme, teilweise durch Buchinventur ermittelt.
Die geordnete Sammlung der Ergebnisse der Inventur wird als Inventar bezeichnet.

b)
- ❑ **Körperliche Bestandsaufnahme:** Aufnahme körperlicher Wirtschaftsgüter durch Zählen, Messen, Wiegen und Schätzverfahren.
- ❑ **Buchmäßige Bestandsaufnahme:** Nicht körperliche Wirtschaftsgüter, wie Forderungen, Bankguthaben, Verbindlichkeiten und Darlehnsschulden, werden anhand von Buchungsunterlagen (Rechnungen, Kontoauszüge) buchmäßig ermittelt.

c) Das **Anlagevermögen** bildet die Grundlage der Betriebsbereitschaft. Zu ihm zählen die Vermögensgegenstände, die am Bilanzstichtag dazu bestimmt sind, dem Geschäftsbetrieb dauernd zu dienen: Grundstücke, Gebäude, Maschinen, Fuhrpark u. a.
Das **Umlaufvermögen** ist der eigentliche Gewinnträger. Zu ihm zählen die Vermögensgegenstände, die am Bilanzstichtag dazu bestimmt sind, veräußert (Waren) oder einmalig genutzt zu werden (liquide Mittel).
Durch die Geschäftstätigkeit unterliegt es einem ständigen Umlauf und einer Umwandlung: Waren werden beim Verkauf in Forderungen bzw. in liquide Mittel umgewandelt. Die liquiden Mittel werden schließlich wieder eingesetzt, um die eingesetzten Waren und die abgenutzten Anlagen zu ersetzen.

- ❑ **Forderungen** sind Guthaben bei Kunden aufgrund erbrachter Warenlieferungen oder Dienstleistungen.
- ❑ **Verbindlichkeiten** sind Schulden gegenüber Lieferern aufgrund erbrachter Lieferungen oder Leistungen.
- ❑ **Eigenkapital** ist Kapital, das der Unternehmer oder die Gesellschafter eines Unternehmens selbst eingebracht haben. Es steht zeitlich unbegrenzt und zinslos zur Verfügung.
- ❑ **Schulden** sind Kapital von Dritten, das zeitlich befristet gegen Entgelt (Zinsen) zur Verfügung gestellt wird. Es ist Verpflichtungskapital.

6 a) Inventar des Textilfabrikants Martin Huber e. K., Stuttgart, am 31. Dezember ..
b) und 31. Dezember .. des nächsten Jahres:

Inventar zum 31. Dezember ..	**des 1. Jahres**		**des 2. Jahres**		**Veränderung**
Art, Menge, Einzelwert	**EUR**	**EUR**	**EUR**	**EUR**	**EUR**
A. Vermögen					
I. Anlagevermögen					
1. Betriebs- und Geschäftsausstattung lt. Verzeichnis 1		160 000,00		159 000,00	− 1 000,00
2. Fuhrpark lt. Verzeichnis 2		440 000,00		430 000,00	− 10 000,00
II. Umlaufvermögen					
1. Roh-, Hilfs- und Betriebsstoffe		115 000,00		121 000,00	+ 6 000,00
2. Fertige Erzeugnisse lt. Verzeichnis		165 000,00		168 000,00	+ 3 000,00
3. Handelswaren lt. Verzeichnis		35 000,00		42 000,00	+ 7 000,00
4. Forderungen a. LL lt. Saldenliste					
Wilhelm Bauer e.K., Stuttgart	40 000,00		30 500,00		
Alois Michels e.K., Ludwigshafen	20 800,00		50 000,00		
Klaus Lohmare.K., Mannheim	30 100,00	90 900,00	30 800,00	111 300,00	+ 20 400,00
5. Bankguthaben bei der Stadtspark. Stuttgart		116 740,00		185 280,00	+ 68 540,00
6. Bargeld		8 100,00		9 900,00	+ 1 800,00
Summe des Vermögens		1 130 740,00		1 226 480,00	+ 95 740,00
B. Schulden					
1. Verbindlichkeiten gegenüber Neckar Bank		170 000,00		160 000,00	− 10 000,00
2. Verbindlichkeiten a. LL. lt. Saldenliste					
V. Missel & Co. KG, Heidenheim	60 000,00		80 000,00		
P. Schulze e.K., Berlin	80 000,00		40 000,00		
F. Schmitz e.K., Krefeld	30 300,00		20 600,00		
H. Meyer e.K., Augsburg	30 400,00	200 700,00	30 700,00	171 300,00	− 29 400,00
Summe der Schulden		370 700,00		331 300,00	− 39 400,00
C. Eigenkapital					
Vermögen		1 130 740,00		1 226 480,00	
Schulden		370 700,00		331 300,00	
Reinvermögen		760 040,00		895 180,00	+135 140,00

c) ❑ **Ursachen der Veränderungen:** Der Wert des Anlagevermögens verminderte sich wegen seines Gebrauchs während des Geschäftsjahres um 11 000,00 EUR. Es ist zu vermuten, dass kein neues Anlagevermögen beschafft wurde. Da die Warenvorräte und die Forderungen angestiegen sind, lagen im 2. Geschäftsjahr wahrscheinlich höhere Umsätze als in der vorhergegangenen Periode vor. Aufgrund fehlender Anlagenkäufe und der gestiegenen Umsätze wurden Rückzahlungen der Schulden möglich.

d) ❑ **Veränderungen des Eigenkapitals:** Eigenkapitalmehrung von 135 140,00 EUR.

7 Individuelle Lösung (vgl. Lehrbuch S. 30 f.)
Hier sollten die Auszubildenden die Probleme und ihre Lösungen aus der Sicht ihrer Ausbildungsbetriebe darstellen.

2.2.3 Erfassung der Werte des Vermögens und der Schulden mithilfe des Dreisatzes

Lehrbuch Seite 41

Arbeitsaufträge

- 11200 Artikel – 14 Mitarbeiter
  14400 Artikel – x   x = 18 zusätzlich 4 Mitarbeiter
- 14 Mitarbeiter – 8 Stunden
  8 Mitarbeiter – x   x = 14 Stunden

Lehrbuch Seiten 43, 44

1 44000 l – 12760,00 EUR
14600 l – x   x = 4234,00 EUR

2 160 Bürostühle – 29600,00 EUR
288 Bürostühle – x   x = 53280,00 EUR

3 13 m – 714,00 EUR

a) 2,25 m – x	x = 123,58 EUR
b) 4,75 m – x	x = 260,88 EUR
c) 6,15 m – x	x = 337,78 EUR
d) 7,2 m – x	x = 395,45 EUR
e) 8,75 m – x	x = 480,58 EUR
f) 15 m – x	x = 823,85 EUR

4 80 Kisten – 6400,00 EUR
50 Kisten – x   x = 4000,00 EUR

5 160 Artikel – 120,00 EUR
300 Artikel – x   x = 225,00 EUR

6 120 kg – 112,5 kg
700 kg – x   x = 656,25 kg

7 2860 kg – 128,70 EUR
720 kg – x   x = 32,40 EUR

8 10 Reihen – 30 Stunden
14 Reihen – x   x = 42 Stunden

9 4 Tage – 6 Angestellte   x = 8 Angestellte
3 Tage – x   zusätzlich 2 Angestellte

10 16 Großhändler – 211120,00 EUR
1 Großhändler – x   x = 13195,00 EUR

20 Großhändler – 211120,00 EUR
1 Großhändler – x   x = 10556,00 EUR

2639,00 EUR

11 40 Stück – 60 Tage
a) 50 Stück – x   x = 48 Tage
b) 20 Stück – x   x = 120 Tage

12 4752 Stück : 176 Tage = 27 Stück Tagesabsatz
+ 9 Stück
36 Stück

27 Stück – 176 Tage
36 Stück – x   x = 132 Tage

13 3 Mitarbeiter – 8 Stunden
6 Mitarbeiter – x   x = 4 Stunden

14 12,5 Tage – 20 Näherinnen   x = 25 Näherinnen
10 Tage – x   zusätzlich 5 Näherinnen

15 6 Mitarbeiter – 12 Tage
8 Mitarbeiter – x   x = 9 Tage

16 18 Stunden – 6 Mitarbeiter   x = 9 Mitarbeiter
12 Stunden – x   zusätzlich 3 Mitarbeiter

2.2.4 Durchschnittsrechnen bei Warenbeständen

Lehrbuch Seite 45

Arbeitsaufträge

- $\frac{1400 + 1500 + 1700 + 1300}{4} = \underline{\underline{1475{,}00 \text{ EUR}}}$
- $\frac{(7 \cdot 1400) + (2 \cdot 1500) + (7 \cdot 1700) + (4 \cdot 1300)}{20} = \frac{29900}{20} = \underline{\underline{1495{,}00 \text{ EUR}}}$

Lehrbuch Seiten 47 bis 49

1 $\frac{255}{5} = \underline{\underline{51 \text{ Stück}}}$

2 a) $\underline{\underline{20496{,}25 \text{ EUR}}}$

b) $13 \cdot 20496{,}25 = 266451{,}25 : 12 = \underline{\underline{22204{,}27 \text{ EUR}}}$

3 $\frac{10600 + 11450 + 17200 + 10150 + 11200}{5} = \underline{\underline{12120{,}00 \text{ EUR}}}$

4 $\frac{1280 + 2400 + 3280}{3} = \underline{\underline{2320{,}00 \text{ EUR}}}$

5 $\frac{54 + 46 + 62{,}5 + 34 + 73{,}5 + 48}{6} = \underline{\underline{53 \text{ kg}}}$

$\frac{2556 + 1848 + 2864 + 1456 + 3072 + 1920}{6} = \underline{\underline{2286{,}00 \text{ EUR}}}$

6 a) $\frac{288800 + 182920 + 126840 + 198800}{12} = \underline{\underline{66446{,}67 \text{ EUR}}}$

b) $\frac{126840}{3} = \underline{\underline{42280{,}00 \text{ EUR}}}$

7

170 · 12,50 =	2125,00 EUR	
250 · 13,20 =	3300,00 EUR	
300 · 13,95 =	4185,00 EUR	
150 · 13,55 =	2032,50 EUR	
90 · 12,10 =	1089,00 EUR	
40 · 11,95 =	478,00 EUR	
	13209,50 EUR	: 1000 = $\underline{\underline{13{,}21 \text{ EUR}}}$

8 a) $(48 \cdot 3{,}40) + (55 \cdot 4{,}35) = 402{,}45 : 103 = 3{,}907 : 2 = \underline{\underline{1{,}95 \text{ EUR}}}$

b) $(75 \cdot 4{,}30) + (45 \cdot 4{,}60) = 529{,}50 : 120 = 4{,}413 : 2 = \underline{\underline{2{,}21 \text{ EUR}}}$

c) $(108 \cdot 3{,}80) + (76 \cdot 4{,}50) = 752{,}40 : 184 = 4{,}089 : 2 = \underline{\underline{2{,}04 \text{ EUR}}}$

9 $\frac{(72 \cdot 22) + (78 \cdot 20{,}7) + (80 + 18{,}5)}{230} = \underline{\underline{20{,}34 \text{ EUR}}}$

10 $(1{,}30 \cdot 20) + (1{,}20 \cdot 50) + (1{,}40 \cdot 40) + (1{,}00 \cdot 18) = 160 : 128 = \underline{\underline{1{,}25 \text{ EUR}}}$

11 $\frac{2379{,}10}{130} = \underline{\underline{18{,}30 \text{ EUR}}}$

12

Grundstück	m²	Preis in EUR je m²	Grundstückspreis in EUR
1	2048	135,00	276480,00
2	1924	127,50	245310,00
3	4400	127,00	558800,00
4	1628	144,00	234432,00
5	3000	125,00	375000,00
	13000		a) $\underline{\underline{1690022{,}00}}$

b) $1690022{,}00 : 13000 = \underline{\underline{130{,}00 \text{ EUR}}}$

c)

1000 · 130,00 =	130000,00 EUR
+ Erschließungskosten	50000,00 EUR
+ Mehrerlös	10000,00 EUR
	$\underline{\underline{190000{,}00 \text{ EUR}}}$

2.2.5 Bilanz

Lehrbuch Seite 49

Arbeitsauftrag Herr Schubert will eine strukturierte Gegenüberstellung von Vermögen und Kapital, eine Bilanz. Sie verzichtet auf die detaillierte Darstellung aller einzelnen Vermögensteile und aller einzelnen Schulden. In ihr werden gleichartige Inhalte zusammengefasst.
Das Kapital, gegliedert in Eigen- und Fremdkapital (Schulden), wird dem Vermögen, gegliedert in Anlage- und Umlaufvermögen, in Kontenform gegenübergestellt.

Lehrbuch Seiten 52, 53

1 Aktiva — Bilanz der Firma Karl Monz e. K., Stuttgart, zum 31. Dezember .. — Passiva

Aktiva		Passiva	
I. Anlagevermögen		**I. Eigenkapital**	386 500,00
Betriebs- und Geschäftsausstattung	186 000,00	**II. Schulden**	
II. Umlaufvermögen		Verbindlichkeiten a. LL	92 100,00
Waren	117 000,00		
Forderungen a. LL	81 800,00		
Bank	92 000,00		
Kasse	1 800,00		
	478 600,00		478 600,00

Stuttgart, 15. Januar .. gez.: Karl Monz

2 Aktiva — Bilanz der Firma Karl Monz e. K., Stuttgart, zum 31. Dezember .. — Passiva

Aktiva		Passiva	
I. Anlagevermögen		**I. Eigenkapital**	395 100,00
Betriebs- und Geschäftsausstattung	318 000,00	**II. Schulden**	
II. Umlaufvermögen		Verbindlichkeiten gegenüber Banken	143 000,00
Waren	132 000,00	Verbindlichkeiten a. LL	96 400,00
Forderungen a. LL	75 500,00		
Bank	104 400,00		
Kasse	4 600,00		
	634 500,00		634 500,00

Stuttgart, 15. Januar .. gez.: Karl Monz

3 a) Inventar der Möbelfabrik Hans Lewen e. K., Mainz, zum 31. Dezember ..

Art, Menge, Einzelwert	EUR	EUR
A. Vermögen		
I. Anlagevermögen		
1. Maschinen lt. Verzeichnis 1		119 360,00
2. Geschäftsausstattung lt. Verzeichnis 2		188 500,00
II. Umlaufvermögen		
1. Roh-, Hilfs- und Betriebsstoffe lt. Verz. 3		450 000,00
2. Forderungen a. LL lt. Saldenliste		
Herbert Berg e. K., Wiesbaden	11 850,00	
Fritz Maas e. K., Bingen	12 370,00	
Kurt Schorn e. K., Mainz	13 640,00	37 860,00
3. Bankguthaben		76 060,00
4. Bargeld		1 750,00
Gesamtvermögen		873 530,00
B. Schulden		
Verbindlichkeiten a. LL lt. Saldenliste		
Karl Huber e. K., Stuttgart	22 670,00	
Ernst Klein e. K., Berlin	33 620,00	
F. Merz OHG, Frankfurt	14 100,00	70 390,00
Gesamtschulden		70 390,00
C. Errechnung des Eigenkapitals		
Gesamtvermögen		873 530,00
Gesamtschulden		70 390,00
Reinvermögen (Eigenkapital)		803 140,00

Aktiva	Bilanz der Möbelfabrik Hans Lewen e. K., Mainz, zum 31. Dez. ..		Passiva
I. Anlagevermögen		**I. Eigenkapital**	803 140,00
Maschinen	119 360,00	**II. Schulden**	
Geschäftsausstattung	188 500,00	Verbindlichkeiten a. LL	70 390,00
II. Umlaufvermögen			
Roh-, Hilfs- und Betriebsstoffe	450 000,00		
Forderungen a. LL	37 860,00		
Bank	76 060,00		
Kasse	1 750,00		
	873 530,00		873 530,00

Mainz, 15. Februar .. gez.: Hans Lewen

4 a) Inventar der Möbelfabrik Hans Lewen e. K., Mainz, zum 31. Dezember ..

Art, Menge, Einzelwert	EUR	EUR
A. Vermögen		
I. Anlagevermögen		
1. Maschinen lt. Verzeichnis 1		117 920,00
2. Betriebs- und Geschäftsausstattung lt. Verzeichnis 2		167 650,00
II. Umlaufvermögen		
1. Roh-, Hilfs- und Betriebsstoffe lt. Verz. 3		320 000,00
2. Forderungen a. LL		
Herbert Berg e. K., Wiesbaden	11 970,00	
Kurt Schorn e. K., Mainz	13 640,00	
Hermann Feld e. K., Mainz	21 760,00	47 370,00
3. Bankguthaben		96 230,00
4. Bargeld		2 810,00
Gesamtvermögen		751 980,00
B. Schulden		
Verbindlichkeiten a. LL		
Karl Huber e. K., Stuttgart	30 720,00	
Ernst Klein e. K., Berlin	20 100,00	
F. Merz OHG, Frankfurt	8 530,00	59 350,00
Gesamtschulden		59 350,00
C. Errechnen des Eigenkapitals		
Gesamtvermögen		751 980,00
Gesamtschulden		59 350,00
Eigenkapital (Reinvermögen)		692 630,00

Aktiva	Bilanz der Möbelfabrik Hans Lewen e. K., Mainz, zum 31. Dez. ..		Passiva
I. Anlagevermögen		**I. Eigenkapital**	692 630,00
Maschinen	117 920,00	**II. Schulden**	
Geschäftsausstattung	167 650,00	Verbindlichkeiten a. LL	59 350,00
II. Umlaufvermögen			
Roh-, Hilfs- und Betriebsstoffe	320 000,00		
Forderungen a. LL	47 370,00		
Bank	96 230,00		
Kasse	2 810,00		
	751 980,00		751 980,00

Mainz, 28. Februar .. gez.: Hans Lewen

b)

Eigenkapital zum 31. Dezember .. (Aufgabe 3)	803 140,00
Eigenkapital zum 31. Dezember .. (Aufgabe 4)	692 630,00
Erfolg (Verlust) des Geschäftsjahres	110 510,00

5

Aktiva		Passiva	
I. Anlagevermögen		**I. Eigenkapital**	3 387 000,00
Maschinen	400 000,00	**II. Schulden**	
Grundstücke mit Gebäude	1 670 000,00	Hypothekenschulden	600 000,00
Fuhrpark	300 000,00	Darlehnsschulden	500 000,00
Geschäftsausstattung	210 000,00	Verbindlichkeiten a. LL	1 170 000,00
II. Umlaufvermögen			
Rohstoffe	1 600 000,00		
Forderungen a. LL	900 000,00		
Bankguthaben	570 000,00		
Kassenbestand	7 000,00		
	5 657 000,00		5 657 000,00

Bilanz der Möbelfabrik F. Klein e. K., Siegburg, zum 31. Dez. des 1. Jahres

Siegburg, 14. Januar .. gez.: Franz Klein

6

Aktiva		Passiva	
I. Anlagevermögen		**I. Eigenkapital**	1 700 000,00
Maschinen	600 000,00	**II. Schulden**	
Grundstücke mit Gebäude	338 400,00	Darlehnsschulden	720 000,00
Fuhrpark	564 000,00	Verbindlichkeiten a. LL	1 080 000,00
Geschäftsausstattung	141 000,00		
II. Umlaufvermögen			
Rohstoffe	1 126 220,00		
Forderungen a. LL	253 800,00		
Bankguthaben	434 280,00		
Kassenbestand	42 300,00		
	3 500 000,00		3 500 000,00

Bilanz der Möbelfabrik F. Klein e. K., Siegburg, zum 31. Dez. des 2. Jahres

Siegburg, 15. Februar .. gez.: Franz Klein

7 a) 60 % b) 40 % c) 70 % d) 30 %

8 Korrektur der Fehler
c) Forderungen a. LL zählen zum Umlaufvermögen.
d) Das Eigenkapital ist das Haftungskapital des Unternehmens.
g) Die Bilanz ist eine Gegenüberstellung von Vermögen und Kapital in Kontenform.
h) Die Bilanz wird Jahr für Jahr zum Ende des Geschäftsjahres aufgestellt.

9 a) richtig
b) falsch: Da die Bilanz die Gesamtwerte aus der 2. Spalte des Inventars übernimmt, können Bilanz und Inventar wertmäßig nicht voneinander abweichen.
c) richtig
d) richtig
e) falsch: Nur der Inhaber (in Einzelunternehmen) oder die gesetzlichen Vertreter (der Geschäftsführer in der GmbH und der Vorstand in der AG) dürfen die Bilanz unterschreiben. Sie allein haften für die Richtigkeit der Bilanz. Das Inventar wird nicht unterschrieben.

10

Aktiva		Passiva	
I. Anlagevermögen		**I. Eigenkapital**	190 000,00
Grundstück mit Gebäude	33 840,00	**II. Schulden**	
Maschinen	80 000,00	Darlehensschulden	72 000,00
Geschäftsausstattung	14 100,00	Verbindlichkeiten a. LL	108 000,00
Fuhrpark	56 400,00		
II. Umlaufvermögen			
Roh- und Hilfsstoffe	112 622,00		
Forderungen a. LL	25 380,00		
Bank	43 428,00		
Kasse	4 230,00		
	370 000,00		370 000,00

Bilanz der Firma Franz Leinen e. K., Essen, zum 31. Dez. 20..

Essen, den 15. Februar 20..
gez.: Franz Leinen Franz Leinen

Verhältnis der Positionen	Quotient
Anlagevermögen und Umlaufvermögen	0,99
Eigenkapital und Fremdkapital	1,06
Eigenkapital und Anlagevermögen	1,03
flüssige Mittel und kurzfristige Verbindlichkeiten	0,44

2.2.6 Darstellung der Bilanzstruktur mithilfe der Prozentrechnung

Lehrbuch Seite 54

Arbeitsaufträge

❑ 320 000,00 EUR = 100 %
52 500,00 EUR = x — x = 16,41 %

❑ 100 % = 500 000,00 EUR
40 % = x — x = 200 000,00 EUR

❑ 1 650 000,00 EUR = 100 %
1 000 000,00 EUR = x — x = 60,6 %

Lehrbuch Seiten 56, 57

1 300 000,00 EUR – 100 %
40 000,00 EUR – x — x = 13,33 %

2 a) 1 850 000,00 EUR – 100 %
1 360 000,00 EUR – x — x = 73,51 %
b) 1 850 000,00 EUR – 100 %
720 000,00 EUR – x — x = 38,92 %

3 a) 3 400 000,00 EUR – 100 %
1 800 000,00 EUR – x — x = 52,94 %
b) 3 400 000,00 EUR – 100 %
~~1~~600 000,00 EUR – x — x = ~~47,06 %~~ 17,65 % Fehler!
c) 3 400 000,00 EUR – 100 %
2 450 000,00 EUR – x — x = 72,06 %
d) 3 400 000,00 EUR – 100 %
950 000,00 EUR – x — x = 27,94 %
e) 1 800 000,00 EUR – 100 %
1 150 000,00 EUR – x — x = 63,89 %
f) 1 800 000,00 EUR – 100 %
360 000,00 EUR – x — x = 20 %
g) 1 600 000,00 EUR – 100 %
600 000,00 EUR – x — x = 37,5 %
h) 950 000,00 EUR – 100 %
510 000,00 EUR – x — x = 53,68 %

4 545 000,00 EUR – 100 %
190 750,00 EUR – x — x = 35 %

5 a)

Vermögen	3 816 000,00 EUR
– Schulden	2 200 000,00 EUR
Eigenkapital	1 616 000,00 EUR

b) 3 816 000,00 EUR = 100 %
2 040 000,00 EUR = x — x = 53,46 %
c) 3 816 000,00 EUR = 100 %
1 616 000,00 EUR = x — x = 42,35 %

Lehrbuch Seite 59

1 a) 100 % – 1 560 000,00 EUR
60 % – x — x = 936 000,00 EUR
b) 100 % – 936 000,00 EUR
75 % – x — x = 702 000,00 EUR
c) 100 % – 1 560 000,00 EUR
60 % – x — x = 936 000,00 EUR
d) 100 % – 1 560 000,00 EUR
40 % – x — x = 624 000,00 EUR

2 a) 100 % – 1 600 000,00 EUR
36 % – x — x = 576 000,00 EUR
b) 100 % – 1 600 000,00 EUR
64 % – x — x = 1 024 000,00 EUR

3 a) 100 % – 6 145,20 EUR
3 % – x — x = 184,36 EUR
b) 100 % – 8 448,00 EUR
8 % – x — x = 675,84 EUR
c) 100 % – 16 983,00 EUR
17 % – x — x = 2 887,11 EUR

d) 100 % – 10750,00 EUR
25 % – x　　x = 2687,50 EUR

e) 100 % – 3150,00 EUR
6 2/3 % – x　　x = 210,00 EUR

f) 100 % – 4152,00 EUR
8 1/3 % – x　　x = 346,00 EUR

4 a) 1000 ‰ – 750,00 EUR
3 ‰ – x　　x = 2,25 EUR

b) 1000 ‰ – 2950,00 EUR
5 ‰ – x　　x = 14,75 EUR

c) 1000 ‰ – 968,00 EUR
8 ‰ – x　　x = 7,74 EUR

5 100 % – 48000,00 EUR
7,5 % – x　　x = 3600,00 EUR

48000,00 EUR
\+ 3600,00 EUR

a) 51600,00 EUR : 12 = 4300,00 EUR b)

6 100 % – 2900,00 EUR
4,5 % – x　　a)　　x = 130,50 EUR

b) 2900,00 EUR
\+ 130,50 EUR
3030,50 EUR

7 1000 ‰ – 500000,00 EUR
2,5 ‰ – x　　x = 1250,00 EUR

Lehrbuch Seiten 60, 61

1 a) 38 % – 760000,00 EUR
100 % – x　　x = 2000000,00 EUR

2 a) 0,4 ‰ – 91,10 EUR
1000 ‰ – x　　x = 227750,00 EUR

b) 1,5 ‰ – 145,50 EUR
1000 ‰ – x　　x = 97000,00 EUR

c) 0,8 ‰ – 54,20 EUR
1000 ‰ – x　　x = 67750,00 EUR

d) 2,65 ‰ – 291,50 EUR
1000 ‰ – x　　x = 110000,00 EUR

3 a) 48 % – 1440000,00 EUR
52 % – x　　x = 1560000,00 EUR

b) 48 % – 1440000,00 EUR
100 % – x　　x = 3000000,00 EUR

4 55 % – 660000,00 EUR
100 % – x　　x = 1200000,00 EUR

5 a) 65 % – 858000,00 EUR
100 % – x　　x = 1320000,00 EUR

b) 60 % – 1320000,00 EUR
40 % – x　　x = 880000,00 EUR

c) 60 % – 1320000,00 EUR
100 % – x　　x = 2200000,00 EUR

6 100 % – 476300,00 EUR
12,1 % – x　　x = 57632,30 EUR

2.3 Grundlegende Buchungen auf Bestandskonten

2.3.1 Auswirkungen von Wertveränderungen auf die Bilanz

Lehrbuch Seite 61

Arbeitsauftrag

Fall	a	b	c	d
1	Gesch.-A. + 800,00 Bank − 800,00	Liquide Mittel werden im AV gebunden	Änderung auf der Aktivseite der Bilanz	A Bilanz P G.-A. 30800,00 | Bank 89200,00 |
2	Verb. − 10000,00 Darlehen + 10000,00	Kurzfristige Verbindlichkeiten werden in längerfristige umgewandelt	Änderung auf der Passivseite der Bilanz	A Bilanz P | Darl. 50000,00 | Verb. 10000,00
3	Gesch.-A. + 2000,00 Verb. + 2000,00	Unternehmen erhielt neues Kapital (Fremdkapital), das in AV angelegt wurde	Mehrung der Aktivseite und der Passivseite der Bilanz	A Bilanz P G.-A. 32800,00 | Verb. 12000,00
4	Verb. − 8000,00 Bank − 8000,00	Rückzahlung von Fremdkapital aus dem Bankguthaben	Minderung der Aktivseite und der Passivseite der Bilanz	A Bilanz P Bank 81200,00 | Verb. 4000,00

Lehrbuch Seiten 65, 66

1 Geschäftsfall 1:

Bank	Mehrung	um 12000,00 EUR
Forderungen a. LL	Minderung	um 12000,00 EUR
Aktivtausch		

Aktiva — Bilanz nach dem 1. Geschäftsfall — Passiva

Aktiva		Passiva	
I. Anlagevermögen		**I. Eigenkapital**	719000,00
Fuhrpark	600000,00	**II. Schulden**	
Geschäftsausstattung	180000,00	Darlehensschuld	320000,00
II. Umlaufvermögen		Verbindlichkeiten a. LL	120000,00
Forderungen a. LL	53000,00		
Bank	324000,00		
Kasse	2000,00		
	1159000,00		1159000,00

Geschäftsfall 2:

Fuhrpark	Mehrung	um 80000,00 EUR
Bank	Minderung	um 80000,00 EUR
Aktivtausch		

Aktiva — Bilanz nach dem 2. Geschäftsfall — Passiva

Aktiva		Passiva	
I. Anlagevermögen		**I. Eigenkapital**	719000,00
Fuhrpark	680000,00	**II. Schulden**	
Geschäftsausstattung	180000,00	Darlehensschuld	320000,00
II. Umlaufvermögen		Verbindlichkeiten a. LL	120000,00
Forderungen a. LL	53000,00		
Bank	244000,00		
Kasse	2000,00		
	1159000,00		1159000,00

Geschäftsfall 3:

Verbindlichkeiten a. LL	Minderung	um 40000,00 EUR
Darlehensschuld	Mehrung	um 40000,00 EUR
Passivtausch		

Aktiva	Bilanz nach dem 3. Geschäftsfall		Passiva
I. Anlagevermögen		**I. Eigenkapital**	719000,00
Fuhrpark	680000,00	**II. Schulden**	
Geschäftsausstattung	180000,00	Darlehensschuld	360000,00
II. Umlaufvermögen		Verbindlichkeiten a. LL	80000,00
Forderungen a. LL	53000,00		
Bank	244000,00		
Kasse	2000,00		
	1159000,00		1159000,00

Geschäftsfall 4:

Forderungen a. LL	Mehrung	um 100,00 EUR
Geschäftsausstattung	Minderung	um 100,00 EUR

Aktivtausch

Aktiva	Bilanz nach dem 4. Geschäftsfall		Passiva
I. Anlagevermögen		**I. Eigenkapital**	719000,00
Fuhrpark	680000,00	**II. Schulden**	
Geschäftsausstattung	179900,00	Darlehensschuld	360000,00
II. Umlaufvermögen		Verbindlichkeiten a. LL	80000,00
Forderungen a. LL	53100,00		
Bank	244000,00		
Kasse	2000,00		
	1159000,00		1159000,00

Geschäftsfall 5:

Darlehensschuld	Minderung um 20000,00 EUR
Bank	Minderung um 20000,00 EUR

Aktiv-Passiv-Minderung (Bilanzverkürzung)

Aktiva	Bilanz nach dem 5. Geschäftsfall		Passiva
I. Anlagevermögen		**I. Eigenkapital**	719000,00
Fuhrpark	680000,00	**II. Schulden**	
Geschäftsausstattung	179900,00	Darlehensschuld	340000,00
II. Umlaufvermögen		Verbindlichkeiten a. LL	80000,00
Forderungen a. LL	53100,00		
Bank	224000,00		
Kasse	2000,00		
	1139000,00		1139000,00

2 Geschäftsfall 1:

Grundstück mit Gebäude	Mehrung um 10000,00 EUR
Bank	Minderung um 10000,00 EUR

Aktiv-Tausch

Aktiva	Bilanz nach dem 1. Geschäftsfall		Passiva
I. Anlagevermögen		**I. Eigenkapital**	852000,00
Grundstück mit Gebäude	810000,00	**II. Schulden**	
Fuhrpark	250000,00	Darlehensschuld	230000,00
II. Umlaufvermögen		Verbindlichkeiten a. LL	258000,00
Forderungen a. LL	138000,00		
Bank	132000,00		
Kasse	10000,00		
	1340000,00		1340000,00

Geschäftsfall 2:

Bank	Mehrung	um 8000,00 EUR
Kasse	Minderung	um 8000,00 EUR
Aktivtausch		

Aktiva	Bilanz nach dem 2. Geschäftsfall		Passiva
I. Anlagevermögen		**I. Eigenkapital**	852000,00
Grundstück mit Gebäude	810000,00	**II. Schulden**	
Fuhrpark	250000,00	Darlehensschuld	230000,00
II. Umlaufvermögen		Verbindlichkeiten a. LL	258000,00
Forderungen a. LL	138000,00		
Bank	140000,00		
Kasse	2000,00		
	1340000,00		1340000,00

Geschäftsfall 3:

Verbindlichkeiten a. LL	Minderung	um 20000,00 EUR
Bank	Minderung	um 20000,00 EUR
Aktiv-Passiv-Minderung		

Aktiva	Bilanz nach dem 3. Geschäftsfall		Passiva
I. Anlagevermögen		**I. Eigenkapital**	852000,00
Grundstück mit Gebäude	810000,00	**II. Schulden**	
Fuhrpark	250000,00	Darlehensschuld	230000,00
II. Umlaufvermögen		Verbindlichkeiten a. LL	238000,00
Forderungen a. LL	138000,00		
Bank	120000,00		
Kasse	2000,00		
	1320000,00		1320000,00

Geschäftsfall 4:

Fuhrpark	Mehrung um 30000,00 EUR
Verbindlichkeiten a. LL	Mehrung um 30000,00 EUR
Aktiv-Passiv-Mehrung	

Aktiva	Bilanz nach dem 4. Geschäftsfall		Passiva
I. Anlagevermögen		**I. Eigenkapital**	852000,00
Grundstück mit Gebäude	810000,00	**II. Schulden**	
Fuhrpark	280000,00	Darlehensschuld	230000,00
II. Umlaufvermögen		Verbindlichkeiten a. LL	268000,00
Forderungen a. LL	138000,00		
Bank	120000,00		
Kasse	2000,00		
	1350000,00		1350000,00

Geschäftsfall 5:

Bank	Mehrung	um 8000,00 EUR
Forderungen a. LL	Minderung	um 8000,00 EUR
Aktivtausch		

Aktiva	Bilanz nach dem 5. Geschäftsfall		Passiva
I. Anlagevermögen		**I. Eigenkapital**	852000,00
Grundstück mit Gebäude	810000,00	**II. Schulden**	
Fuhrpark	280000,00	Darlehensschuld	230000,00
II. Umlaufvermögen		Verbindlichkeiten a. LL	268000,00
Forderungen a. LL	130000,00		
Bank	128000,00		
Kasse	2000,00		
	1350000,00		1350000,00

3

Geschäftsfall	Bilanzposition a)	Bilanzseite	Auswirkung	Bilanzveränderung
1	Geschäftsausstattung Verbindlichkeiten	Aktiva Passiva	+ 2000,00 + 2000,00	Aktiv-Passiv-Mehrung Bilanzverlängerung
2	Verbindlichkt. a. LL Darlehensschuld	Passiva Passiva	− 6000,00 + 6000,00	Passivtausch
3	Transporteinrichtung Verbindlichkt. a. LL	Aktiva Passiva	+ 15000,00 + 15000,00	Aktiv-Passiv-Mehrung Bilanzverlängerung
4	Kasse Forderungen a. LL	Aktiva Aktiva	+ 400,00 − 400,00	Aktivtausch
5	Kasse Bank	Aktiva Aktiva	+ 1000,00 − 1000,00	Aktivtausch
6	Kasse Geschäftsausstattung	Aktiva Aktiva	+ 300,00 − 300,00	Aktivtausch
7	Darlehensschuld Bank	Passiva Aktiva	− 10000,00 − 10000,00	Aktiv-Passiv-Minderung Bilanzverkürzung
8	Darlehensforderung Forderungen a. LL	Aktiva Aktiva	+ 20000,00 − 20000,00	Aktivtausch
9	Bank Kasse	Aktiva Aktiva	+ 8000,00 − 8000,00	Aktivtausch
10	Geschäftsausstattung Verbindlichkeiten	Aktiva Passiva	+ 12000,00 + 12000,00	Aktiv-Passiv-Mehrung Bilanzverlängerung

4

Fälle	Auswirkungen
1	b
2	d, e, g
3	b, h
4	a, c, f

5

	Erläuterungen				
Fälle	Bilanzbewegung	Auswirkung auf Bilanzpositionen			
1	Aktivtausch	Kasse	+	Bank	−
2	Aktiv-Passiv-Minderung	Verbindlichkt. a. LL	−	Bank	−
3	Aktiv-Passiv-Mehrung	Bank	+	Verb. geg. Banken	+
4	Aktivtausch	Bank	+	Forderungen a. LL	−
5	Aktivtausch	BuG	+	Kasse	−
6	Passivtausch	(kurzfr.) Verbindl. a. LL	−	Langfr. Verbindl.	+
7	Aktivtausch	Bank	+	Fuhrpark	−
8	Aktiv-Passiv-Mehrung	BuG	+	Verbindlichkeiten a. LL	+

6 Individuelle Lösung

7 Individuelle Lösungen

2.3.2 Aufgliederung der Bilanz in Bestandskonten

Lehrbuch Seiten 67, 68

Arbeitsauftrag Man sollte für jede Bilanzposition ein Konto als Teil eines Informationssystems einrichten. Auf diesen Konten könnten dann auf einer Seite die Zugänge, auf der anderen die Abgänge gebucht werden. Vor jeder Eintragung ist die Ursache der Bewegung durch Eintragung des Gegenkontos zu verdeutlichen.

Lehrbuch Seiten 71, 72

1

Aktiva	Eröffnungsbilanz		Passiva
I. Anlagevermögen		**I. Eigenkapital**	540000,00
Fuhrpark	430000,00	**II. Schulden**	
II. Umlaufvermögen		Darlehen	100000,00
Forderungen a. LL	115000,00	Verbindlichkeiten a. LL	140000,00
Bank	225000,00		
Kasse	10000,00		
	780000,00		780000,00

S	Fuhrpark		H
AB	430000,00	(5) Ford.	28000,00
(2) Verb.	30000,00		

S	Eigenkapital		H
		AB	540000,00

S	Forderungen a. LL		H
AB	115000,00	(1) Bank	15000,00
(5) Fp.	28000,00		

S	Darlehensschulden		H
(6) Bank	2000,00	AB	100000,00

S	Bank		H
AB	225000,00	(3) Verb.	37000,00
(1) Ford.	15000,00	(6) Darl.	2000,00
(4) Ka	4000,00		

S	Verbindlichkeiten a. LL		H
(3) Ba	37000,00	AB	140000,00
		(2) Fp.	30000,00

S	Kasse		H
AB	10000,00	(4) Ba	4000,00

2

Aktiva	Eröffnungsbilanz		Passiva
I. Anlagevermögen		**I. Eigenkapital**	2240000,00
Grundstücke mit Gebäude	1400000,00	**II. Schulden**	
Fuhrpark	430000,00	Darlehen	320000,00
Geschäftsausstattung	270000,00	Verbindlichkeiten a. LL	280000,00
II. Umlaufvermögen			
Forderungen a. LL	275000,00		
Bank	450000,00		
Kasse	15000,00		
	2840000,00		2840000,00

S	Grundstück mit Gebäude		H
AB	1400000,00		
(7) Ba	120000,00		

S	Betriebs- und Geschäftsausstattung		H
AB	270000,00	(10) Ford.	1000,00
(1) Verb.	14000,00		

S	Fuhrpark		H
AB	430000,00	(4) Ford.	12000,00
(8) Verb.	45000,00		

S	Forderungen a. LL		H
AB	275000,00	(3) Bank	20000,00
(4) Fuhrp.	12000,00		
(10) GA	1000,00		

S	Bank		H
AB	450000,00	(2) Darl.	25000,00
(3) Ford.	20000,00	(7) Grun	120000,00
(5) Kasse	8000,00	(9) Verb.	14000,00

S	Kasse		H
AB	15000,00	(5) Ba	8000,00

S	Eigenkapital		H
		AB	2240000,00

S	Darlehensschulden		H
(2) Ba	25000,00	AB	320000,00
		(6) Verb.	20000,00

S	Verbindlichkeiten a. LL		H
(6) Darl.	20000,00	AB	280000,00
(9) Bank	14000,00	(1) GA	14000,00
		(8) Fuhrp.	45000,00

3

Nr.	Geschäftsfall	EUR
1	Ein Kunde überwies zum Ausgleich einer fälligen Ausgangsrechnung auf unser Bankkonto	600,00
2	z. B.: Kauf eines Personalcomputers auf Ziel	900,00
3	Barabhebung vom Bankkonto	1500,00
4	Darlehensrückzahlung (Tilgung) durch Banküberweisung	2000,00
5	z. B.: Bareinkauf einer Schreibmaschine	900,00
6	Banküberweisung an einen Lieferer zum Ausgleich einer fälligen Eingangsrechnung	750,00
7	Ein Kunde bezahlte eine fällige Ausgangsrechnung bar	450,00
8	Bareinzahlung auf das Bankkonto	1200,00

4 1. **Kasse: Mehrung** **Forderungen a. LL: Minderung**

S	Kasse		H
(1) Forderungen a. LL	800,00		

S	Forderungen a. LL		H
		(1) Kasse	800,00

2. **Bank: Mehrung** **Forderungen a. LL: Minderung**

S	Bank		H
(2) Forderungen a. LL	430,00		

S	Forderungen a. LL		H
		(2) Bank	430,00

3. **Verbindlichkeiten a. LL: Minderung** **Bank: Minderung**

S	Verbindlichkeiten a. LL		H
(3) Bank	1940,00		

S	Bank		H
		(3) Verbindlichkeiten a. LL	1940,00

4. **Bank: Mehrung** **Kasse: Minderung**

S	Bank		H
(4) Kasse	1200,00		

S	Kasse		H
		(4) Bank	1200,00

5. **Betriebs- und Geschäftsausstattung: Mehrung** **Bank: Minderung**

S	Betriebs- und Geschäftsausstattung		H
(5) Bank	3600,00		

S	Bank		H
		(5) BuG	3600,00

6. **Betriebs- und Geschäftsausstattung: Mehrung** **Verbindlichkeiten a. LL: Mehrung**

S	Betriebs- und Geschäftsausstattung		H
(6) Verbindlichkeiten a. LL	1500,00		

S	Verbindlichkeiten a. LL		H
		(6) BuG	1500,00

7. **Darlehensschulden: Minderung** **Bank: Minderung**

S	Darlehensschulden		H
(7) Bank	3000,00		

S	Bank		H
		(7) Darlehensschulden	3000,00

8. **Bank: Mehrung** **Forderungen a. LL: Minderung**

S	Bank		H
(8) Forderungen	640,00		

S	Forderungen a. LL		H
		(8) Bank	640,00

9. **Kasse: Mehrung** **Fuhrpark: Minderung**

S	Kasse		H
(9) Fuhrpark	1500,00		

S	Fuhrpark		H
		(9) Kasse	1500,00

10. **Kasse: Mehrung** **Bank: Minderung**

S	Kasse		H
(10) Bank	2000,00		

S	Bank		H
		(10) Kasse	2000,00

2.3.3 Buchungssatz

Lehrbuch Seite 72

Arbeitsauftrag Nicole Höver braucht zu einzelnen Belegen Informationen, aus denen Konten und Kontenseiten hervorgehen, auf denen zu buchen ist. Diese erhält sie von Frau Lapp in Form von Buchungssätzen.

Lehrbuch Seiten 75

1

1. Bankguthaben	1300,00	an Kasse	1300,00
2. Kasse	600,00	an Bankguthaben	600,00
3. Bankguthaben	350,00	an Forderungen a. LL	350,00
4. Geschäftsausstattung	160,00	an Kasse	160,00
5. Geschäftsausstattung	830,00	an Verbindlichkeiten a. LL	830,00
6. Darlehensschuld	900,00	an Bankguthaben	900,00
7. Verbindlichkeiten a. LL	850,00	an Bankguthaben	850,00
8. Fuhrpark	20000,00	an Bankguthaben	20000,00
9. Bank	11500,00	an Darlehensschuld	11500,00
10. Verbindlichkeiten a. LL	950,00	an Bankguthaben	950,00
11. Bankguthaben	800,00	an Kasse	800,00
12. Kasse	450,00	an Fuhrpark	450,00
13. Unbebaute Grundstücke	25500,00	an Bankguthaben	25500,00

2
1. Pkw-Kauf auf Ziel
2. Barabhebung vom Bankkonto
3. Ein Kunde überwies zum Ausgleich einer Rechnung auf das Bankkonto
4. Ausgleich einer Liefererrechnung durch Banküberweisung
5. Tilgung einer Darlehensschuld durch Banküberweisung
6. Bareinzahlung auf das Bankkonto
7. Ein Kunde überwies zum Ausgleich einer Rechnung auf das Bankkonto
8. Barkauf beispielsweise eines Schreibtisches
9. Verkauf eines unbebauten Grundstücks gegen Banküberweisung
10. Aufnahme eines Darlehens bar

3 1. Tilgung (Rückzahlung) einer Darlehensschuld bar 500,00
2. Ausgleich einer Liefererrechnung bar 300,00
3. Ein Kunde zahlt zum Ausgleich einer Rechnung bar 250,00
4. Bareinkauf eines Stuhls 270,00
5. Barabhebung vom Bankkonto 310,00
6. Barverkauf beispielsweise einer gebrauchten Büromaschine 1 160,00
7. Bareinzahlung auf Bankkonto 1 000,00

4 Zu Aufgabe 1, S. 71

1. Bank	15000,00	an Forderungen a. LL	15 000,00
2. Fuhrpark	30000,00	an Verbindlichkeiten a. LL	30 000,00
3. Verbindlichkeiten a. LL	37000,00	an Bank	37 000,00
4. Bank	4 000,00	an Kasse	4 000,00
5. Forderungen a. LL	28000,00	an Fuhrpark	28 000,00
6. Darlehensschulden	2 000,00	an Bank	2 000,00

zu Aufgabe 2, S. 71

1. Geschäftsausstattung	14000,00	an Verbindlichkeiten a. LL	14 000,00
2. Darlehensschulden	25000,00	an Bank	25 000,00
3. Bank	20000,00	an Forderungen a. LL	20 000,00
4. Forderungen a. LL	12000,00	an Fuhrpark	12 000,00
5. Bank	8000,,00	an Kasse	8 000,00
6. Verbindlichkeiten a. LL	20000,00	an Darlehensschulden	20 000,00
7. Grundstücke mit Gebäude	120000,00	an Bank	120 000,00
8. Fuhrpark	45000,,00	an Verbindlichkeiten a. LL	45 000,00
9. Verbindlichkeiten a. LL	14000,00	an Bank	14 000,00
10. Forderungen a. LL	1 000,00	an Geschäftsausstattung	1 000,00

zu Aufgabe 3, S. 71/72

1. Kasse an	800,00	an Forderungen a. LL	800,00
2. Bank	430,00	an Forderungen a. LL	430,00
3. Verbindlichkeiten a. LL	1 940,00	an Bank	1 940,00
4. Bank	1 200,00	an Kasse	1 200,00
5. Geschäftsausstattung	3600,00	an Bank	3 600,00
6. Geschäftsausstattung	1 500,00	an Verbindlichkeiten a. LL	1 500,00
7. Darlehensschulden	3000,00	an Bank	3 000,00
8. Bank	640,00	an Forderungen a. LL	640,00
9. Kasse	1 500,00	an Fuhrpark	1 500,00
10. Kasse	2000,00	an Bank	2 000,00

zu Aufgabe 4, S. 72

1. Bank	600,00	an Forderungen a. LL	600,00
2. Geschäftsausstattung	900,00	an Verbindlichkeiten a. LL	900,00
3. Kasse	1 500,00	an Bank	1 500,00
4. Darlehensschulden	2000,00	an Bank	2 000,00
5. Geschäftsausstattung	900,00	an Kasse	900,00
6. Verbindlichkeiten a. LL	750,00	an Bank	750,00
7. Kasse	450,00	an Forderungen a. LL	450,00
8. Bank	1 200,00	an Kasse	1 200,00

5

1. Verbindlichkeiten a. LL	60 000,00	an Bank	58 000,00
		an Kasse	2 000,00
2. Bank	53 000,00		
Kasse	1 000,00	an Forderungen a. LL	54 000,00
3. Fuhrpark	130 000,00	an Bank	50 000,00
		an Verbindlichkeiten a. LL	80 000,00

6 Individuelle Lösungen

2.3.4 Buchungen von Geschäftsfällen im Grundbuch und im Hauptbuch

Lehrbuch Seite 76

Arbeitsauftrag Die Finanzverwaltung verlangt Belege zum Nachweis der Ordnungsmäßigkeit der Buchführung.
Die Nummerierung und geordnete Ablage der Belege garantieren ein schnelles Wiederfinden bei Bedarf. Durch Angabe der Belegnummern bei der Buchung ist die Verknüpfung von Beleg und Buchung gesichert.

Lehrbuch Seiten 78 bis 80

1

1.	Geschäftsausstattung	950,00	an Kasse	200,00
			an Verbindlichkeiten a. LL	750,00
2.	Verbindlichkeiten a. LL	1200,00	an Kasse	180,00
			an Bankguthaben	1020,00
3.	Kasse	80,00		
	Bankguthaben	700,00	an Forderungen a. LL	780,00
4.	Geschäftsausstattung	2680,00	an Kasse	1250,00
			an Bankguthaben	1430,00
5.	Darlehensschuld	1000,00	an Bankguthaben	800,00
			an Kasse	200,00

2

1.	Tilgung einer Darlehensschuld	2000,00	
	durch Banküberweisung		1500,00
	bar		500,00
2.	Zum Ausgleich einer Rechnung über	1100,00	
	zahlt der Kunde bar		200,00
	durch Banküberweisung		900,00
3.	Einkauf eines Pkw	40000,00	
	auf Ziel		30000,00
	gegen Bankscheck		10000,00
4.	Ausgleich einer Liefererrechnung über	1280,00	
	durch Banküberweisung (oder Bankscheck)		900,00
	bar		380,00
5.	Kauf beispielsweise von Bürogegenständen	800,00	
	gegen Barzahlung		300,00
	gegen Bankscheck		500,00
6.	Kauf eines Grundstücks	70000,00	
	gegen Barzahlung		10000,00
	gegen Bankscheck		45000,00
	auf Ziel		15000,00

3

1.	Fuhrpark	83700,00	an Kasse	8500,00
			an Bankguthaben	21000,00
			an Bankguthaben	11200,00
			an Verbindlichkeiten a. LL	43000,00
2.	Kasse	740,00		
	Bankguthaben	820,00	an Forderungen a. LL	1560,00
3.	Verbindlichkeiten a. LL	3200,00	an Bankguthaben	1900,00
			an Kasse	1300,00
4.	Fuhrpark	18140,00	an Bankguthaben	17400,00
			an Kasse	740,00

4 a) Buchungen im Grundbuch

Lfd-Nr.	Buchungsdatum	Beleg	Buchungstext	Soll	Haben
..	14.06.	BA 126	Verbindlichkeiten a. LL	15400,00	
			an Bank		15400,00
			Bank	10200,00	
			an Forderungen a. LL		10200,00

b) Buchungen im Konto „Bank" des Hauptbuches

S	Bank		H
13.06. Saldovortrag	382838,20	13.06. Verbindlichkeiten a. LL	15400,00
13.06. Forderungen a. LL	10200,00	14.06. Saldo (Bestand)	377638,20
	393038,20		393038,20

c) Belege liefern den Beweis für Geschäftsfälle und bilden die Grundlage aller Buchungen. Nur mithilfe der Belege kann die Ordnungsmäßigkeit der Buchführung nachgewiesen werden. Aus der zeitlichen Abfolge und Ordnung der Belege ergeben sich die Buchungen im Grundbuch (zeitliche Ordnung). Die Buchungen im Grundbuch bilden die Grundlage für die Eintragungen in den Konten, also für die Darstellung der sachlichen Auswirkungen (sachliche Ordnung).

2.3.5 Abschluss der Bestandskonten

Lehrbuch Seite 80

Arbeitsaufträge

- ❏ vgl. Beispiele S. 81 ff. des Lehrbuches
- ❏ siehe Lehrbuch S. 81 ff.
- ❏ Herr Schubert interessiert sich für den Stand der Konten Kasse, Bank und Verbindlichkeiten, um den Stand an liquiden Mitteln zu erfahren.
  Aus dem Konto Verbindlichkeiten kann er auf Zahlungsausgänge in nächster Zukunft schließen. Er möchte den Stand des Vermögens und des Kapitals haben, um die Entwicklung des Unternehmens zu beurteilen. Durch Abschluss der Konten kann der Bestand jedes Bilanzpostens ermittelt werden. In der Schlussbilanz werden die Salden der Aktivkonten (= Vermögen) und der Passivkonten (= Kapital) gegenübergestellt. Durch Vergleich mit den Beständen zu Beginn des Geschäftsjahres (Eröffnungsbilanz) werden die Veränderungen sichtbar. Art, Ursache und Höhe jeder Veränderung gehen aus den einzelnen Konten hervor.
  Zur Ermittlung der Schlussbestände und zur Erläuterung der Einzelschritte des Kontenabschlusses siehe im Lehrbuch S. 81 ff.

Lehrbuch Seiten 83, 84

1

1.	Fuhrpark	40 000,00	an Verbindlichkeiten a. LL	40 000,00
2.	Forderungen	500,00	an Geschäftsausstattung	500,00
3.	Verbindlichkeiten a. LL	35 000,00	an Bank	35 000,00
4.	Bank	2 000,00	an Kasse	2 000,00
5.	Bank	17 400,00	an Forderungen a. LL	17 400,00
6.	Bank	6 000,00	an Fuhrpark	6 000,00
7.	Darlehen	20 000,00	an Bank	20 000,00
8.	Bank	1 400,00	an Forderungen a. LL	1 400,00
9.	Geschäftsausstattung	1 200,00	an Bank	1 200,00

Aktiva — Schlussbilanz — Passiva

Aktiva		Passiva	
I. Anlagevermögen		**I. Eigenkapital**	270 000,00
Grundstücke mit Gebäude	150 000,00	**II. Fremdkapital**	
Fuhrpark	74 000,00	Darlehensschulden	100 000,00
Geschäftsausstattung	24 700,00	Verbindlichkeiten a. LL	20 000,00
II. Umlaufvermögen			
Forderungen a. LL	17 700,00		
Bank	120 600,00		
Kasse	3 000,00		
	390 000,00		390 000,00

2

A — Eröffnungsbilanz — P

A		P	
I. Anlagevermögen		**I. Eigenkapital**	488 000,00
Betriebs- und		**II. Fremdkapital**	
Geschäftsausstattung	420 000,00	Darlehensschuld	200 000,00
II. Umlaufvermögen		Verbindlichkeiten a. LL	84 000,00
Forderungen a. LL	115 000,00		
Bank	226 000,00		
Kasse	11 000,00		
	772 000,00		772 000,00

Geschäftsfälle:

1.	Bank	35 000,00	an Forderungen a. LL	35 000,00
2.	Betriebs- und Geschäftsausstattung	60 000,00	an Verbindlichkeiten a. LL	60 000,00
3.	Verbindlichkeiten a. LL	36 000,00	an Bank	36 000,00
4.	Bank	5 000,00	an Kasse	5 000,00
5.	Forderungen a. LL	6 000,00	an Betriebs- und Geschäftsausstattung	6 000,00
6.	Verb. geg. Banken	20 000,00	an Bank	20 000,00

A — Schlussbilanz — P

A		P	
I. Anlagevermögen		**I. Eigenkapital**	488 000,00
Betriebs- und		**II. Fremdkapital**	
Geschäftsausstattung	474 000,00	Verbindlichkeiten gegenüber	
II. Umlaufvermögen		Banken	180 000,00
Forderungen a. LL	86 000,00	Verbindlichkeiten a. LL	108 000,00
Bank	210 000,00		
Kasse	6000,00		
	776 000,00		776 000,00

3

A	Eröffnungsbilanz		P
I. Anlagevermögen		**I. Eigenkapital**	694 000,00
Grundstücke mit Gebäude	600 000,00	**II. Fremdkapital**	
Geschäftsausstattung	90 000,00	Darlehensschulden	312 000,00
Fuhrpark	130 000,00	Verbindlichkeiten a. LL	92 000,00
II. Umlaufvermögen			
Forderungen a. LL	85 000,00		
Bank	180 000,00		
Kasse	13 000,00		
	1 098 000,00		1 098 000,00

Geschäftsfälle:

1. Geschäftsausstattung	15 000,00	an Verbindlichkeiten a. LL	15 000,00
2. Darlehensschulden	25 000,00	an Bank	25 000,00
3. Bank	17 000,00	an Forderungen a. LL	17 000,00
4. Forderungen a. LL	9 000,00	an Fuhrpark	9 000,00
5. Bank	10 000,00	an Kasse	10 000,00
6. Verbindlichkeiten a. LL	25 000,00	an Darlehensschulden	25 000,00
7. Grundstück mit Gebäude	80 000,00	an Bank	80 000,00
8. Fuhrpark	38 000,00	an Verbindlichkeiten a. LL	38 000,00
9. Verbindlichkeiten a. LL	13 000,00	an Bank	13 000,00
10. Kasse	200,00	an Geschäftsausstattung	200,00

A	Schlussbilanz		P
I. Anlagevermögen		**I. Eigenkapital**	694 000,00
Grundstücke mit Gebäude	680 000,00	**II. Fremdkapital**	
Geschäftsausstattung	104 800,00	Darlehensschulden	312 000,00
Fuhrpark	159 000,00	Verbindlichkeiten a. LL	107 000,00
II. Umlaufvermögen			
Forderungen a. LL	77 000,00		
Bank	89 000,00		
Kasse	3 200,00		
	1 113 000,00		1 113 000,00

2.3.6 Eröffnungsbilanzkonto und Schlussbilanzkonto

Lehrbuch Seite 84

Arbeitsaufträge

- Die Schlussbilanz enthält die Endbestände lt. Inventur (Istbestände). Diese bilden die Grundlage für die Buchführung des Geschäftsjahres.
- Wenn alle Konten mit den entsprechenden Gegenbuchungen auf dem Eröffnungsbilanzkonto eröffnet sind, müssen die Summen der Soll- und Habenseiten des EBK mit der Bilanzsumme am Ende des letzten Geschäftsjahres übereinstimmen (Kontrolle).

Lehrbuch Seiten 87 bis 89

1

Aktiva	Eröffnungsbilanz		Passiva
I. Anlagevermögen		**I. Eigenkapital**	452 000,00
Fuhrpark	430 000,00	**II. Fremdkapital**	
Betriebs- und Geschäftsausstattung	120 000,00	Darlehenschulden	300 000,00
II. Umlaufvermögen		Verbindlichkeiten a. LL	157 000,00
Forderungen a. LL	146 000,00		
Bank	205 000,00		
Kasse	8 000,00		
	909 000,00		909 000,00

1. Forderungen a. LL	5 000,00	an Fuhrpark	5 000,00
2. Verbindlichkeiten a. LL	50 000,00	an Darlehensschulden	50 000,00
3. Geschäftsausstattung	4 800,00	an Bank	4 800,00
4. Verbindlichkeiten a. LL	17 000,00	an Bank	17 000,00
5. Kasse	500,00	an Forderungen a. LL	500,00
6. Bank	5 000,00	an Kasse	5 000,00
7. Fuhrpark	35 000,00	an Verbindlichkeiten a. LL	35 000,00

8. Bank	26500,00	an Forderungen a. LL	26500,00
9. Darlehensschulden	25000,00	an Bank	25000,00
10. Kasse	800,00	an Geschäftsausstattung	800,00

Aktiva	Schlussbilanz		Passiva
I. Anlagevermögen		**I. Eigenkapital**	452000,00
Fuhrpark	460000,00	**II. Fremdkapital**	
Betriebs- und		Darlehensschulden	325000,00
Geschäftsausstattung	124000,00	Verbindlichkeiten a. LL	125000,00
II. Umlaufvermögen			
Forderungen a. LL	124000,00		
Bank	189700,00		
Kasse	4300,00		
	902000,00		902000,00

2

Aktiva	Eröffnungsbilanz		Passiva
I. Anlagevermögen		**I. Eigenkapital**	1325500,00
Grundstücke mit Geb.	730000,00	**II. Fremdkapital**	
Fuhrpark	885000,00	Darlehensschulden	600000,00
Betriebs- und		Verbindlichkeiten a. LL	250000,00
Geschäftsausstattung	175000,00		
II. Umlaufvermögen			
Forderungen a. LL	122600,00		
Bank	257800,00		
Kasse	5100,00		
	2175500,00		2175500,00

1. Bank	75000,00	an Darlehensschulden	75000,00
2. Bank	100000,00	an Grundstücke mit Gebäude	100000,00
3. Bank	36000,00	an Forderungen a. LL	36000,00
4. Kasse	600,00	an Forderungen a. LL	600,00
5. Verbindlichkeiten a. LL	32100,00	an Bank	32100,00
6. Forderungen a. LL	10700,00	an Fuhrpark	10700,00
7. Betriebs- und Geschäftsausstattung	950,00	an Kasse	950,00
8. Forderungen a. LL	14000,00	an Betriebs- und Geschäftsausstattung	14000,00
9. Fuhrpark	45800,00	an Verbindlichkeiten a. LL	45800,00
10. Bank	19100,00	an Forderungen a. LL	19100,00
11. Verbindlichkeiten a. LL	30000,00	an Darlehensschulden	30000,00
12. Darlehensschulden	80000,00	an Bank	80000,00
13. Betriebs- und Geschäftsausstattung	13000,00	an Bank	5000,00
		an Verbindlichkeiten a. LL	8000,00

Aktiva	Schlussbilanz		Passiva
I. Anlagevermögen		**I. Eigenkapital**	1325500,00
Grundstück mit Gebäude	630000,00	**II. Fremdkapital**	
Fuhrpark	920100,00	Darlehensschulden	625000,00
Betriebs- und		Verbindlichkeiten a. LL	241700,00
Geschäftsausstattung	174950,00		
II. Umlaufvermögen			
Forderungen a. LL	91600,00		
Bank	370800,00		
Kasse	4750,00		
	2192200,00		2192200,00

3

15.06.: Verbindlichkeiten a. LL	23320,00	an Bank	23320,00
15.06.: Bank	10264,06	an Forderungen a. LL	10264,06

4 a) 1, 6 b) 2 c) 3, 5, 7 d) 4

5 a) 2, 3, 6 b) 5 c) 4 d) 1

6
1. das Schlussbilanzkonto
2. die Schlussbilanz
3. das Inventar
4. das Inventar
5. das Schlussbilanzkonto
6. die Schlussbilanz

7 a) 5, 6, 8 b) 1, 2, 3, 7 c) 4, 9, 10

2.4 Buchungen auf Erfolgskonten

2.4.1 Kauf und Verkauf von Handelswaren

Lehrbuch Seite 90

Arbeitsaufträge

- Umsatz, Gewinn, Sicherung der Beschäftigung u. a.
- Durch den Wareneinkauf tritt eine Vermögens- und Eigenkapitalminderung ein, durch den Verkauf von Waren eine Vermögens- und Eigenkapitalmehrung
- Werden die Aufwendungen und Erträge direkt auf dem Eigenkapitalkonto gebucht, stehen hier Gegenbuchungen, wie Bank, Kasse, Verbindlichkeiten oder Forderungen. Daraus lässt sich nicht erkennen, ob z. B. eine Gehaltszahlung, ein Handelswareneinkauf, eine Mietzahlung, ein Verkauf von Handelswaren oder eine Zinsgutschrift der Bank erfolgte. Eine Übersicht über die Höhe einzelner Aufwendungen und Erträge wird nicht gegeben. Die direkte Buchung der Aufwendungen und Erträge auf dem Eigenkapitalkonto ist unübersichtlich, weil der Unternehmer nicht die gewünschten Informationen erhält. Die Einrichtung der Erfolgskonten behebt diesen Mangel.
- Um festzustellen, ob die Betriebstätigkeit sich lohnt, muss die Buchhaltung den Einsatz an Produktionsfaktoren (Aufwand) den Umsatzerlösen (Ertrag) gegenüberstellen.

Lehrbuch Seiten 97 bis 101

1

S	Eröffnungsbilanzkonto		H
I. Eigenkapital	1 054 100,00	**I. Anlagevermögen**	
II. Fremdkapital		Fuhrpark	650 000,00
Darlehensschulden	420 000,00	Geschäftsausstattung	162 000,00
Verbindlichkeiten a. LL	266 000,00	**II. Umlaufvermögen**	
		Forderungen a. LL	184 000,00
		Bank	740 000,00
		Kasse	4 100,00
	1 740 100,00		1 740 100,00

1. a) Löhne/Gehälter	175 000,00		
b) Gewerbesteuer	28 400,00		
c) Mieten	25 000,00		
d) Darlehensschulden	30 000,00	an Bank	258 400,00
2. Fuhrpark	60 000,00	an Verbindlichkeiten a. LL	60 000,00
3. Aufwendungen für Handelswaren	253 750,00	an Verbindlichkeiten a. LL	253 750,00
4. a) Kasse	770,00		
b) Bank	217 525,00		
c) Forderungen a. LL	320 705,00	an Umsatzerlöse für Waren	539 000,00
5. a) Aufwendungen für Waren	96 250,00		
b) Verbindlichkeiten a. LL	85 100,00	an Bank	181 350,00
6. a) Kasse	385,00		
b) Bank	88 165,00		
c) Forderungen a. LL	142 450,00	an Umsatzerlöse für Waren	231 000,00
7. a) Aufwendungen für Energie	36 200,00		
b) Werbung	47 000,00	an Bank	83 200,00

S	Gewinn- und Verlustkonto		H
Aufwendungen für Waren	350 000,00	Umsatzerlöse für Waren	770 000,00
Aufwendungen für Energie	36 200,00		
Löhne/Gehälter	175 000,00		
Mieten	25 000,00		
Gewerbesteuer	28 400,00		
Werbung	47 000,00		
Eigenkapital	108 400,00		
	770 000,00		770 000,00

S	Schlussbilanzkonto		H
I. Anlagevermögen		**I. Eigenkapital**	1 162 500,00
Fuhrpark	710 000,00	**II. Fremdkapital**	
Geschäftsausstattung	162 000,00	Darlehensschulden	390 000,00
II. Umlaufvermögen		Verbindlichkeiten a. LL	494 650,00
Forderungen a. LL	647 155,00		
Bank	522 740,00		
Kasse	5 255,00		
	2 047 150,00		2 047 150,00

2

		Aufgabe 2	Aufgabe 3
3	a) Summe der Aufwendungen der Rechnungsperiode	140 000,00	720 200,00
	b) Unternehmensgewinn	21 000,00	187 000,00
	c) Endbestand des Eigenkapitals	126 000,00	1 435 000,00

4

S	Eröffnungsbilanzkonto		H
Eigenkapital	979 600,00	Fuhrpark	650 000,00
Verbindlichkeiten a. LL	235 000,00	Forderungen a. LL	150 000,00
		Bank	410 000,00
		Kasse	4 600,00
	1 214 600,00		1 214 600,00

1.	Aufwendungen für Handelswaren	86 000,00	an Verbindlichkeiten a. LL	86 000,00
2.	Bank	35 000,00	an Forderungen a. LL	35 000,00
3.	Löhne	164 000,00	an Bank	164 000,00
4.	Forderungen a. LL	336 000,00	an Umsatzerlöse für Waren	336 000,00
5.	Bank	280 000,00	an Forderungen a. LL	280 000,00
6.	Gehälter	172 000,00	an Bank	172 000,00
7.	Mieten	60 000,00	an Bank	60 000,00
8.	Bank	325 000,00	an Umsatzerlöse für Waren	325 000,00
9.	Gewerbesteuer	40 000,00	an Bank	40 000,00
10.	Kasse	600,00	an Umsatzerlöse für Waren	600,00
11.	Aufwendungen für Energie	19 000,00	an Bank	19 000,00
12.	Verbindlichkeiten a. LL	94 000,00	an Bank	94 000,00

S	GuV		H
Aufwend. für Handelswaren	86 000,00	Umsatzerlöse für Waren	661 600,00
Aufwendungen für Energie	19 000,00		
Löhne	164 000,00		
Gehälter	172 000,00		
Mieten	60 000,00		
Gewerbesteuer	40 000,00		
Eigenkapital	120 600,00		
	661 600,00		661 600,00

S	Schlussbilanzkonto		H
Fuhrpark	650 000,00	Eigenkapital	1 100 200,00
Forderungen a. LL	171 000,00	Verbindlichkeiten a. LL	227 000,00
Bank	501 000,00		
Kasse	5 200,00		
	1 327 200,00		1 327 200,00

5 a) Aktiv-Tausch: 4
b) Passiv-Tausch: 1
c) Aktiv-Passiv-Mehrung: 7, 10, 11
d) Aktiv-Passiv-Minderung: 2, 3, 5, 6, 8, 9.

6 a) zutreffend nur auf Aktivkonten: 7, 8
b) zutreffend nur auf Passivkonten: 4
c) zutreffend auf alle Bestandskonten: 9
d) zutreffend nur auf Aufwandskonten: 2, 6
e) zutreffend nur auf Ertragskonten: 3, 10
f) zutreffend auf alle Erfolgskonten: 1, 5.

7 Geschäftsfälle:

a)	Aufwendungen für Handelswaren	16 500,00	an Verbindlichkeiten a. LL	16 500,00
b)	Forderungen a. LL	19 125,00	an Umsatzerlöse für Waren	19 125,00
c)	Kasse	225,00	an Umsatzerlöse für Waren	225,00
d)	Bank	5 400,00	an Umsatzerlöse für Waren	5 400,00

Abschlussbuchungen:

Gewinn und Verlust	16 500,00	an Aufwendungen für Handelswaren	16 500,00
Umsatzerlöse für Waren	24 750,00	an GuV	24 750,00

S	Umsatzerlöse für Waren		H
GuV	24750,00	Ford.	19125,00
		Kasse	225,00
		Bank	5400,00
	24750,00		24750,00

S	Aufwendungen für Handelswaren		H
Verb.	16500,00	GuV	16500,00

S	GuV		H
Auf.-Hwa	16500,00	Umsatzerl.	24750,00

8

S	Geschäftsausstattung		H
EBK	112000,00	SBK	112000,00

S	Grundstück mit Gebäuden		H
EBK	839000,00	SBK	839000,00

S	Forderungen a. LL		H
EBK	126500,00	SBK	126500,00

S	Bank		H
EBK	362000,00	SBK	362000,00

S	Eigenkapital		H
SBK	1211800,00	EBK	840800,00
		GuV	371000,00
	1211800,00		1211800,00

S	Verbindlichkeiten a. LL		H
SBK	227700,00	EBK	227700,00

S	Gewinn- und Verlustkonto		H
Aufwendungen für Hwa	2007000,00	Umsatzerlöse für Waren	4692000,00
Aufwendungen für Energie	284000,00		
Löhne/Gehälter	1540000,00		
Steuern	275000,00		
Büromiete	88000,00		
Mieten	127000,00		
Eigenkapital	371000,00		
	4692000,00		4692000,00

S	Schlussbilanzkonto		H
Grundstücke mit Gebäuden	839000,00	Eigenkapital	1211800,00
Geschäftsausstattung	112000,00	Verbindlichkeiten a. LL	227700,00
Forderungen a. LL	126500,00		
Bank	362000,00		
	1439500,00		1439500,00

9 Geschäftsfälle:

1. Bank	41000,00		
Kasse	200,00	an Forderungen a. LL	41200,00
2. Aufwendungen für Handelswaren		an Bank	48000,00
	63200,00	an Kasse	200,00
		an Verbindlichkeiten a. LL	15000,00
3. Bank	2500,00	an Mieterträge	2500,00
4. Löhne	40000,00		
Büromaterial	3500,00		
Geschäftsausstattung	4500,00		
Versicherungsbeiträge	1300,00	an Bank	49300,00
5. Forderungen a. LL	120000,00		
Bank	12500,00	an Umsatzerlöse für Waren	132500,00

S	Gewinn- und Verlustkonto		H
Aufw. f. Waren/WE	63200,00	Umsatzerlöse f. Waren	132500,00
Löhne	40000,00	Mieterträge	2500,00
Büromaterial	3500,00		
Versicherungsbeiträge	1300,00		
Eigenkapital	27000,00		
	135000,00		135000,00

S	Schlussbilanzkonto		H
Grundstück mit Gebäude	300000,00	Eigenkapital	627000,00
Geschäftsausstattung	144500,00	Verbindlichkeiten a. LL	75000,00
Forderungen a. LL	138800,00		
Bank	108700,00		
Kasse	10000,00		
	702000,00		702000,00

10 a) **Rohstoffe:** Stoffe, die unmittelbar in das Erzeugnis eingehen und dessen Hauptbestandteile darstellen.
b) **Hilfsstoffe:** Sie gehen als Nebenbestandteile in das Erzeugnis ein, die die Grundstoffe ergänzen, verbinden, verschönern.
c) **Betriebsstoffe:** Sie sind keine Bestandteile der Erzeugnisse. Sie dienen der Aufrechterhaltung des Fertigungsprozesses, der Durchführung der Arbeiten in der Verwaltung und im Vertrieb.
d) **Handelswaren:** Es sind Handelsartikel, die fremdbezogen und unverändert veräußert werden.

11 a) Sie dienen der Erweiterung des Absatzprogrammes des Industriebetriebes.
b) Individuelle Lösung

2.4.2 Produktion und Verkauf von eigenen Erzeugnissen

Lehrbuch Seite 101

Arbeitsaufträge

❑ Mit der Produktion und dem Verkauf der Erzeugnisse will die Primus KG einen Gewinn erzielen. Die Gesellschafter der KG wollen damit ein angemessenes Entgelt für
- ihre Arbeit in der Geschäftsführung (Komplementäre),
- das übernommene Risiko und
- das eingesetzte Kapital

erzielen.

❑ Durch den Werkstoffeinkauf, Lohn-, Gehalts- und Mietzahlungen tritt eine Vermögens- und Eigenkapitalminderung ein, durch den Verkauf von Erzeugnissen eine Vermögens- und Eigenkapitalmehrung.

❑ Werden die Aufwendungen und Erträge direkt auf dem Eigenkapitalkonto gebucht, stehen hier Gegenbuchungen, wie Bank, Kasse, Verbindlichkeiten oder Forderungen. Daraus lässt sich nicht erkennen, ob z. B. eine Gehaltszahlung, ein Werkstoffeinkauf, eine Mietzahlung, ein Verkauf von Erzeugnissen oder eine Zinsgutschrift der Bank erfolgte. Eine Übersicht über die Höhe einzelner Aufwendungen und Erträge wird nicht gegeben. Die direkte Buchung der Aufwendungen und Erträge auf dem Eigenkapitalkonto ist unübersichtlich, weil der Unternehmer nicht die gewünschten Informationen erhält. Die Einrichtung der Erfolgskonten behebt diesen Mangel.

❑ Um festzustellen, ob die Betriebstätigkeit sich lohnt, muss die Buchhaltung den Einsatz an Produktionsfaktoren (Aufwand) den Umsatzerlösen (Ertrag) für die produzierten Erzeugnisse gegenüberstellen.

Lehrbuch Seiten 104 bis 106

1

Aktiva	Eröffnungsbilanz		Passiva
I. Anlagevermögen		**I. Eigenkapital**	1 054 100,00
Maschinen	650 000,00	**II. Fremdkapital**	
Geschäftsausstattung	162 000,00	Darlehensschulden	420 000,00
II. Umlaufvermögen		Verbindlichkeiten a. LL	266 000,00
Forderungen a. LL	184 000,00		
Bank	740 000,00		
Kasse	4 100,00		
	1 740 100,00		1 740 100,00

1. a) Löhne	375 000,00		
b) Gewerbesteuer	28 400,00		
c) Mieten	125 000,00		
d) Darlehensschulden	30 000,00	an Bank	558 400,00
2. Maschinen	60 000,00	an Verbindlichkeiten a. LL	60 000,00
3. Aufwendungen für Rohstoffe	328 000,00		
Aufwendungen für Hilfsstoffe	18 000,00	an Verbindlichkeiten a. LL	346 000,00
4. Aufwendungen für Betriebsstoffe	600,00	an Kasse	600,00
5. Aufwendungen für Hilfsstoffe	1 400,00	an Verbindlichkeiten a. LL	1 400,00
6. a) Kasse	1 240,00		
b) Bank	635 000,00		
c) Forderungen a. LL	910 000,00	an Umsatzerlöse	1 546 240,00

7. a) Aufwendungen für Hilfsstoffe	1 500,00		
b) Verbindlichkeiten a. LL	85 100,00	an Bank	86 600,00
8. a) Kasse	600,00		
b) Bank	114 000,00	an Forderungen a. LL	114 600,00
9. a) Aufwendungen für Energie	86 200,00		
b) Werbung	45 000,00	an Bank	131 200,00

S — Gewinn- und Verlustkonto — H

S			H
Aufwendungen für Rohstoffe	328 000,00	Umsatzerlöse	1 546 240,00
Aufwendungen für Hilfsstoffe	20 900,00		
Aufwendungen für Betriebsstoffe	600,00		
Aufwendungen für Energie	86 200,00		
Löhne	375 000,00		
Mieten	125 000,00		
Gewerbesteuer	28 400,00		
Werbung	45 000,00		
Eigenkapital	537 140,00		
	1 546 240,00		1 546 240,00

Aktiva — Schlussbilanz — Passiva

Aktiva			Passiva
I. Anlagevermögen		**I. Eigenkapital**	1 591 240,00
Maschinen	710 000,00	**II. Fremdkapital**	
Geschäftsausstattung	162 000,00	Darlehensschuld	390 000,00
II. Umlaufvermögen		Verbindlichkeiten a. LL	588 300,00
Forderungen a. LL	979 400,00		
Bank	712 800,00		
Kasse	5 340,00		
	2 569 540,00		2 569 540,00

2 Buchungssätze:

1. Geschäftsausstattung	890,00	an Bank	890,00
2. Bank	15 000,00	an Fuhrpark	15 000,00
3. Aufwendungen für Rohstoffe	123 760,00	an Verbindlichkeiten a. LL	123 760,00
4. Forderungen a. LL	133 000,00	an Umsatzerlöse für Erzeugnisse	133 000,00
5. Bank	148 200,00	an Forderungen a. LL	148 200,00
6. Aufwendungen für Rohstoffe	1 820,00	an Bank	1 820,00
7. Gehälter	145 600,00	an Bank	145 600,00
8. Bank	212 800,00	an Umsatzerlöse für Erzeugnisse	212 800,00
9. Aufwendungen für Rohstoffe	63 700,00	an Bank	63 700,00
10. a) Büromaterial	2 120,00		
b) Aufwendungen für Energie	15 000,00		
c) Fremdinstandsetzung	7 400,00		
d) Werbung	4 600,00	an Bank	29 120,00
11. Fuhrpark	32 580,00	an Bank	32 580,00

S — Gewinn- und Verlustkonto — H

S			H
Aufwendungen für Energie	15 000,00	Umsatzerlöse f. Erzeugnisse	345 800,00
Aufwendungen für Rohstoffe	189 280,00	Eigenkapital	18 200,00
Fremdinstandsetzungen	7 400,00		
Gehälter	145 600,00		
Büromaterial	2 120,00		
Werbung	4 600,00		
	364 000,00		364 000,00

S — Schlussbilanzkonto — H

S			H
Grundstück und Gebäude	250 000,00	Eigenkapital	916 200,00
Maschinen	400 000,00	Verbindlichkeiten a. LL	169 360,00
Fuhrpark	92 580,00		
Geschäftsausstattung	88 890,00		
Forderungen a. LL	53 200,00		
Bank	197 290,00		
Kasse	3 600,00		
	1 085 560,00		1 085 560,00

3 a)

Vermögen am Ende des Geschäftsjahres	7 200 000,00 EUR
– Schulden am Ende des Geschäftsjahres	3 700 000,00 EUR
= Eigenkapital am Ende des Geschäftsjahres	3 500 000,00 EUR

b) Eigenkapital am Ende des Geschäftsjahres 3 500 000,00 EUR
− Gewinn (Erträge − Aufwendungen) 150 000,00 EUR
= Eigenkapital am Anfang des Geschäftsjahres 3 350 000,00 EUR

4 a)

S	Geschäftsausstattung		H
EBK	112 000,00	SBK	112 000,00

S	Grundstück mit Gebäuden		H
EBK	839 000,00	SBK	839 000,00

S	Forderungen a. LL		H
EBK	126 500,00	SBK	126 500,00

S	Bank		H
EBK	362 000,00	SBK	362 000,00

S	Eigenkapital		H
SBK	1 211 800,00	EBK	840 800,00
		GuV	371 000,00
	1 211 800,00		1 211 800,00

S	Verbindlichkeiten a. LL		H
SBK	227 700,00	EBK	227 700,00

S	GuV		H
A. f. Rst	2 007 000,00	Uerl	4 692 000,00
A. f. En	284 000,00		
Lö/Geh	1 540 000,00		
Steuern	275 000,00		
Bürom.	88 000,00		
Mieten	127 000,00		
EK	371 000,00		
	4 692 000,00		4 692 000,00

S	SBK		H
Gr. m. Geb	839 000,00	EK	1 211 800,00
GA	112 000,00	Vb	227 700,00
Fo	126 500,00		
Ba	362 000,00		
	1 439 500,00		1 439 500,00

5 a) Vgl. Lehrbuch S. 94 und folgendes Schaubild:

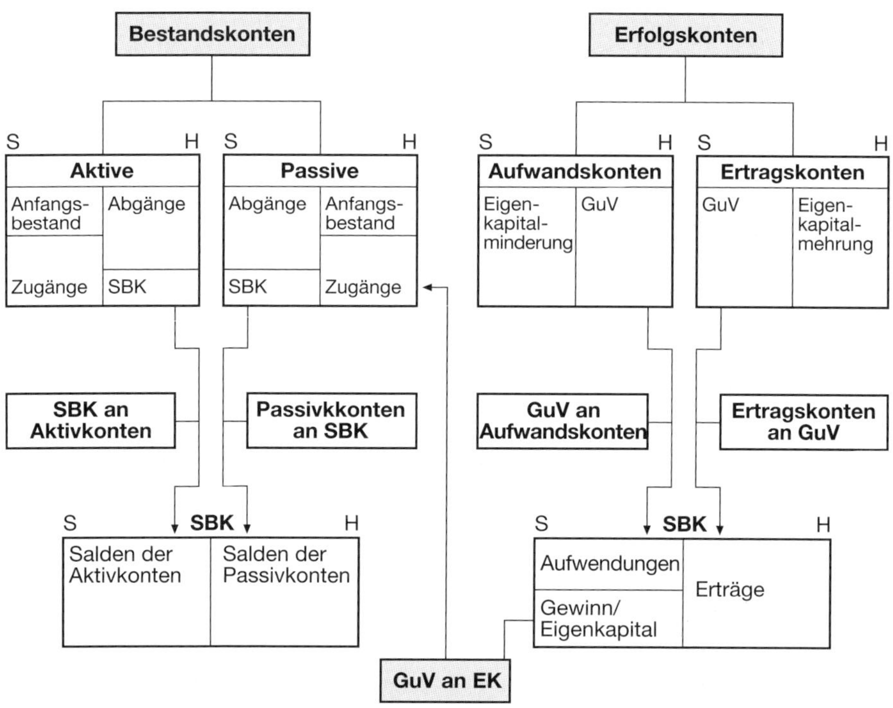

b) Mehrere Schülerinnen/Schüler stellen ihre Übersicht dar.
c) **Buchführung als Informationssystem:**
ca) **Aktives Bestandskonto:** Es informiert über Anfangsbestand, Zugänge, Abgänge und Endbestand eines Vermögenspostens.

Passives Bestandskonto: Es informiert über Anfangsbestand, Zugänge, Abgänge und Endbestand eines Kapitalpostens.

cb) **SBK:** Es zeigt den Vermögens- und Kapitalstand zum Ende des Geschäftsjahres.

cc) **Aufwandskonto:** Jedes Aufwandskonto stellt die Ursache einer Eigenkapitalminderung und deren Höhe dar.

Ertragskonto: Jedes Ertragskonto stellt die Ursache einer Eigenkapitalmehrung und deren Höhe dar.

cd) **GuV-Konto:** In ihm werden die Erfolgsquellen (Aufwendungen und Erträge) gegenübergestellt. Der Saldo zeigt den im Geschäftsjahr erwirtschafteten Erfolg (Gewinn oder Verlust).

6 a) Die Quellen des Erfolges, einerseits die Aufwendungen artmäßig getrennt, andererseits die Umsatzerlöse für Erzeugnisse. Aufgrund dieser Information kann der Kaufmann gezielt auf die Einflussgrößen des Erfolges Maßnahmen einsetzen, wie z.B. Verwendung anderer Rohstoffe oder Änderung des Produktionsverfahrens, um Kosten zu sparen, oder durch Werbemaßnahmen neue Märkte erschließen, um die Umsatzerlöse zu steigern.

b) Die Aufwendungen und Erträge werden im Gewinn- und Verlustkonto gegenübergestellt. Der Abschluss der Konten löst folgende Abschlussbuchungen aus:

GuV	1 225 000,00	an Aufwendungen für Rohstoffe	1 225 000,00
GuV	385 000,00	an Löhne/Gehälter	385 000,00
GuV	194 000,00	an Sonstige Aufwendungen	194 000,00
Umsatzerlöse	2 074 600,00	an GuV	2 074 600,00

c) Der Erfolg – in diesem Falle ein Gewinn in Höhe von 270 600,00 EUR – wird dem Eigenkapital zugeschrieben:

GuV	270 600,00	an Eigenkapital	270 600,00

2.5 Verteilung von Erfolgen mithilfe des Verteilungsrechnens

Lehrbuch Seite 107

Arbeitsaufträge

❑

Gesellschafter	Anteile	Wert je Anteil in EUR	Verteilungsanteile in EUR
Primus	1	85 500,00	85 500,00
Müller	1	85 500,00	85 500,00
	2	=	171 000,00
	1	=	85 500,00

❑

Gesellschafter	Anteile	Wert je Anteil in EUR	Verteilungsanteile in EUR
Primus	3	42 750,00	128 250,00
Müller	1	42 750,00	42 750,00
	4	=	171 000,00
	1	=	42 750,00

❑

Gesellschafter	Anteile	Wert je Anteil in EUR	Verteilungsanteile in EUR
Primus	4/5 4	34 200,00	136 800,00
Müller	1/5 1	34 200,00	34 200,00
	5	=	171 000,00
	1	=	34 200,00

Lehrbuch Seiten 110, 111

1

Mitarbeiter	Anteile	Wert je Anteil	Verteilungsanteile
A	4	200,00	800,00
B	3	200,00	600,00
C	7	200,00	1 400,00
D	6	200,00	1 200,00
	20	=	4 000,00
	1	=	200,00

2

Kaufmann	Anteile	Wert je Anteil	Verteilungsanteile
A B C	4 2 1	40000,00 40000,00 40000,00	160000,00 80000,00 40000,00
	7	=	280000,00 Gesamtgewinn (a)

40 % – 280000,00 EUR
100 % – x

x = <u>700 TEUR Kapitaleinsatz</u> (b)

3

Kaufmann	Beteiligung	Wert je Anteil	Verteilungsanteile
A B C	3 4 5	600,00 600,00 600,00	1800,00 2400,00 3000,00
	12 1	= =	7200,00 600,00

4

Handelsvertreter	Anteile	Wert je Anteil	Verteilungsanteile
A B C	2 3 5	2400,00 2400,00 2400,00	4800,00 7200,00 12000,00
	10 1	= =	24000,00 2400,00

5

Abteilung	Fläche	Anteile	Wert je Anteil	Verteilungsanteile
1 2 3 4 5	625 m^2 525 m^2 475 m^2 450 m^2 300 m^2	25 21 19 18 12	205,00 205,00 205,00 205,00 205,00	5125,00 4305,00 3895,00 3690,00 2460,00
		95 1	= =	19475,00 205,00

6

Filiale	Filialumsätze	Anteile	Wert je Anteil	Verteilungsanteile
I II III	560000,00 840000,00 280000,00	2 3 1	10010,00 10010,00 10010,00	20020,00 30030,00 10010,00
		6 1	= =	60060,00 10010,00

7

Kaufmann	Beteiligung	Anteile	Wert je Anteil	Verteilungsanteile
A B C D	120000,00 144000,00 72000,00 84000,00	10 12 6 7	3430,00 3430,00 3430,00 3430,00	34300,00 41160,00 20580,00 24010,00
		35 1	= =	120050,00 3430,00

8

Kaufmann	Kapital	Bruchteil	Anteile	Wert je Anteil	Verteilungsanteile
A	10250,00	Rest = 5/12	5	1492,00	7460,00
B	6150,00	1/4 = 3/12	3	1492,00	4476,00
C	8200,00	1/3 = 4/12	4	1492,00	5968,00
			12	=	17904,00
			1	=	1492,00

5 Teile = 10250,00
1 Teil = 2050,00

9

Großhändler	Umsatz	Anteile	Wert je Anteil	Verteilungsanteile
A	945000,00	189	200,00	37800,00
B	445000,00	89	200,00	17800,00
C	735000,00	147	200,00	29400,00
		425	=	85000,00
		1	=	200,00

10

Mitarbeiter	Betriebs-zugehörigkeit	Anteile	Wert je Anteil	Verteilungsanteile
A	18	a) 9	247,50	b) 2227,50
B	4	2	247,50	495,00
C	6	3	247,50	742,50
		14	=	3465,00
		1	=	247,50

11

Gesellschafter	Einlage in EUR	5 % in EUR	Rest in EUR	Gewinnanteil in EUR
A	300000,00	a) 15000,00	85000,00	100000,00 b)
B	120000,00	6000,00	85000,00	91000,00
C	80000,00	4000,00	85000,00	89000,00
	500000,00	25000,00	255000,00	280000,00

12

Großhändler	Anteile	Wert je Anteil	Verteilungsanteile
A	1/3 5/15 5	1870,00	b) 9350,00
B	2/5 6/15 6	1870,00	b) 11220,00
C	Rest 4/15 4	1870,00	7480,00
	15	–	a) 28050,00
	1	–	1870,00

13

Kaufmann	Bruchteil	Anteile	Wert je Anteil	Verteilungsanteile
A	2/5 = 16/40	16	1155,00	18480,00
B	3/8 = 15/40	15	1155,00	17325,00
C	Rest = 9/40	9	1155,00	10395,00
		40	=	46200,00
		1	=	1155,00

14

Mitarbeiter	Bruchteil	Anteile	Wert je Anteil	Verteilungsanteile
A B C D	1/6 = 10/60 2/5 = 24/60 1/4 = 15/60 Rest = 11/60	10 24 15 11	102,00 102,00 102,00 102,00	1 020,00 2 448,00 1 530,00 1 122,00
		60	=	6 120,00

11 Anteile – 1 122,00 EUR
1 Anteil – x

x = 102,00 EUR

15

Kaufmann	Bruchteil	Anteile	Wert je Anteil	Verteilungsanteile
A B C D	1/2 = 10/20 1/4 = 5/20 1/5 = 4/20 Rest = 1/20	10 5 4 1	140 000,00 140 000,00 140 000,00 140 000,00	1 400 000,00 700 000,00 560 000,00 140 000,00
		20 1	= =	2 800 000,00 140 000,00

16

Kaufpreis	Bruchteil	Anteile	Wert je Anteil	Verteilungsanteile
Barzahlung	1/2 = 3/6	3	75 000,00	225 000,00
Banküber- weisung	1/3 = 2/6	2	75 000,00	150 000,00
Hypothek	Rest = 1/6	1	75 000,00	75 000,00

a) 225 000,00 + 150 000,00 = 375 000,00 b) 450 000,00

17

Reisender	Betriebszugehörigkeit in Monaten	Anteile	Wert je Anteil	Verteilungsanteile
A B C	75 25 50	3 1 2	3 000,00 3 000,00 3 000,00	9 000,00 3 000,00 6 000,00
		6 1	= =	18 000,00 3 000,00

18

Filiale	Anteile	Wert je Anteil	Verteilungsanteile
A B C D	10 15 17 18	49,00 49,00 49,00 49,00	490,00 735,00 a) 833,00 882,00
	60 1	= =	2 940,00 49,00

b) Filiale D 882,00 EUR
Filiale A – 490,00 EUR
392,00 EUR

2.6 Umsatzsteuer

Lehrbuch Seite 112

Arbeitsauftrag Die Umsatzsteuer hat keinen Einfluss auf den Gewinn der Primus KG. Sie ist ein durchlaufender Posten. Die an Lieferer geleistete Vorsteuer und die Steuer vom Mehrwert, die ans Finanzamt abzuführen ist, werden offen auf das nachfolgende Glied der Handelskette abgewälzt.

Lehrbuch Seiten 117 bis 123

1 ❑ **Vorumsätze:** 1, 4, 7, 8, 10.
❑ **Umsatz:** 2, 5.
❑ **Mehrwertbestandteil:** 3, 6, 9.

2

1.	Aufwendungen für Rohstoffe	60000,00		
	Vorsteuer	11400,00	an Bank	71400,00
2.	Büromaterial	140,00		
	Vorsteuer	26,60	an Kasse	166,60
3.	Forderungen a. LL	40460,00	an Umsatzerlöse	34000,00
			an Umsatzsteuer	6460,00
4.	Bank	1666,00	an Umsatzerlöse	1400,00
			an Umsatzsteuer	266,00
5.	Fremdinstandsetzung	1400,00		
	Vorsteuer	266,00	an Bank	1666,00
6.	Aufwendungen für Energie	180,00		
	Vorsteuer	34,20		
	Verbindlichkeiten a. LL	1856,00		
	Geschäftsausstattung	2100,00		
	Vorsteuer	399,00	an Kasse	4569,20

3

1.	Aufwendungen für Rohstoffe	65000,00		
	Vorsteuer	12350,00	an Verbindlichkeiten a. LL	77350,00
2.	Werbung	4000,00		
	Vorsteuer	760,00	an Bank	4760,00
3.	Kasse	618,80	an Umsatzerlöse	520,00
			an Umsatzsteuer	98,80
4.	Aufwendungen für Energie	170,00		
	Vorsteuer	32,30	an Kasse	202,30
5.	Forderungen a. LL	154700,00	an Umsatzerlöse	130000,00
			an Umsatzsteuer	24700,00
6.	Aufwendungen für Rohstoffe	25600,00		
	Vorsteuer	4864,00	an Verbindlichkeiten a. LL	30464,00

❑ **Umsatz:**	130520,00 EUR davon 19 % USt =	24798,80 EUR	USt-Schuld
❑ **Vorumsatz:**	94770,00 EUR davon 19 % USt =	18006,30 EUR	USt-Anspruch
		6792,50 EUR	USt-Zahllast

4 a) **Konto Vorsteuer**
Sollseite:
Vorsteuern aus Beschaffungsvorgängen lt. ER (Vorumsätze)
Habenseite:
Mit der USt-Schuld aufgerechnete Vorsteuerforderungen
Konto Umsatzsteuer
Sollseite:
❑ Mit der USt-Schuld aufgerechnete Vorsteuerforderungen
❑ Umsatzsteuerzahlungen an das Finanzamt
Habenseite:
Durch Umsätze lt. AR verursachte USt-Schulden
Die USt ist am 10. des folgenden Monats für den abgelaufenen Monat fällig und als Vorauszahlung auf die USt des Jahres an das Finanzamt abzuführen. Der abzuführende Betrag wird in einer Nebenrechnung ermittelt und erfasst.

b) Wenn der H-Saldo des Kontos Umsatzsteuer größer ist als der S-Saldo des Kontos Vorsteuer, liegt eine USt-Zahllast vor. Dann ist der Saldo des Kontos Vorsteuer auf Konto Umsatzsteuer zu übertragen.
Ist der H-Saldo des Kontos Umsatzsteuer kleiner als der S-Saldo des Kontos Vorsteuer, liegt ein Vorsteuerüberhang vor. Dann ist der Saldo des Kontos Umsatzsteuer auf das Konto Vorsteuer zu übertragen, um den Vorsteuerüberhang zu ermitteln.

c)

Umbuchung:	Umsatzsteuer	40000,00	an Vorsteuer	40000,00
Abschluss:	Umsatzsteuer	30000,00	an SBK	30000,00

5 a)

Umbuchung:	Umsatzsteuer	40000,00	an Vorsteuer	40000,00
Abschluss:	SBK	60000,00	an Vorsteuer	60000,00

b) Anlageinvestition (Ersatz und Erweiterung)
Vorratsinvestitionen (Spekulationskäufe, erhöhter Bedarf wegen verstärkter Nachfrage, Sonderangebote).
USt-freie Umsätze: Exporte in Drittländer (nicht EU-Länder).

6 Geschäftsfälle:

1.	Aufwendungen für Rohstoffe			
		220000,00	an Verbindlichkeiten a. LL	261800,00
	Vorsteuer	41800,00		
2.	Umsatzsteuer	18700,00		
	Mieten	24000,00		
	Verbindlichkeiten a. LL	62100,00	an Bank	104800,00
3.	Forderungen a. LL	666400,00	an Umsatzerlöse für eigene Erzeugnisse	
				560000,00
			an Umsatzsteuer	106400,00
4.	Aufwendungen für Hilfsstoffe			
		42800,00		
	Vorsteuer	8132,00	an Bank	50932,00
5.	Bank	428400,00	an Umsatzerlöse für eigene Erzeugnisse	
				360000,00
			an Umsatzsteuer	68400,00
6. a)	Löhne	147000,00		
b)	Gehälter	101000,00		
c)	Steuern	18000,00	an Bank	266000,00
7.	Büromaterial	180,00		
	Vorsteuer	34,20	an Kasse	214,20
8.	Kasse	1428,00	an Umsatzerlöse für eigene Erzeugnisse	
				1200,00
			an Umsatzsteuer	228,00
9. a)	Aufwendungen für Energie	18600,00		
	Vorsteuer	3534,00	an Bank	22134,00
b)	Maschinen	84000,00		
	Vorsteuer	15960,00	an Bank	99960,00
c)	Verbindlichkeiten a. LL	53360,00	an Bank	53360,00
	Bank	440800,00	an Forderungen a. LL	440800,00
	Umbuchung: Umsatzsteuer	69460,20	an Vorsteuer	69460,20

S GuV H

S		H	
Aufwendungen für Rohstoffe	220000,00	Umsatzerlöse für eigene Erzeugnisse	921200,00
Aufwendungen für Hilfsstoffe	42800,00		
Aufwendungen für Energie	18600,00		
Löhne	147000,00		
Gehälter	101000,00		
Mieten	24000,00		
Büromaterial	180,00		
Steuern	18000,00		
Eigenkapital	349620,00		
	921200,00		921200,00

S SBK H

S		H	
Maschinen	684000,00	Eigenkapital	1389520,00
Forderungen a. LL	292300,00	Verbindlichkeiten a. LL	217640,00
Bank	732014,00	Umsatzsteuer	105567,80
Kasse	4413,80		
	1712727,80		1712727,80

7 a) Umsatzsteuer 43000,00 an Vorsteuer 43000,00
b) Umsatzsteuer 80000,00 an Bank 80000,00

S Vorsteuer H

S		H	
Summe	275000,00	Summe	232000,00
		Umsatzst.	43000,00
	275000,00		275000,00

S Umsatzsteuer H

S		H	
Summe	437000,00	Summe	560000,00
Vorsteuer	43000,00		
Bank	80000,00		
	560000,00		560000,00

8 a) zutreffend auf die Vorsteuer: 1, 3, 4, 7
b) zutreffend auf die Umsatzsteuer: 2, 5
c) zutreffend auf die Zahllast: 6

9 a) Beleg Nr. 284: Forderungen a. LL 4784,99 an Umsatzerlöse für Handelswaren 4021,00
an Umsatzsteuer 763,99

Beleg Nr. 285: Forderungen a. LL 101,15 an Umsatzerlöse für Handelswaren 85,00
an Umsatzsteuer 16,15

Beleg Nr. 286: Aufw. f. Rohstoffe 23000,00
Vorsteuer 4370,00 an Verbindlichkeiten a. LL 27370,00

Beleg Nr. 287: Instandhaltung 960,00
Vorsteuer 182,40 an Bank 1142,40

b) 1. USt-Schuld 763,99 + 16,15 = 780,14
2. Vorsteuer 4370,00 + 182,40 = 4552,40
3. Vorsteuerüberhang: 3772,26

10 a) Beleg Nr. 379: Aufwendungen für Waren 9612,50
Vorsteuer 1826,38 an Verbindlichkeiten a. LL 11438,38

Beleg Nr. 380: Forderungen a. LL 5944,05 an Umsatzerlöse für Waren 4995,00
an Umsatzsteuer 949,05

Beleg Nr. 381: Verbindlichkeiten a. LL 11438,88 an Bank 11438,88
Bank 5944,05 an Forderungen a. LL 5944,05

Beleg Nr. 382: AVK 81,14
Vorsteuer 15,42 an Kasse 96,56

Beleg Nr. 383: Energie/Betriebsstoffe 48,34
Vorsteuer 9,19 an Kasse 57,53

b) 1. $\frac{96{,}56 \cdot 19}{119} =$ 15,42 EUR

2. $\frac{57{,}53 \cdot 19}{119} =$ 9,19 EUR

3. USt-Schuld: 949,05 EUR
Vorsteuer: 1826,38 + 15,42 + 9,19 = 1850,99 EUR
Vorsteuerüberhang: 901,94 EUR

11 107 % – 192,60 EUR
100 % – x x = 180,00 EUR (Nettowarenwert)
12,60 EUR USt

Buchungssatz:
Aufwendungen für Waren 180,00
Vorsteuer 12,60 an Verbindlichkeiten a. LL 192,60

12

	Nettowarenwert	USt	Buchungssatz				
a)	22000,00	4180,00	Forderungen	26180,00	an	Umsatzerlöse Umsatzsteuer	22000,00 4180,00
b)	89,00	16,91	Forderungen	105,91	an	Umsatzerlöse Umsatzsteuer	89,00 16,91
c)	8544,00	598,08	Forderungen	9142,08	an	Umsatzerlöse Umsatzsteuer	8544,00 598,08
d)	66,00	4,62	Forderungen	70,62	an	Umsatzerlöse Umsatzsteuer	66,00 4,62

13 119 % – 172,55 EUR
100 % – x x = 145,00 EUR Nettobetrag
27,55 EUR USt

14 107 % – 215,00 EUR
7 % – x x = 14,07 EUR

15 a) **Richtig:** Die USt ist bis zum 10. Tag nach Ablauf jedes Kalendermonats fällig – § 18 UStG.
b) **Falsch:** Der Rohstoffeinkauf ist ein Vorumsatz. Die beim Kauf zu entrichtende Umsatzsteuer ist Vorsteuer. Sie mindert, da sie vom Finanzamt erstattet wird, die zu zahlende Umsatzsteuerschuld gegenüber dem Finanzamt.
c) **Falsch:** Die Umsatzsteuer ist ein erfolgsneutraler Posten. Der Saldo auf dem Konto Umsatzsteuer ist als betriebliche Schuld über das SBK abzuschließen.
d) **Richtig:** Alle Leistungen, die das Unternehmen von anderen Unternehmen beschafft, sind Vorumsätze.
e) **Richtig:** Da dem Unternehmen die bei der Beschaffung gezahlten Umsatzsteuern erstattet werden und er die in Rechnung gesetzten Umsatzsteuern durch Steuerüberwälzung vom Kunden erhält, wird ausschließlich der Konsument, der die bezahlte Umsatzsteuer nicht als Vorsteuer erstattet bekommt, mit der Umsatzsteuer belastet.

2.7 Privatkonto in Einzelunternehmen und Personengesellschaften

Lehrbuch Seite 123

Arbeitsauftrag Mit dieser Entnahme zieht der Unternehmer Eigenkapital aus seinem Betrieb zurück. Entsprechend wäre eine Buchung im Soll des Eigenkapitalkontos denkbar. Um die Ursache der Veränderung zu erkennen, empfiehlt sich die Buchung auf einem Unterkonto des Eigenkapitalkontos, dem Privatkonto.

Lehrbuch Seiten 128 bis 131

1

1.	a) Privat	2 000,00		
	b) Bank	5 000,00	an Kasse	7 000,00
2.	a) USt	16 000,00		
	b) Privat	7 500,00		
	c) Gewerbesteuer	10 700,00	an Bank	34 200,00
3.	a) Privat	140,00		
	b) Privat	4 000,00		
	c) Versicherungsbeiträge	2 800,00		
	d) Beiträge	800,00		
	e) Privat	2 500,00	an Bank	10 240,00
4.	a) Postgebühren	1 500,00		
	Vorsteuer	285,00		
	b) Privat	291,55	an Bank	2 076,55
5.	a) Aufwendungen für Energie	7 200,00		
	Vorsteuer	1 368,00		
	b) Privat	327,25		
	c) Privat	380,00		
	d) Mieten	16 000,00	an Bank	25 275,25

2

1.	Privat	476,00	an Eigenverbrauch/Warenentnahmen	400,00
			an Umsatzsteuer	76,00
2.	Forderungen a. LL	4 760,00	an Umsatzerlöse	4 000,00
			an Umsatzerlöse	760,00
3.	Privat	999,60	an Eigenverbrauch/Warenentnahmen	840,00
			an Umsatzsteuer	159,60
4.	a) Privat	95,20		
	b) Privat	1 800,00	an Bank	1 895,20
5.	Privat	214,20	an Eigenverbrauch/Warenentnahmen	180,00
			an Umsatzsteuer	34,20
6.	Privat	1 400,00	an Kasse	1 400,00
7.	Privat	952,00	an Eigenverbrauch/Warenentnahmen	800,00
			an Umsatzsteuer	152,00
8.	a) Privat	107,10		
	b) Postentgelte/ Telekommunikation	400,00	an Kasse	507,10

3 a) / b)

a)					b) 1	2	3
1.	Forderungen	47 600,00	an Umsatzerlöse für eigene Erzeugnisse	40 000,00			
			an Umsatzsteuer	7 600,00		×	
2.	Privat	9 520,00	an Privatentnahme/ Eigenverbrauch	8 000,00			
			an Umsatzsteuer	1 520,00		×	
3.	Steuern	2 900,00	an Bank	2 900,00	×		
4.	Privat	5 100,00	an Bank	5 100,00			×
5.	Privat	1 800,00	an Kasse	1 800,00			×
6.	Grundstücke	100 000,00	an Privat	100 000,00			×
7.	Privat	2 000,00	an Kasse	2 000,00			×
8.	Gehälter	84 000,00	an Bank	84 000,00	×		

c) Die Warenentnahmen stellen einen Konsum dar, der nach der Zielsetzung der Umsatzsteuer besteuert werden soll. Würde der Unternehmer diese Leistungen von anderen Unternehmen für seinen privaten Verbrauch beschaffen, dann müsste er ebenfalls Umsatzsteuer zahlen und könnte diese nicht als Vorsteuer erstattet bekommen. Daher ist es richtig, wenn er auch zur Umsatzbesteuerung verpflichtet wird, wenn er Waren für seinen privaten Verbrauch aus dem eigenen Unternehmen entnimmt.

4

Privat

S			H
SU	60 000,00	SU	20 000,00
		EK	40 000,00
	60 000,00		60 000,00

Eigenkapital

S			H
Privat	40 000,00	EBK	500 000,00
SBK	540 000,00	GuV	80 000,00
	580 000,00		580 000,00

Der Gewinn des Geschäftsjahres betrug: 80 000,00 EUR.

5

SBK

S			H
Verm.	680 000,00	Eigenk.	410 000,00
		Schuld.	270 000,00
	680 000,00		680 000,00

3001 Privat

S			H
Summe	50 000,00	Summe	10 000,00
		EK	40 000,00
	50 000,00		50 000,00

Eigenkapital

S			H
Privat	40 000,00	EBK	375 000,00
SBK	410 000,00	GuV	75 000,00
	450 000,00		450 000,00

Das Eigenkapital betrug: 375 000,00 EUR.

6

SBK

S			H
Verm.	2 900 000,00	Eigenk.	2 300 000,00
		Schuld.	600 000,00
	2 900 000,00		2 900 000,00

Privat

S			H
Summe	150 000,00	Summe	50 000,00
		EK	100 000,00
	150 000,00		150 000,00

Eigenkapital

S			H
Privat	100 000,00	EBK	2 000 000,00
SBK	2 300 000,00	GuV	400 000,00
	2 400 000,00		2 400 000,00

a) Eigenkapital AB: 2 000 000,00 EUR
b) Eigenkapital EB: 2 300 000,00 EUR

7 Geschäftsfälle:

1.	Privat	1 428,00	an Privatentnahme/Eigenverbrauch	1 200,00
			an Umsatzsteuer	228,00
2. a)	Mieten	5 000,00		
b)	Privat	3 500,00	an Bank	8 500,00
3. a)	Bank	88 590,00	an Privat	16 000,00
b)			an Umsatzerlöse für eigene Erzeugnisse	61 000,00
			an Umsatzsteuer	11 590,00
4. a)	Privat	2 100,00		
b)	Aufwendungen für Rohstoffe	46 000,00		
	Vorsteuer	8 740,00		
c)	Privat	2 300,00	an Bank	59 140,00
5. a)	Privat	2 500,00		
b)	Gehälter	36 000,00	an Bank	38 500,00

Vorbereitende Abschlussbuchungen:

Umsatzsteuer	27 840,00	an Vorsteuer	27 840,00
Eigenkapital	21 928,00	an Privat	21 928,00

GuV

S			H
A. f. Ro	307 400,00	U-Erz.	867 000,00
Lö/Geh	386 000,00	PEnt	9 300,00
Mieten	41 000,00		
EK	141 900,00		
	876 300,00		876 300,00

SBK

S			H
Bank	493 250,00	EK	419 972,00
		USt	73 278,00
	493 250,00		493 250,00

8 Betrieb I: 3 024 000,00 EUR
Betrieb II: 2 029 000,00 EUR
Betrieb III: 948 000,00 EUR
Betrieb IV: 434 000,00 EUR

2.8 Organisation der Buchführung

2.8.1 Grundsätze ordnungsgemäßer Buchführung (GoB)

Lehrbuch Seite 132

Arbeitsauftrag Eine ordnungsgemäße Buchführung setzt voraus, dass alle Buchungen belegt werden können.
Umgekehrt müssen alle Belege erfasst und aufbewahrt werden.
Grundlage für die Überprüfung ist das Grundbuch, in dem alle Geschäftsfälle in zeitlicher Reihenfolge erfasst sind. Durch Angabe der Belegnummer im Grundbuch und der Journalseite und -zeile im Buchungsstempel auf den Belegen können Vollständigkeit und Wahrheit geprüft werden. Der Prüfer hat bei einigen Belegen zwar gestutzt, Belege und Bücher in einer lebenden Fremdsprache sind jedoch anzuerkennen, da sie ins Deutsche übertragen werden können.

Lehrbuch Seite 134

1 a) ❑ **Wahrheit:** Allen erfassten Buchungen müssen Geschäftsfälle zugrunde liegen. Die Beleginhalte müssen die tatsächlichen Vorgänge widerspiegeln.
b) ❑ **Vollständigkeit:** Alle Belege müssen erfasst werden.
c) ❑ **Zeitnähe:** Die Geschäftsfälle sollen möglichst schnell nach ihrer Entstehung erfasst werden. Das gilt vor allem zur Beobachtung der Zahlungsfähigkeit für Kreditgeschäfte und Einnahmen und Ausgaben.
d) ❑ **Belegzwang:** Keine Buchung ohne Beleg. Nur mittels Belege kann ein Geschäftsfall und damit die Ordnungsmäßigkeit der Buchung nachgewiesen werden.
e) ❑ **Aufbewahrungsfrist:** Buchungsbelege und Buchführungsbücher sind zehn Jahre aufzubewahren.
f) ❑ **Klarheit:** Ein sachverständiger Dritter muss sich innerhalb einer angemessenen Frist einen Überblick über die Geschäftsfälle und die Vermögens- und Ertragslage des Unternehmens verschaffen können. Postenbezeichnungen, Abkürzungen u. Ä. müssen daher eindeutig sein.

2 a) Für den Unternehmer ist die Buchführung wichtiges Informations-, Kontroll- und Steuerungssystem. Ohne sie läuft er Gefahr, die Übersicht über die Geschäftsentwicklung zu verlieren und schwer wiegende Fehlentscheidungen zu treffen.
b) Für Bonitätsprüfungen können Kreditgeber die Einsicht in die Bilanz und die GuV-Rechnung verlangen. Diese Informationsquellen basieren auf der Buchführung.
Eine ordnungsgemäße Buchführung dient somit dem Schutz der Gläubiger.
c) Mithilfe der Buchführung werden Jahr für Jahr wichtige Steuerbemessungsgrößen, wie der Gewinn für die Einkommen- und Körperschaftsteuer und der Umsatz für die Umsatzsteuer, ermittelt.

3 Die Buchführung muss wahr, klar, zeitnah, vollständig, richtig, zeitgerecht, geordnet sein.
Belege und Bücher müssen zehn Jahre aufbewahrt werden.
Ein Dritter muss in angemessener Zeit die Buchführung verstehen können, insbesondere einen Einblick in die tatsächliche Vermögens- und Ertragslage gewinnen können.

2.8.2 Kontenrahmen und Kontenplan

Lehrbuch Seite 134

Arbeitsauftrag Die Primus KG richtet sich nach dem Kontenrahmen, der für alle Großhandelsbetriebe des Verbandes gilt.
Konten und ihre Inhalte müssen einheitlich festgelegt werden, damit sich Perioden- und Betriebsvergleiche durchführen lassen.
Nicht benötigte Konten sind beispielsweise 00, 02, 03, 13, 15 für Einzelunternehmen und Personengesellschaften. Eine tiefere Untergliederung wäre sinnvoll bei 5100 Umsatzerlöse für Waren, bei 2400 Forderungen a. LL und 4400 Verbindlichkeiten a. LL.

Lehrbuch Seiten 138 bis 140

1

Kl. 0 und 1 Anlageverm.	Kl. 2 Umlaufverm.	Kl. 3 Eigenkapital	Kl. 4 Schulden	Kl. 5 Erträge	Kl. 6 u. 7 Aufwendungen	Kl. 8 Eröffnung u. Abschluss
Unbebaute Grundstücke Fuhrpark Maschinen Geschäftsausstattung Bebaute Grundstücke Sonstige Finanzanlagen/Darlehensforderungen	Forderungen a. LL Kasse Bankguthaben	Eigenkapital	Verbindlichkeiten a. LL Langfristige Verbindlichkeiten gegenüber Kreditinstituten	Umsatzerlöse für Waren Umsatzerlöse für eigene Erzeugnisse	Energie Löhne Gehälter Büromaterial Aufwendungen für Handelswaren Aufwendungen für Rohstoffe	EBK SBK GuV

2 6700, 5100, 8000, 3000, 0700, 1600, 6050, 6080, 8020, 2800, 0500, 5000, 4250, 6300, 7000, 5400, 0840, 6820, 2400, 6800, 8010, 6160, 4400, 5410, 2880, 6000.

3

1.	6080	24 000,00		
	2600	4 560,00	an 2800	28 560,00
2.	2800	35 700,00	an 5000	30 000,00
			an 4800	5 700,00
3.	6300	80 000,00	an 2800	80 000,00
4.	6920	500,00	an 2880	500,00
5.	4250	10 000,00	an 2800	10 000,00
6.	2880	595,00	an 5100	500,00
			an 4800	95,00
7.	7000	4 000,00	an 2800	4 000,00
8.	6900	600,00	an 2800	600,00
9.	a) 8010	95 000,00	an 2400	95 000,00
	b) 8020	310 000,00	an 6080	310 000,00
	c) 5100	650 000,00	an 8020	650 000,00
	d) 3000	75 000,00	an 8020	75 000,00
	e) 3000	420 000,00	an 8010	420 000,00

4

a) Kontenbezeichnungen		EUR		b) Geschäftsfälle	EUR
1. Bank	6 000,00	an Kasse	6 000,00	1. Bareinzahlung auf das Bankkonto	6 000,00
2. Verbindl. a. LL	8 050,00	an Bank	8 050,00	2. Banküberweisung an einen Lieferer	8 050,00
3. Gewerbesteuer	5 000,00	an Bank	5 000,00	3. Banküberweisung der Gewerbesteuer	5 000,00
4. Versicherungen	1 200,00	an Bank	1 200,00	4. Banküberw. z. B. der Gebäudefeuervers.	1 200,00
5. Löhne	11 000,00	an Bank	11 000,00	5. Lohnzahlung durch Banküberweisung	11 000,00
6. Bank	2 070,00	an Ford. a. LL	2 070,00	6. Kunde bezahlt AR durch Banküberw.	2 070,00
7. Aufwendungen für				7. Wareneinkauf auf Ziel, netto	32 000,00
Handelswaren	32 000,00			+ 19 % Umsatzsteuer	6 080,00
Vorsteuer	6 080,00	an Verb. a. LL	38 080,00		
8. Fremdinstandsetzung	900,00			8. ER für durchgeführte Reparatur, netto	900,00
Vorsteuer	171,00	an Verb. a. LL	1 071,00	+ 19 % Umsatzsteuer	171,00
9. Büromaterial	1 100,00			9. Einkauf von Büromaterial auf Ziel, netto	1 100,00
Vorsteuer	209,00	an Verb. a. LL	1 309,00	+ 19 % Umsatzsteuer	209,00
10. Aufwendungen für				10. Einkauf von Heizöl gegen Bankscheck,	
Energie	3 800,00			netto	3 800,00
Vorsteuer	722,00	an Bank	4 522,00	+ 19 % Umsatzsteuer	722,00
11. Privat	500,00	an Kasse	500,00	11. Privatentnahme bar	500,00
12. Privat	4 760,00	an Eigenverb.	4 000,00	12. Privatentnahme von Waren, netto	4 000,00
		an USt	760,00	+ 19 % Umsatzsteuer	760,00

5 Geschäftsfälle:

1.	a) 6050	16 200,00		
	2600	3 078,00		
	b) 6160	42 800,00		
	2600	8 132,00	an 2800	70 210,00
2.	2800	101 388,00	an 5100	85 200,00
			an 4800	16 188,00
3.	6080	382 000,00		
	2600	72 580,00	an 4400	454 580,00
4.	a) 6800	375,00		
	2600	71,25		
	b) 6920	400,00	an 2880	846,25
5.	a) 2800	321 300,00		
	b) 2400	809 200,00	an 5100	950 000,00
			an 4800	180 500,00
6.	a) 2800	522 800,00	an 5400	24 700,00
			an 2400	498 100,00
7.	a) 7510	25 600,00		
	b) 7000	32 000,00	an 2800	57 600,00
8.	a) 6200	203 000,00		
	b) 6710	28 000,00		
	c) 6870	18 000,00		
	2600	3 420,00	an 2800	252 420,00
9.	a) 2800	236 000,00	an 5710	4 000,00
	b)		an 1600	10 000,00
	c)		an 0510	222 000,00
10.	a) 4400	402 000,00		
	b) 0800	16 700,00		
	2600	3 173,00	an 2800	421 873,00

Vorbereitende Abschlussbuchungen:

4800 90454,25 an 2600 90454,25

S	8020 GuV		H
6080	382000,00	5100	1035200,00
6050	16200,00	5400	24700,00
6160	42800,00	5710	4000,00
6200	203000,00		
6710	28000,00		
6800	375,00		
6870	18000,00		
6920	400,00		
7000	32000,00		
7510	25600,00		
3000	315525,00		
	1063900,00		1063900,00

S	8010 SBK		H
0510	648000,00	3000	1519225,00
0800	236700,00	4250	320000,00
1600	40000,00	4400	153580,00
2400	400700,00	4800	106233,75
2800	769385,00		
2880	4253,75		
	2099038,75		2099038,75

6

		EUR
1.	Eröffnungsbuchung des Kontos Bank	69000,00
2.	Überweisung durch einen Kunden zum Ausgleich einer fälligen Rechnung	30360,00
3.	Banküberweisung an einen Lieferer zum Ausgleich einer fälligen Rechnung	14720,00
4.	Mietzahlung durch Banküberweisung	3910,00
5.	Kauf eines Schreibtisches für das Büro einschl. 19 % USt	1475,60
6.	Bareinzahlung aus der Geschäftskasse auf das Bankkonto	19665,00
7.	Einkauf von Büromaterial einschl. 19 % USt durch Bankscheck	285,60
8.	Gehaltszahlung durch Banküberweisung	14200,00
9.	Verkauf von Waren einschl. 19 % USt gegen Bankscheck	49980,00
10.	Verkauf eines gebrauchten Pkw einschl. 19 % USt gegen Bankscheck	4165,00
11.	Abschlussbuchung des Kontos Bank	138578,80

2.8.3 Bücher der Buchführung

Lehrbuch Seite 140

Arbeitsauftrag Die Konten 2400 Forderungen a. LL und 4400 Verbindlichkeiten a. LL sagen nur etwas aus über die Gesamtforderungen und -verbindlichkeiten, nicht dagegen über den Kontenstand einzelner Kunden oder Lieferer.
Ebenso werden auf dem Konto 5100 Umsatzerlöse für Waren alle Umsatzerlöse aus dem Verkauf der Waren erfasst. Herr Müller wünscht jedoch Informationen über die Umsätze einzelner Artikel oder Warengruppen, die aus dem Konto Umsatzerlöse nicht ersichtlich sind.

Lehrbuch Seiten 144, 145

1 a) 6. Geschäftsfall
b) 5. Buchungssatz
c) 2. Journal (Grundbuch)
d) 1. Hauptbuch
e) 4. Kontenplan
f) 3. Kontenrahmen

2
1. Vor**k**ontierung
2. Inv**e**ntar
3. Kap**i**tal
4. Rei**n**vermögen
5. Inv**e**ntur
6. Ver**b**indlichkeiten
7. Umb**u**chung
8. Sti**c**htaginventur
9. Buc**h**halternase
10. Sch**u**lden
11. Gru**n**dbuch
12. Aus**g**angsrechnung
13. Erf**o**lgskonten
14. Bu**c**hungssatz
15. Ze**h**nersystem
16. Inv**e**stition
17. End**b**estand
18. Bel**e**g
19. Ver**l**ust
20. Unt**e**rnehmer
21. Aus**g**aben

Der Grundsatz lautet: **„Keine Buchung ohne Beleg"**

3

Kunde Werner Bange e. K., Am Wingert 32, 50999 Köln				
			Betrag	
Datum	**Beleg**	**Buchungstext**	**Soll**	**Haben**
25. 09.		Saldovortrag	47 140,00	
30. 09.	BA 189	Überweisung		47 140,00
14. 10.	AR 407	Warenverkauf	38 290,00	
27. 10.	AR 462	Warenverkauf	41 225,00	
03. 11.	BA 190	Verrechnungsscheck		79 515,00
12. 11.	AR 481	Warenverkauf	21 114,00	
24. 11.	AR 579	Warenverkauf	51 945,00	
27. 11.	BA 191	Überweisung		70 000,00
30. 11.		Saldo		3 059,00
			199 714,00	199 714,00
		Saldovortrag	3 059,00	

4

Lieferer RaWa AG, Hafenstr. 2, 59067 Hamm				
			Betrag	
Datum	**Beleg**	**Buchungstext**	**Soll**	**Haben**
15. 03.		Saldovortrag		124 150,00
29. 03.	BA 609	Überweisung	110 000,00	
15. 04.	ER 407	Wareneinkauf		72 315,00
23. 04.	BA 610	Verrechnungsscheck	86 465,00	
02. 05.	ER 502	Wareneinkauf		68 320,00
09. 06.	ER 711	Wareneinkauf		46 730,00
27. 06.	BA 611	Überweisung	100 000,00	
30. 06.		Saldo	15 050,00	
			311 515,00	311 515,00
		Saldovortrag		15 050,00

2.8.4 Buchungen anhand von Belegen

Lehrbuch Seite 145

Arbeitsauftrag Merkmal einer ordnungsgemäßen Buchführung ist, dass sich alle Geschäftsfälle in ihrer Entstehung und Abwicklung verfolgen lassen.
Belege sind die Unterlagen, mit denen sich die Übereinstimmung der Daten des Geschäftsfalls mit den Buchungsdaten überprüfen lässt. Daher keine Buchung ohne Beleg. Diese Belege sind zehn Jahre aufzubewahren (vgl. § 257 HGB).
Schritte der Belegbearbeitung: Siehe Lehrbuch S. 147 ff.

Lehrbuch Seiten 151 bis 159

1
- ❑ **natürliche Belege:**
  - externe: Eingangsrechnungen, Ausgangsrechnungen (Kopien), Bankkontenauszüge
  - interne: Lohn- und Gehaltslisten, Quittungen über Barentnahmen
- ❑ **künstliche Belege:** Belege zur Stornierung von Falschbuchungen, Belege zur Darstellung von außerordentlichen Vorfällen (Diebstahl, Bruch, Verderb), Belege zu Umbuchungen und Abschlussbuchungen

2 **Belegbearbeitung:**
- ❑ Prüfung der sachlichen und rechnerischen Richtigkeit
- ❑ Sortieren der Belege
- ❑ Nummerieren der Belege, Ausgangsbelege erhalten bereits bei Erstellung ihre lfd. Nummer
- ❑ Vorkontieren
- ❑ Buchungen im Grund- und Hauptbuch
- ❑ Belegablage und -aufbewahrung

3 Nur durch Angabe der Belegart und -nummer zu jeder Buchung kann auf den zugrunde liegenden Beleg geschlossen und die Ordnungsmäßigkeit der Buchung überprüft werden.

4 **Buchungsbelege:** zehn Jahre
Buchführungsbücher: zehn Jahre

5 a) **Sammelbeleg:** gleichartige Belege (z. B. AR, ER) werden zum Zwecke der Buchung zusammengefasst.
b) **Vorkontierung:** Angabe des Buchungssatzes im Buchungsstempel auf dem Beleg.

6 **Beleggeschäftsgang:**

Beleg-Nr. 800:	6000	14 422,80		
	2600	2 740,33	an 44001	17 163,13
Beleg-Nr. 801:	44002	19 665,00	an 2800	19 665,00
	4800	20 032,50	an 2800	20 032,50
Beleg-Nr. 802:	24030	15 100,51	an 5100	12 689,50
			an 4800	2 411,01
Beleg-Nr. 803:	6050	54,48		
	2600	10,35	an 2880	64,83
Beleg-Nr. 804:	6820	50,00	an 2880	50,00
Beleg-Nr. 805:	6800	71,65		
	2600	13,61	an 2880	85,26
Beleg-Nr. 806:	24070	48 123,60	an 5100	40 440,00
			an 4800	7 683,60
Beleg-Nr. 807:				
Beleg-Nr. 807 a:	6050	1 514,24		
	2600	106,00	an 2800	1 620,24
Beleg-Nr. 807 b:	2800	19 837,50	an 24030	19 837,50
Beleg-Nr. 808:				
Beleg-Nr. 808 a/b:	2800	23 200,00	an 24070	23 200,00
Beleg-Nr. 808 c:	6820	605,59		
	2600	115,06	an 2800	720,65
Beleg-Nr. 809:	6080	29 127,40		
	2600	5 534,21	an 44010	34 661,61
Vorbereitende Abschlussbuchung:				
	4800	35 219,56	an 2600	35 219,56
Saldenliste Kunden:				
	24030	41 263,01		
	24070	47 923,60		
		89 186,61		
Saldenliste Lieferer:				
	44001	43 153,13		
	44010	48 806,61		
		91 959,74		

S 24030 Kunde Herstadt Warenhaus H

S		H	
SU	2 771 500,00	SU	2 725 500,00
5100,		2800	19 837,50
4800	15 100,51	Saldo	41 263,01
	2 786 600,51		2 786 600,51

S 24070 Kunde Herbert Blank e. K. H

S		H	
SU	816 557,50	SU	793 557,50
5100,		2800	23 200,00
4800	48 123,60	Saldo	47 923,60
	864 681,10		864 681,10

S 44001 Lief. Vereinigte Spanplatten AG H

S		H	
SU	520 260,00	SU	546 250,00
Saldo	43 153,13	6000,	
		2600	17 163,13
	563 413,13		563 413,13

S 44010 Lieferer Computec GmbH H

S		H	
SU	1 271 440,00	SU	1 305 250,00
2800	19 665,00	6080,	
Saldo	48 806,61	2600	34 661,61
	1 339 911,61		1 339 911,61

S 2400 Forderungen a. LL H

S		H	
SU	3 588 057,50	SU	3 519 057,50
5100,		2800	19 837,50
4800	15 100,51	2800	23 200,00
5100,		8010	89 186,61
4800	48 123,60		
	3 651 281,61		3 651 281,61

S 4400 Verbindlichkeiten a. LL H

S		H	
SU	1 791 700,00	SU	1 851 500,00
2800	19 665,00	6000,	
8010	91 959,74	2600	17 163,13
		6080,	
		2600	34 661,61
	1 903 324,74		1 903 324,74

S	8020 GuV		H
6000	1214422,80	5000	2200000,00
6050	22368,72	5100	920279,50
6080	617377,40		
6200	411500,00		
6300	400000,00		
6800	41121,65		
6820	14105,59		
6870	82250,00		
6900	14450,00		
7000	30500,00		
3000	272183,34		
	3120279,50		3120279,50

S	8010 SBK		H
0500	545000,00	3000	1022183,34
0840	125000,00	4400	91959,74
0860	64000,00	4800	1575,05
2400	89186,61		
2800	290383,11		
2880	2148,41		
	1115718,13		1115718,13

7

Beleg-Nr. 101:	3001	3200,00	an 2800	3200,00
Beleg-Nr. 102:	3001	1500,00	an 2880	1500,00
Beleg-Nr. 103:	3001	215,82	an 5420	181,36
			an 4800	34,46

2.9 Jahresabschluss und Lagebericht der Kapitalgesellschaft

Lehrbuch Seite 160

Arbeitsauftrag

- ❑ **Vorteile:** Haftungsbeschränkung auf das Stammkapital
- ❑ **Nachteile:** Erweiterung der Rechnungslegungs- und Informationspflichten

Lehrbuch Seiten 169, 170

1 GuV-Rechnung

	EUR	EUR
1. Rohgewinn	3935750,00	
2. Personalaufwand	2818300,00	
3. Sonstige betriebliche Aufwendungen	210100,00	
Betriebsergebnis		907350,00
4. Zinsen und ähnliche Erträge	38150,00	
5. Zinsen und ähnliche Aufwendungen	27400,00	
Finanzergebnis		10750,00
6. Ergebnis der gewöhnlichen Geschäftstätigkeit		918100,00
7. Steuern vom Einkommen und vom Ertrag		168600,00
8. Jahresüberschuss		749500,00

2 GuV-Rechnung

	EUR	EUR
1. Rohgewinn	2454800,00	
2. Personalaufwand	1452000,00	
3. Sonstige betriebliche Aufwendungen	496000,00	
Betriebsergebnis		506800,00
4. Zinsen und ähnliche Erträge	16100,00	
5. Zinsen und ähnliche Aufwendungen	19800,00	
Finanzergebnis		– 3700,00
6. Ergebnis der gewöhnlichen Geschäftstätigkeit		503100,00
7. Steuern vom Einkommen und vom Ertrag		188000,00
8. Jahresüberschuss		315100,00

3 a) Bilanz, Gewinn- und Verlustrechnung

b) bessere Vergleichsmöglichkeiten mit anderen Betrieben durch Entwicklung von Branchenkennzahlen

c) **Kontenklassen 0–4 – Bestandskonten**
Kontenklasse 0: Immaterielle Vermögensgegenstände und Sachanlagen
Kontenklasse 1: Finanzanlagen
Kontenklasse 2: Umlaufvermögen und Aktive Rechnungsabgrenzung
Kontenklasse 3: Eigenkapital und Rückstellungen
Kontenklasse 4: Verbindlichkeiten und Passive Rechnungsabgrenzung
Kontenklassen 5–7 – Erfolgskonten
Kontenklasse 5: Erträge
Kontenklasse 6: Betriebliche Aufwendungen
Kontenklasse 7: Weitere Aufwendungen
Kontenklasse 8: Ergebnisrechnung

d) **Kontenart:** Gegenüberstellung von Aufwendungen und Erträgen in T-Kontenform:

S	GuV	H
Aufwendungen Gewinn	Erträge	

Staffelform: Darstellung der Erträge und Aufwendungen untereinander

  Erträge
– Aufwendungen

  Jahresüberschuss/-fehlbetrag

4

A	Bilanz		P
A. Anlagevermögen		**A. Eigenkapital**	
I. Sachanlagen	2 670 000,00	I. Gezeichnetes Kapital	1 880 000,00
II. Finanzanlagen	–	II. Gewinnrücklagen	–
B. Umlaufvermögen		III. Jahresüberschuss	165 000,00
I. Vorräte	143 500,00	**B. Rückstellungen**	–
II. Forderungen und sonstige Vermögensgegenstände	87 500,00	**C. Verbindlichkeiten**	1 088 800,00
III. Kassenbestand und Bankguthaben	232 800,00	**D. Rechnungsabgrenzungsposten**	–
C. Rechnungsabgrenzungsposten	–		
	3 133 800,00		3 133 800,00

5 a) ❑ **Einzelunternehmen:** Bilanz und GuV-Rechnung
❑ **Kapitalgesellschaften:** Bilanz, GuV-Rechnung und Anhang

b) ❑ **Bilanz:** Vermögens- und Finanzlage
❑ **GuV-Rechnung:** Ertragslage
❑ **Anhang:** Gleichrangiger Bestandteil des Jahresabschlusses neben Bilanz und GuV-Rechnung. Ergänzt diese durch Erweiterung der Information einzelner Positionen und Erläuterung der Bewertungsmethode
❑ **Lagebericht:** Stellt Lage und Entwicklung der Unternehmung dar

6

Aktiva	Bilanz (keine Kapitalgesellschaft)		Passiva
A. Anlagevermögen		**A. Eigenkapital**	1 325 000,00
I. Sachanlagen		**B. Verbindlichkeiten**	
1. Grundstücke und Gebäude	600 000,00	1. Verbindlichkeiten gegenüber Kreditinstituten	1 023 200,00
2. Maschinen	375 000,00	2. Verbindlichkeiten a. LL	151 800,00
3. Fuhrpark	200 000,00		
4. Betriebs- und Geschäftsausstattung	125 000,00		
B. Umlaufvermögen			
1. Rohstoffe	575 000,00		
2. Forderungen a. LL	282 500,00		
3. Kassenbestand, Bankguthaben	342 500,00		
	2 500 000,00		2 500 000,00

Geplanter Stundenverlauf Abschnitt 2.3.1: Auswirkungen von Wertveränderungen auf die Bilanz

Unterrichtsverlauf mit Hinweisen auf entscheidende Anweisungen, Fragen, Impulse u. a.	Methodisch-mediale Hinweise (Beispiele)
Einführung Lehrer verteilt die Bilanz der Primus KG und vier Belege lt. Anlage. Schüler beschreiben die betriebliche Situation und formulieren den Arbeitsauftrag (Anlage).	Frontalunterricht/fragend-entwickelnd vier Belege der Primus KG Arbeitsauftrag wird auf Folie festgehalten (Anlage)
Erarbeitung Bearbeitung der Belege durch *Schüler*, indem sie 1. die Belege chronologisch ordnen, 2. die Auswirkung jeweils in einer neuen Bilanz darstellen, 3. die inhaltliche Veränderung umschreiben.	Einzel-/Partnerarbeit Lehrbuch S. 61 ff.
Sicherung Schüler stellen ihre Lösungen vor. Schüler ergänzen oder korrigieren eigene Lösungen.	Schülervorträge Unterrichtsgespräch Tafelbild/Folie (Lehrbuch S. 65)
Übung Transfer auf andere Fälle	Lehrbuch S. 65 f., Aufgaben Nr. 1, 3, 4

Folienvorlage

Arbeitsaufträge

1. **Die Belege sind in der zeitlichen Reihenfolge zu ordnen und zu nummerieren (1 bis 4)**
2. **Die Auswirkung der Belege ist jeweils**
   a) zu untersuchen,
   b) in einer neuen Bilanz darzustellen
3. **Die Wertbewegung ist**
   a) zu benennen,
   b) inhaltlich zu erläutern
4. **Die Ergebnisse sind auf einer Folie darzustellen**

A — Bilanz der Primus KG, Duisburg, zum 31. Dezember . . — P

A		P	
I. Anlagevermögen		**I. Eigenkapital**	600 000,00
Grundstück mit Bauten	715 000,00	**II. Schulden**	
Fuhrpark	125 000,00	Darlehensschulden	500 000,00
Betriebs- und Geschäftsausst.	110 000,00	Verbindlichkeiten a. LL	100 000,00
II. Umlaufvermögen		Sonstige Verbindlichkeiten	50 000,00
Waren	130 000,00		
Forderungen	70 000,00		
Bankguthaben	98 800,00		
Kasse	1 200,00		
	1 250 000,00		1 250 000,00

Konto	Kontoauszug		Auszug	Blatt
360058796	SPARKASSE DUISBURG	BLZ 350 500 00	15	1

Buch.-Tag	Wert	PN	Erläuterung/Verwendungszweck	Umsätze
30.01.	30.01.	0650	RHEINISCHE HYPOTHEKENBANK TILGUNGSRATE DARLEHEN NR 7241652	27 500,00 S

KREDITZUSAGE EUR 80 000,00

IHR AKTUELLER KONTOSTAND UM 11:30 UHR EUR 71 300,00 H

BS	Letzter Auszug	Auszugsdatum	Alter Kontostand	Neuer Kontostand
44	..-01-30	..-01-31	EUR 98 800,00 H	EUR 71 300,00 H

PRIMUS KG, KOLONIESTRASSE 2-4, 47057 DUISBURG

Lkw-Handel

Lkw-Handel, A. Joost e. K., Falkstraße 82, 47058 Duisburg

Primus KG
Koloniestraße 2-4
47057 Duisburg

Lkw-Handel
Andreas JOOST e. K.
Falkstraße 82
47058 Duisburg
Telefon 0203 2983-72
Telefax 0203 2983-79

Betriebs-Nr.: 13246833
Auftrags-Nr.: 00507
Datum: ..-02-26
Kunden-Nr.: 32788
USt-ID.: DE 106739042
St.-Nr.: 107/766/7767

Rechnung

Amtl. Kennzeichen	Typ/Modell	Fahrzeug.Ident-Nr.	Zulassungstag	Annahmetag	km-Stand	KD-Meister
	443 PH 5	44FA053238	..-02-26	..-02-15	0	

Für Ihre Bestellung danken wir Ihnen. Wir lieferten Ihnen heute den Lkw Condor GKAT 3000 zu den Verkaufsbedingungen, die wir Ihnen mit der Bestellung aushändigten.

443 PH 5 Lkw Condor GKAT 3000 63 700,00 EUR

Betrag per Bankscheck dankend erhalten

Bankverbindung: Sparkasse Duisburg BLZ 350 500 00 Kto-Nr.: 1352 831

Bitte geben Sie bei Zahlung Ihre Kunden- und Rechnungsnummer an. Vielen Dank.

BESMO AG

BESMO AG

BESMO AG, Leostraße 34, 45359 Essen

Leostraße 34
45359 Essen

Telefon: 0201 338842
Telefax: 0201 338849

Primus KG
Büroeinrichtung und Zubehör
Koloniestraße 2–4
47057 Duisburg

Rechnung

Ihre Bestellung vom:	Kunden-Nr.	Rg-Nr.	Datum
	12456	00009	..-01-02

Leistung	Betrag EUR
1 Lagertransportanlage	90 000,00

Bankverbindung: Postbank Dortmund
BLZ 440 100 46
Konto-Nr. 568 940-33

Zahlungsbedingungen: binnen 60 Tagen netto Kasse
USt.-IDNr.: DE 878745451
Steuernummer: 110/381/7783

Computec GmbH & Co. KG

Hard- und Softwarevertrieb

Computec GmbH & Co. KG, Volksparkstraße 12–20, 22525 Hamburg

Computec GmbH & Co. KG
Volksparkstraße 12–20, 22525 Hamburg
Telefon 040 22446-69
Telefax 040 22446-64

Bei Zahlung bitte Rechnungs-Nr. und Kunden-Nr. angeben!

Bank: Postbank Hamburg
Konto-Nr. 671 190 870
BLZ 200 100 20

Primus KG
Koloniestraße 2-4
47057 Duisburg

Ihr Zeichen, Ihre Nachricht vom	Unser Zeichen, unsere Nachricht vom	Telefon, Name 040 22446-69	Datum
gf-mb ..-01-04	br-he	Breiten	..-01-15

Sehr geehrter Herr Müller,

wir erklären uns hiermit bereit, den Rechnungsbetrag lt. Rechnungsnummer 23521 vom 22. November .. über 29 000,00 EUR, fällig am 22. Januar .., ein Jahr, also bis zum 22. Januar des nächsten Jahres gegen 6 % p. a. Zinsen zu stunden.

Mit freundlichen Grüßen

Computec GmbH & Co. KG

Karl Breiten

Karl Breiten
Geschäftsführer

USt-IDNr.: DE 775539486 St-Nr.: 224/645/1022

Geplanter Stundenverlauf Abschnitt 2.2.4: Gewogener Durchschnitt

Unterrichtsverlauf mit Hinweisen auf entscheidende Anweisungen, Fragen, Impulse u. a.	Methodisch-mediale Hinweise (Beispiele)
Einführung Begrüßung, Wiederholungsaufgabe zum einfachen Durchschnitt Vorstellung der Handlungssituation durch den Lehrer, Formulierung des Arbeitsauftrages durch die Schüler	Arbeitsblatt 1 Frontal/fragend-entwickelnd
Erarbeitung Bearbeitung der Handlungssituation durch die Schüler Schüler stellen ihre Lösung an der Tafel vor	arbeitsgleiche Gruppenarbeit Arbeitsblatt 2 mit Handlungssituation und Arbeitsaufträgen
Sicherung Zusammenfassung des Stoffes	Lehrbuch Seite 47
Übung Übungsaufgaben, Schüler stellen ihre Lösung vor	Einzelarbeit mithilfe des Lehrbuches Seite 48 Aufgaben 7 bis 12

Arbeitsblatt 1

Übungsaufgabe Frau Konski, die Abteilungsleiterin Einkauf der Primus KG, möchte am 30. Juni den durchschnittlichen Lagerbestand für die Warengruppe I „Bürotechnik" für das erste Halbjahr ermitteln. Folgende Werte liegen für die einzelnen Monate vor:

31.01.	106 000,00 EUR	30.04.	118 000,00 EUR
28.02.	129 000,00 EUR	31.05.	117 000,00 EUR
31.03.	124 000,00 EUR	31.06.	92 000,00 EUR

Der Anfangsbestand betrug am 1. Januar 119 000,00 EUR.

Arbeitsauftrag

- ❑ Stellen Sie das Lösungsschema auf.
- ❑ Geben Sie an, mit welchen Arbeitsschritten Sie zur Lösung gelangen.
- ❑ Ermitteln Sie den durchschnittlichen Lagerbestand.

Arbeitsblatt 2

Arbeitsauftrag Die Primus KG hat bei der Warengruppe I „Bürotechnik" bei Anrufbeantwortern noch folgende Restbestände am Lager:

Bürotechnik	Menge in Stück	Preis in EUR je Anrufbeantworter
Anrufbeantworter euroset AB	20	64,50
Anrufbeantworter Code-A-Phone 2001	30	44,50

Herr Müller hat Frau Konski beauftragt, den Durchschnittspreis je Stück zu ermitteln, zu dem der ganze Warenposten einem Kunden angeboten werden kann!

Arbeitsaufträge

- ❑ Geben Sie an, worin sich die neue Situation von der vorherigen unterscheidet.
- ❑ Überprüfen Sie, ob das bisherige Lösungsschema verwendet werden kann.
- ❑ Schätzen Sie den Durchschnittspreis.
- ❑ Erarbeiten Sie ein Lösungsschema zur Berechnung des Durchschnittspreises.
- ❑ Halten Sie Ihre Lösungsschritte in Merksätzen fest.
- ❑ Ermitteln Sie den Gesamtpreis aller Einzelposten.
- ❑ Ermitteln Sie den Durchschnittspreis je Stück, zu dem der ganze Warenposten einem Kunden angeboten werden kann.

Übungstest: Dreisatz

Zeit: 60 Minuten

1 Ein Lagerarbeiter erhält für 35 Arbeitsstunden einen Bruttolohn von 630,00 EUR. Ermitteln Sie den Bruttolohn für 42 Stunden.

2 Der Vorrat eines Artikels reicht 30 Tage, wenn täglich 75 Stück verkauft werden. Wie viel Tage reicht der gleiche Vorrat, wenn täglich 125 Stück verkauft werden?

3 Auf einer Messe werden Kostproben einer neuen Kaffeesorte angeboten. Der Vorrat reicht für sechs Verkaufstage, wenn 480 Kunden den Kaffee probieren wollen. Wie viel Tage reicht derselbe Kaffeevorrat, wenn 360 Kunden probieren möchten?

4 Die Kosten für Werbespots im örtlichen Kino betragen für zwei Monate 2800,00 EUR bei täglich zwei Vorstellungen. Der Werbevertrag soll um weitere drei Monate verlängert werden. Jetzt werden die Spots in drei Vorstellungen täglich gezeigt. Wie viel EUR kostet die Werbung für diese drei Monate?

5 In einem Hochregallager sind 10 Reihen Regale zu je 20 m Höhe untergebracht. Für die Inventur benötigte man bisher 30 Stunden. Das Lager wird um 4 Reihen zu je 20 m Höhe erweitert. Ermitteln Sie den erforderlichen voraussichtlichen Zeitbedarf für die Inventur.

6 Auf einem Ballen Samtstoff sind noch 47,50 m zum Preis von 5,80 EUR je m. Nacheinander werden verkauft: 2 1/2 m; 4,75 m; 130 cm; 3 1/4 m; 2,70 m; 0,50 m.
a) Wie viel Meter Baumwollstoff wurden insgesamt verkauft?
b) Welcher Umsatz in EUR wurde mit dem Verkauf insgesamt erzielt?

7 Das Gehalt eines Mitarbeiters beträgt 2608,00 EUR für die tarifliche Arbeitszeit von 163 Stunden im Monat.
Wie viel EUR Gehalt erhält ein teilzeitbeschäftigter Mitarbeiter, der monatlich 10 Stunden arbeitet (unter sonst gleichen Bedingungen)?

8 Ein Kunde tauscht sechs Handtücher um, die 15,85 EUR je Stück gekostet haben. Er möchte stattdessen Saunatücher zu einem Stückpreis von 31,70 EUR kaufen. Wie viele Saunatücher erhält er?

9 Zwei Lagerarbeiter packen 260 Artikel in 40 Minuten aus. Weitere 3120 Artikel müssen in zwei Stunden ausgepackt werden. Wie viel Lagerarbeiter müssen für das Auspacken der 3120 Artikel zusätzlich eingesetzt werden?

10 Für den Aufbau des Sonderstandes benötigten sechs Mitarbeiter im letzten Jahr vier Arbeitstage. In diesem Jahr muss der Sonderstand wegen eines Feiertages in drei Arbeitstagen aufgebaut werden. Wie viele Mitarbeiter werden zusätzlich benötigt?

11 Ein Einzelhandelsgeschäft hat 250 m^2 Verkaufsfläche. Die 20 Verkaufsmitarbeiter erzielten im letzten Jahr an 310 Verkaufstagen 7750000,00 EUR Umsatz.
Ermitteln Sie den Umsatz in EUR
a) je Mitarbeiter,
b) je m^2 Verkaufsfläche,
c) je Verkaufstag.

12 Die Inventurarbeiten in einem Großhandelsbetrieb werden von zehn Angestellten bei täglich achtstündiger Arbeitszeit in sechs Tagen erledigt. Nach drei Tagen erkranken zwei Mitarbeiter. Wie viel Stunden täglich muss jeder der verbleibenden acht Mitarbeiter mehr arbeiten, damit die Inventur wie geplant nach sechs Tagen abgeschlossen werden kann?

Übungstest: Durchschnittsrechnen

Zeit: 60 Minuten

1 Die Personalstatistik eines Unternehmens weist zum jeweiligen Quartalsende folgende Anzahl an Mitarbeitern aus:
1. Quartal: 528 2. Quartal: 525 3. Quartal: 517 4. Quartal: 550
Wie viele Mitarbeiter wurden im Jahresdurchschnitt beschäftigt?

2 Ein Auszubildender hat für insgesamt 87,60 EUR Briefmarken gekauft, und zwar 50 Briefmarken zu je 0,80 EUR, 30 Briefmarken zu je 1,00 EUR und 70 Briefmarken zu je 0,20 EUR.
Wie viel Briefmarken zu je 0,30 EUR hat der Auszubildende noch zusätzlich gekauft?

3 Einem Großhändler stehen zwei Restposten zur Verfügung:
Artikel A: 200 Stück zu je 6,00 EUR, Artikel B: 100 Stück zu je 3,00 EUR.
Der Großhändler will die Artikel in Verkaufseinheiten zu je einem Dutzend anbieten, und zwar zum Durchschnittspreis. Ermitteln Sie
a) den Gesamtwert des Artikels A,
b) den Gesamtwert des Artikels B,
c) den Gesamtwert beider Artikel,
d) den Durchschnittspreis für eine Verkaufseinheit (ein Dutzend).

4 Einem Kunden stehen für ein Hochzeitsgeschenk 440,00 EUR zur Verfügung. Er kauft in einer Wäscheabteilung ein:
12 Frottierhandtücher zu je 18,95 EUR 2 Badetücher zu je 39,95 EUR.
Ferner möchte der Kunde noch Waschlappen für 5,95 EUR je Stück kaufen.
a) Wie viele Waschlappen kann der Kunde noch kaufen?
b) Wie viel Wechselgeld erhält der Kunde zurück?

5 In einer Baubedarfsgroßhandlung wurden in der vergangenen Woche folgende Umsätze erzielt:

Montag	23 550,00 EUR	Donnerstag	17 200,00 EUR
Dienstag	22 120,00 EUR	Freitag	27 800,00 EUR
Mittwoch	25 600,00 EUR	Samstag	31 450,00 EUR

Wie viel EUR betrug der durchschnittliche Tagesumsatz?

6 In einem Unternehmen mit 1726 Mitarbeitern betrugen im vergangenen Jahr die Personalkosten 49 191 000,00 EUR. Die Abteilung Marketing beschäftigte 13 Mitarbeiter. Wie viel EUR betrugen die durchschnittlichen Personalkosten
a) je Mitarbeiter in der Gesamtunternehmung,
b) je Monat in der Abteilung Marketing?

7 Ein Einzelhändler bestellt 30 kg einer Gebäckmischung zu 16,80 EUR je kg. Der Großhändler stellt die gewünschte Mischung aus drei Sorten her und verwendet dazu folgende zwei Restposten:
16 kg zu 17,00 EUR je kg, 6 kg zu 18,00 EUR je kg.
a) Wie viel EUR beträgt der Wert
1. des ersten Restpostens, 2. des zweiten Restpostens, 3. der gesamten Mischung?
b) Wie viel EUR darf die dritte Sorte insgesamt kosten?
c) Wie viel EUR darf 1 kg der dritten Sorte kosten?

8 Ein Kunde kauft in einer Haushaltswarenabteilung für insgesamt 287,85 EUR, und zwar:
2 Besteckgarnituren zu je 99,00 EUR, 3 Salatschüsseln zu je 19,95 EUR, 12 Kaffeelöffel.
Wie viel EUR kostet ein Kaffeelöffel?

9 Ein Großhandelsunternehmen hat in seinen drei Filialen im ersten Quartal folgende Umsätze und Kosten:

Filiale	Umsatz in EUR	Kosten in EUR
A	545 026,00	175 200,00
B	468 840,00	109 500,00
C	370 964,00	79 620,00

a) Wie viel EUR betragen die durchschnittlichen Kosten einer Filiale im ersten Quartal?
b) Wie viel EUR Umsatz erzielte eine Filiale durchschnittlich im ersten Quartal?
c) Wie viel EUR Umsatz erzielte eine Filiale durchschnittlich je Monat?

10 Ein Großhändler will einen Restposten Gläser, und zwar
6 Stück zu je 3,80 EUR 10 Stück zu je 2,90 EUR
7 Stück zu je 4,50 EUR 2 Stück zu je 2,10 EUR
zu einem Preis verkaufen, der nur 2/5 des Durchschnittspreises beträgt.
a) Wie viel EUR beträgt der Durchschnittspreis je Glas?
b) Wie viel EUR kostet dann ein Glas im Verkauf?

Übungstest: Verteilungsrechnen

Zeit: 60 Minuten

1 An einer OHG sind 4 Gesellschafter wie folgt beteiligt:
A mit 6 Anteilen, B mit 5 Anteilen, C mit 4 Anteilen, D mit 3 Anteilen = 30000,00 EUR.
Berechnen Sie das Gesamtkapital in Tausend EUR.

2 Die Heizkosten eines Verwaltungsgebäudes von insgesamt 14400,00 EUR sollen auf die drei vorhandenen Büroräume nach der Fläche (m^2) dieser Räume aufgeteilt werden. Büro A 200 m^2, B 240 m^2, C 280 m^2.
Berechnen Sie die anteiligen Heizkosten für jeden Büroraum.

3 Drei Handlungsreisende erzielten im ersten Quartal die nachstehend aufgeführten Umsätze:

Handlungsreisender	Umsätze in EUR	Anteile	Umsatzprovision in EUR
A	240000,00	____	540,00
B	360000,00	____	________
C	________	10	________
Summe	1000000,00	____	________

a) Wie viel EUR Umsatz erzielte der Handlungsreisende C?
b) Wie viel Anteile entfallen jeweils auf die Handlungsreisenden A und B?
c) Wie viel EUR Umsatzprovision sind jeweils an die Handlungsreisenden B und C zu zahlen?

4 Der Inhaber eines Großbetriebes möchte für das vergangene Jahr 25880,00 EUR als Gewinnbeteiligung an seine Mitarbeiter zahlen. In den 3 Abteilungen A, B und C wurden für das vergangene Jahr folgende Angaben ermittelt:

Abteilung	Mitarbeiter	Absatz in Stück
A	8	2500
B	7	2800
C	5	1750

Wie viel EUR Gewinnanteil würde jeweils ein Mitarbeiter der Abteilung A erhalten, wenn der Betrag entsprechend
a) der Beschäftigtenzahl,
b) dem Absatz verteilt wird?

5 Ein Frachtführer hat für vier Unternehmen eine Sammelladung übernommen.
Unternehmen A ist mit 1/3, B ist mit 1/4, C ist mit 1/5, D ist mit dem Rest an der Sammelladung beteiligt.
Die Frachtrechnung lautet über 1800,00 EUR. Wie viel EUR hat das Unternehmen D zu zahlen?

6 An einem Großhandelsbetrieb sind drei Gesellschafter beteiligt:
A mit 1/6, B mit 1/8 und C mit 492150,00 EUR. Es wird ein Gewinn von 270000,00 EUR erzielt. Ermitteln Sie
a) den von B eingebrachten Anteil,
b) den Gewinnanteil von A, wenn der Gewinn nach den eingesetzten Anteilen verteilt wird.

7 Der Kostenbetrag je Teilnehmer am Mittagessen in einer Werkskantine beträgt je Arbeitstag 5,40 EUR.
In einem Monat mit 21 Arbeitstagen werden insgesamt 98884,80 EUR an Lebensmitteln eingesetzt.
Ermitteln Sie
a) die durchschnittliche Teilnehmerzahl am Mittagessen je Arbeitstag,
b) die in diesem Monat ausgegebene Zahl von Mittagessen.

8 In der Heizungs- und Warmwasseranlage eines Krankenhauses wurden im Laufe des Jahres folgende Mengen an Heizöl verbraucht:

Januar	5200 l	April	5000 l	Juli	1500 l	Oktober	3000 l
Februar	6000 l	Mai	3800 l	August	1500 l	November	3700 l
März	5800 l	Juni	2800 l	September	2700 l	Dezember	4900 l

Ermitteln Sie
a) den Heizölverbrauch des Jahres,
b) den durchschnittlichen monatlichen Heizölverbrauch.

9 Die Gesamttelefaxkosten eines Unternehmens sind auf 4 Bereiche (A, B, C und D) zu verteilen. Die Gesamtkosten betragen 2940,00 EUR und werden im Verhältnis A = 1, B = 1,5, C = 1,7, D = 1,8 verteilt.
Ermitteln Sie
a) die Kosten, die auf den Bereich C entfallen,
b) um wie viel EUR der Anteil des Bereichs D den Anteil des Bereichs B übersteigt.

Übungstest: Prozentrechnen

Zeit: 60 Minuten

1 Ein Handlungsreisender erzielte im Monat März einen Umsatz von 220 200,00 EUR. Dafür erhielt er eine umsatzabhängige Prämie von 3 303,00 EUR.
a) Wie viel Prozent vom Umsatz betrug die Prämie?
b) Im April betrug der Umsatz des Handlungsreisenden 206 700,00 EUR. Wie viel EUR Prämie erhält er für den im April erzielten Umsatz?

2 Bei einer Warensendung beträgt die Verpackung (= Tara) 5 % vom Bruttogewicht. Ein Großhandelsbetrieb benötigt 1 900 kg dieser Ware. Wie viel kg muss das Bruttogewicht der Warensendung betragen?

3 Ein Kunde eines Großhandelsbetriebes kauft zwei im Preis herabgesetzte Artikel:
Artikel 1: Ursprünglicher Preis 1 800,00 EUR, 30 % Nachlass
Artikel 2: Ursprünglicher Preis 600,00 EUR, 10 % Nachlass
a) Wie viel EUR hätte der Kunde vor der Preisherabsetzung insgesamt zahlen müssen?
b) Wie viel EUR hat der Kunde jetzt insgesamt zu zahlen?
c) Wie viel Prozent des ursprünglichen Preises beider Artikel spart der Kunde?

4 Eine Angestellte erhält nach dem neuen Tarifabschluss 3,3 % mehr Gehalt. Im folgenden Monat erhält sie außerdem eine tarifliche Zulage von 100,00 EUR. Ihr Gehalt beträgt jetzt 2 792,00 EUR.
a) Wie viel EUR betrug ihr Gehalt ursprünglich?
b) Wie viel Prozent beträgt ihre Gehaltserhöhung im Vergleich zum ursprünglichen Gehalt?

5 Ein Unternehmen konnte im Vorjahr seinen Umsatz um 6,5 % gegenüber dem Vorvorjahr auf 3 983 100,00 EUR steigern. In diesem Jahr stieg der Umsatz auf 4 162 339,50 EUR.
a) Berechnen Sie den Umsatz für das Vorvorjahr.
b) Berechnen Sie die Umsatzsteigerung in diesem Jahr gegenüber dem Vorjahr in Prozent.

6 Bei einer Sonderaktion wurde der Preis einer Ware zunächst um 10 % auf 36,00 EUR herabgesetzt. Am letzten Tag der Aktion wurde der Preis noch einmal um 10 % gesenkt. Ermitteln Sie
a) den ursprünglichen Preis der Ware,
b) den Preis nach der zweiten Preissenkung,
c) die gesamte Preissenkung in Prozent.

7 Ein Fass mit 5 000 Litern einer Flüssigkeit zu 7,25 EUR je Liter wird in 0,7-Liter-Flaschen abgefüllt. Dabei ist mit 1 % Abfüllverlust zu rechnen.
a) Wie viel EUR kostet die Flüssigkeit insgesamt?
b) Wie viel Flaschen lassen sich vollständig füllen?
c) Wie viel EUR beträgt der Preis für eine 0,7-Liter-Flasche?

8 Ein Angestellter ermittelt, dass bei seiner letzten Gehaltsabrechnung die Summe aller Abzüge 35 % des Bruttogehalts beträgt. Nachdem die Bank die Miete über 900,00 EUR abgebucht hat, verbleiben ihm noch 2 350,00 EUR von seinem Monatsgehalt.
a) Wie viel EUR beträgt sein Nettogehalt?
b) Wie viel EUR beträgt sein Bruttogehalt?

9 Ein Handwerker sendet einem Kunden eine Rechnung über 309,40 EUR. Die Rechnung versieht er mit dem Stempelaufdruck „einschließlich 19 % Umsatzsteuer“. Wie viel EUR Umsatzsteuer sind in dem Rechnungsbetrag enthalten?

10 Ein Unternehmer zahlt für die Gebäudeversicherung seines Geschäftshauses eine jährliche Versicherungsprämie von 1 800,00 EUR. Dies entspricht 0,15 % des Wertes seines Geschäftshauses. Ermitteln Sie den Wert des Geschäftshauses in Tausend EUR (TEUR).

11 Die Zahl der Beschäftigten in einem Unternehmen stieg durch Neueinstellungen um 6 % auf 265 Mitarbeiter.
Wie viel Mitarbeiter wurden vor den Neueinstellungen beschäftigt?

Kontrollbogen

Zum Übungstest: Dreisatz

1 756,00 EUR
2 18 Tage
3 8 Tage
4 6300,00 EUR
5 42 Stunden
6 a) 15 m b) 87,00 EUR
7 160,00 EUR
8 3 Stück
9 6 Arbeiter
10 2 Mitarbeiter
11 a) 387500,00 EUR b) 31000,00 EUR c) 25000,00 EUR
12 2 Stunden

Zum Übungstest: Durchschnittsrechnen

1 530 Mitarbeiter
2 12 Stück
3 a) 1200,00 EUR b) 300,00 EUR c) 1500,00 EUR d) 60,00 EUR
4 a) 22 Stück b) 1,80 EUR
5 24620,00 EUR
6 a) 28500,00 EUR b) 30875,00 EUR
7 a) 1. 272,00 EUR 2. 108,00 EUR 3. 504,00 EUR b) 124,00 EUR c) 15,50 EUR
8 2,50 EUR
9 a) 121440,00 EUR b) 461610,00 EUR c) 153870,00 EUR
10 a) 3,50 EUR b) 1,40 EUR

Zum Übungstest: Verteilungsrechnen

1 180 TEUR
2 A = 4000,00 EUR B = 4800,00 EUR C = 5600,00 EUR
3 a) 400000,00 EUR b) A = 6 B = 9 c) B = 810,00 EUR C = 900,00 EUR
4 a) 1294,00 EUR b) 1147,16 EUR
5 390,00 EUR
6 a) 86850,00 EUR b) 45000,00 EUR
7 a) 872 Personen b) 18312 Essen
8 a) 45900 l b) 3825 l
9 a) 833,00 EUR b) 147,00 EUR

Zum Übungstest: Prozentrechnen

1 a) 1,5 % b) 3100,50 EUR
2 2000 kg
3 a) 2400,00 EUR b) 1800,00 EUR c) 25 %
4 a) 2606,00 EUR b) 7,14 %
5 a) 3740000,00 EUR b) 4,5 %
6 a) 40,00 EUR b) 32,40 EUR c) 19 %
7 a) 36250,00 EUR b) 7071 Flaschen c) 5,13 EUR
8 a) 3250,00 EUR b) 5000,00 EUR
9 49,40 EUR
10 1200000,00 EUR
11 250 Mitarbeiter

3 Funktion eines Betriebes in der Praxis der Buchführung

3.1 Beschaffungswirtschaft

3.1.1 Buchungen bei der Beschaffung von Handelswaren, Roh-, Hilfs- und Betriebsstoffen

Lehrbuch Seite 171

Arbeitsauftrag Die ER enthält Rabatte (Sofortrabatte). Sofortrabatte werden in der Buchhaltung nicht erfasst.
Rabatte mindern, Frachten erhöhen die Anschaffungskosten. Da die Anschaffungskosten erfasst werden sollen, brauchen die Rabatte aber überhaupt nicht und können die Frachten zusammen mit den Warenwerten auf den Handelswarenaufwandskonten erfasst werden. Zur besseren Übersicht werden Frachten und andere Anschaffungsnebenkosten auf besonderen Bezugskostenkonten gebucht, auf Unterkonten der jeweiligen Warenaufwandskonten.

Lehrbuch Seiten 173 bis 176

1	6080	96 000,00		
	2600	18 240,00	an 4400	114 240,00
2	1. 6000	75 200,00		
	2600	14 288,00	an 4400	89 488,00
	2. 6020	5 760,00		
	2600	1 094,40	an 2800	6 854,40
	3. 6030	760,00		
	2600	144,40	an 2880	904,40
	4. 6000	88 320,00		
	2600	16 780,80	an 4400	105 100,80

3 a)

Listenpreis 5 000 · 14,44	72 200,00
− 20 % Wiederverkäuferrabatt	14 440,00
	57 760,00
+ Fracht	1 220,00
	58 980,00
+ 19 % USt	11 206,20
Rechnungsbetrag	70 186,20

b) Anschaffungskosten: 58 980 : 5 000 = 11,80 EUR

c)

6080	57 760,00		
6081	1 220,00		
2600	11 206,20	an 4400	70 186,20

4 1.

6010	612 000,00		
6011	8 000,00		
2600	117 800,00	an 4400	737 800,00
6011	14 480,00		
2600	2 751,20	an 4400	17 231,20

2. **Anschaffungskosten der Motorblöcke:**

Listenpreis	680 000,00
− 10 % Rabatt	68 000,00
	612 000,00
+ Transportkosten	8 000,00
+ Fracht	14 200,00
+ Transportversicherung	280,00
AK für 2 000 Stück	634 480,00
AK für 1 Stück	317,24

5 Geschäftsfälle:

1. 2400	160650,00	an 5000	135000,00
		an 4800	25650,00
2. 6000	67000,00		
6001	1100,00		
2600	12939,00	an 4400	81039,00
3. 2400	57120,00	an 5000	48000,00
		an 4800	9120,00
4. 6000	39600,00		
6001	1200,00		
2600	7752,00	an 2800	48552,00
5. 6001	140,00		
2600	26,60	an 2880	166,60
6. a) 6200/6300	18000,00		
b) 6700	15000,00		
c) 6800	180,00		
2600	34,20	an 2800	33214,20
d) 2800	114210,00	an 2400	114210,00

Vorbereitende Abschlussbuchungen:

6000	2440,00	an 6001	2440,00
4800	20751,80	an 2600	20751,80

S 8020 GuV H

S			H
6000	109040,00	5000	183000,00
6020/6300	18000,00		
6700	15000,00		
6800	180,00		
3000	40780,00		
	183000,00		183000,00

S 8010 SBK H

S			H
0700	250000,00	3000	340780,00
2400	149560,00	4400	150039,00
2800	100443,80	4800	14018,20
2880	4833,40		
	504837,20		504837,20

3. a) Rohstoffeinsatz: 109040,00
   b) Umsatz: 183000,00
   c) Reingewinn: 40780,00

6 a) **ER der Computec GmbH & Co. KG:**

6080	11227,68		
6081	270,00		
2600	2184,56	an 4400	13682,24

ER der Spedition Laubmann Nachfolger KG:

6081	560,00		
2600	106,40	an 4400	666,40

b)

Listenpreis: 30 Laserdrucker à 415,84 EUR =	12475,20
− 10 % Rabatt	1247,52
Zieleinkaufspreis	11227,68
+ Fracht, Verpackung	830,00
	12057,68

$$\text{Anschaffungskosten je Laserdrucker} = \frac{12057{,}68}{30} = 401{,}92 \text{ EUR}$$

3.1.2 Bezugskalkulation

Lehrbuch Seiten 176, 177

Arbeitsaufträge

- ❑ Andreas hat mit seiner Ansicht nicht recht, da die Bezugskosten noch nicht auf die einzelnen Waren verteilt sind.
- ❑ 9885,60 EUR
- ❑

	Heftzange	Textmarker	Bleistifte
LEP − Rabatt 10 %	3,74 0,37	1,15 0,12	1,38 0,14
ZEP − Skonto 2 %	3,37 0,07	1,03 0,02	1,24 0,02
BEP	3,30	1,01	1,22

❑

	Gewichtsspesen				Wertspesen			
	Bruttogewicht in kg	Anteile	Wert je Anteil in EUR	Anteil insgesamt in EUR	Zieleinkaufspreis in EUR	Anteile	Wert je Anteil in EUR	Anteil insgesamt in EUR
Heftzange	150	5	5,00	25,00	2019,60	–	0,05	100,98
Textmarker	270	9	5,00	45,00	2898,00	–	0,05	144,90
Bleistifte	210	7	5,00	35,00	4968,00	–	0,05	248,40
		21	–	105,00	9885,60		–	494,28
		1	–	5,00	1		–	0,05

	Heftzange	Textmarker	Bleistifte
LEP – Rabatt 10 %	2244,00 224,40	3220,00 322,00	5520,00 552,00
ZEP – Skonto 2 %	2019,60 40,39	2898,00 57,96	4968,00 99,36
BEP + Gewichtsspesen + Wertspesen	1979,21 25,00 100,98	2840,04 45,00 144,90	4868,64 35,00 248,40
BP/EP insgesamt BP/EP je Stück	2105,19 2105,19 : 600 = 3,51 EUR	3029,94 3029,94 : 2800 = 1,08 EUR	5152,04 5152,04 : 4000 = 1,29 EUR

Lehrbuch Seiten 183, 184

1

Bruttogewicht	2500 kg		
– Tara	246 kg		
Rechnungsgewicht	2254 kg · 0,70 EUR =	1577,80 EUR	LEP
		– 197,23 EUR	Rabatt 12,5 %
		1380,57 EUR	ZEP
		– 27,61 EUR	Skonto 2 %
		1352,96 EUR	BEP
		+ 125,00 EUR	Bezugskosten (25 · 5)
1477,96 : 2254 = 0,66 EUR/kg		1477,96 EUR	BP/EP

2

Bruttogewicht	1060 kg		
– Tara	75 kg		
Nettogewicht	985 kg · 2,85 EUR =	2807,25 EUR	LEP
		– 280,73 EUR	Rabatt 10 %
		2526,52 EUR	ZEP
		– 75,80 EUR	Skonto 3 %
		2450,72 EUR	BEP
		+ 55,12 EUR	Bezugskosten (10,6 · 5,20)
2505,84 : 985 = 2,54 EUR/kg		2505,84 EUR	BP/EP

3

LEP	100 %		700,00 EUR	
– Rabatt	a) 20 %		140,00 EUR	
ZEP	120 %	100 %	560,00 EUR	
– Skonto		c) 2 %	11,20 EUR	
BEP		98 %	548,80 EUR	b)
+ Bezugskosten			30,00 EUR	
BP/EP			578,80 EUR	

4

LEP		100 %	14000,00 EUR	a)
– Rabatt		5 %	700,00 EUR	
ZEP	100 %	95 %	13300,00 EUR	
– Skonto	4 %		532,00 EUR	
BEP	96 %		12768,00 EUR	b)
+ Bezugskosten			1766,00 EUR	
BP/EP			14534,00 EUR	c)

5

LEP		100 %	140,00 EUR	a)
– Rabatt		12,5 %	17,50 EUR	
ZEP	100 %	87,5 %	122,50 EUR	b)
– Skonto	2,5 %		3,06 EUR	
BEP	97,5 %		119,44 EUR	c)

6

320 · 5,00 EUR =	1 600,00 EUR		LEP	100 %	
	320,00 EUR		– Rabatt	20 %	
	1 280,00 EUR	a)	ZEP	80 %	100 %
	32,00 EUR		– Skonto		2,5 %
	1 248,00 EUR	b)	BEP		97,5 %
	52,00 EUR		+ Bezugskosten		
	1 300,00 EUR		BP/EP		
c) 52 : 320 =	16 CENT				

7

LEP		100 %	800,00 EUR	b)
– Rabatt		c) 25 %	200,00 EUR	
ZEP	100 %	75 %	600,00 EUR	a)
– Skonto	3 %		18,00 EUR	
BEP	97 %		582,00 EUR	
+ Bezugskosten			18,60 EUR	
BP/EP			600,60 EUR	d)

8

	1	2	3
LEP – Rabatt	260,00 EUR —	268,00 EUR 4 % 10,72 EUR	256,00 EUR —
ZEP – Skonto	260,00 EUR 2 % 5,20 EUR	257,28 EUR —	256,00 EUR 2,5 % 6,40 EUR
BEP + Bezugskosten	254,80 EUR —	257,28 EUR —	249,60 EUR 2,00 EUR
BP/EP	254,80 EUR	257,28 EUR	251,60 EUR

9

	Gewichtsspesen				**Wertspesen**			
	Brutto-gewicht in kg	**Anteile**	**Wert je Anteil in EUR**	**Anteil insgesamt in EUR**	**Ziel-einkaufspreis in EUR**	**Anteile**	**Wert je Anteil in EUR**	**Anteil insgesamt in EUR**
I	3500	7	25,00	175,00	17 640,00	49	3,50	171,50
II	1500	3	25,00	75,00	9 720,00	27	3,50	94,50
		10	—	250,00		76	—	266,00
		1	—	25,00		1	—	3,50

	I	II
LEP – Rabatt 25 %	23 520,00 5 880,00	12 960,00 3 240,00
ZEP – Skonto 2,5 %	17 640,00 441,00	9 720,00 243,00
BEP + Gewichtsspesen + Wertspesen	17 199,00 175,00 171,50	9 477,00 75,00 94,50
BP/EP insgesamt BP/EP je kg	17 545,50 17 545,50 : 3 360 = 5,22 EUR	9 646,50 9 646,50 : 1 440 = 6,70 EUR

10

	Gewichtsspesen				Wertspesen			
	Brutto-gewicht in kg	Anteile	Wert je Anteil in EUR	Anteil insgesamt in EUR	Ziel-einkaufspreis in EUR	Anteile	Wert je Anteil in EUR	Anteil insgesamt in EUR
I	300	4	58,50	234,00	450,00	5	7,20	36,00
II	225	3	58,50	175,50	270,00	3	7,20	21,60
		7	—	409,50		8	—	57,60
		1	—	58,50		1	—	7,20

	I	II
LEP – Skonto 2 %	450,00 9,00	270,00 5,40
BEP + Gewichtsspesen + Wertspesen	441,00 234,00 36,00	264,60 175,50 21,60
BP/EP insgesamt BP/EP je kg	711,00 711,00 : 300 = 2,37 EUR	461,70 461,70 : 225 = 2,05 EUR

11

	Gewichtsspesen				Wertspesen			
	Brutto-gewicht in kg	Anteile	Wert je Anteil in EUR	Anteil insgesamt in EUR	Ziel-einkaufspreis in EUR	Anteile	Wert je Anteil in EUR	Anteil insgesamt in EUR
I	600	2	9,00	18,00	2600,00	65	1,00	65,00
II	1500	5	9,00	45,00	7040,00	176	1,00	176,00
III	5400	18	9,00	162,00	14400,00	360	1,00	360,00
		25	—	225,00		601	—	601,00
		1	—	9,00		1	—	1,00

	I	II	III
LEP – Rabatt 20 %	3250,00 650,00	8800,00 1760,00	18000,00 3600,00
ZEP – Skonto 2,5 %	2600,00 65,00	7040,00 176,00	14400,00 360,00
BEP + Gewichtsspesen + Wertspesen	2535,00 18,00 65,00	6864,00 45,00 176,00	14040,00 162,00 360,00
BP/EP insgesamt BP/EP je Stück	2618,00 2618,00 : 250 = 10,47 EUR	7085,00 7085,00 : 400 = 17,71 EUR	14562,00 14562,00 : 600 = 24,27 EUR

12

	Gewichtsspesen				Wertspesen			
	Brutto-gewicht in kg	Anteile	Wert je Anteil in EUR	Anteil insgesamt in EUR	Ziel-einkaufspreis in EUR	Anteile	Wert je Anteil in EUR	Anteil insgesamt in EUR
A	260	13	2,42	31,46	2600,00	325	0,50	162,50
B	340	17	2,42	41,14	3944,00	493	0,50	246,50
C	460	23	2,42	b) 55,66	4048,00	506	0,50	253,00
D	480	24	2,42	58,08	3648,00	456	0,50	c) 228,00
		77	—	186,34	a) 14240,00	1780	—	890,00
		1	—	2,42		1	—	0,50

	A	B	C	D
LEP	3250,00	4930,00	5060,00	4560,00
– Rabatt 20 %	650,00	986,00	1012,00	912,00
ZEP	2600,00	3944,00	4048,00	3648,00
– Skonto 2,5 %	65,00	98,60	101,20	91,20
BEP	2535,00	3845,40	3946,80	3556,80
+ Gewichtsspesen	31,46	41,14	55,66	58,08
+ Wertspesen	162,50	246,50	253,00	228,00
BP/EP insgesamt	2728,96	4133,04	4255,46	3842,88
BP/EP je kg	2728,96 : 260 = 10,50 EUR	4133,04 : 340 = 12,16 EUR d)	4255,46 : 460 = 9,25 EUR	3842,88 : 480 = 8,01 EUR

3.1.3 Bestandsveränderungen an Werkstoffen und Handelswaren

Lehrbuch Seite 185

Arbeitsauftrag Nicht alle eingekauften Rohstoffe werden in derselben Rechnungsperiode verbraucht, so dass der Lagerbestand gegenüber dem Anfang des Geschäftsjahres gestiegen ist. Ein Teil der eingekauften Rohstoffe ist noch nicht verbraucht und zu Aufwand geworden. Daher müssen Rohstoffbestand und Aufwand für Rohstoffe entsprechend korrigiert werden:

2000 Rohstoffe 22 950,00 an 6000 Aufwendungen für Rohstoffe 22 950,00

Eine gewisse Vorratshaltung ist empfehlenswert, um Produktions- und Absatzbereitschaft nicht zu gefährden.

Lehrbuch Seiten 189 bis 192

1 Geschäftsfälle:

1.	6080	1440000,00		
	2600	273600,00	an 4400	1713600,00
2.	2400	3238704,00	an 5100	2721600,00
			an 4800	517104,00
3.	6080	3096000,00		
	2600	588240,00	an 2800	3684240,00
4.	2800	4798080,00	an 5100	4032000,00
			an 4800	766080,00

Vorbereitende Abschlussbuchungen:

2280	576000,00	an 6080	576000,00
4800	992720,00	an 2600	992720,00

Berechnung des mengen- und wertmäßigen Wareneinsatzes:

	Menge	EUR
Anfangsbestand	20	144000,00
Wareneingang lt. Konto 6060	930	6696000,00
möglicher Absatz/Wareneingang	950	6840000,00
Endbestand an Waren laut Inventur	100	720000,00
tatsächlicher Absatz/Wareneinsatz	850	6120000,00

Soll — 2280 Warenbestand — Haben

Soll		Haben	
Summe	144000,00	8010	720000,00
6080	576000,00		
	720000,00		720000,00

Soll — 6080 Aufw. f. Waren — Haben

Soll		Haben	
Sum.	2160000,00	2280	576000,00
4400	1440000,00	8020	6120000,00
2800	3096000,00		
	6696000,00		6696000,00

Soll — 2600 Vorsteuer — Haben

Soll		Haben	
Summe	314480,00	Summe	183600,00
4400	273600,00	4800	992720,00
2800	588240,00		
	1176320,00		1176320,00

Soll — 4800 Umsatzsteuer — Haben

Soll		Haben	
Summe	253600,00	Summe	324016,00
2600	992720,00	2400	517104,00
8010	360880,00	2800	766080,00
	1607200,00		1607200,00

S 8020 Gewinn- u. Verlustkonto H

S		H	
6080	6 120 000,00	5100	8 568 000,00
61/77	780 000,00		
3000	1 668 000,00		
	8 568 000,00		8 568 000,00

Soll 8010 Schlussbilanzkonto Haben

Soll		Haben	
2280	720 000,00	3000	7 668 000,00
2400	3 528 504,00	4400	2 051 700,00
2800	5 832 076,00	4800	360 880,00
	10 080 580,00		10 080 580,00

2 Geschäftsfälle:

1.	6080	200 000,00		
	2600	38 000,00	an 4400	238 000,00
2.	2400	321 300,00	an 5100	270 000,00
			an 4800	51 300,00
3.	6080	120 000,00		
	2600	22 800,00	an 2800	142 800,00
4.	2800	264 180,00	an 5100	222 000,00
			an 4800	42 180,00

Vorbereitende Abschlussbuchungen:

6080	8 000,00	an 2280	8 000,00
4800	70 920,00	an 2600	70 920,00

Berechnung des mengen- und wertmäßigen Wareneinsatzes:

	Menge	EUR
Anfangsbestand	35	14 000,00
Wareneingang lt. Konto 6080	1 000	400 000,00
möglicher Absatz/Wareneinsatz	1 035	414 000,00
Endbestand an Waren lt. Inventur	15	6 000,00
tatsächlicher Absatz/Wareneinsatz	1 020	408 000,00

Soll 2280 Waren (Handelswaren) Haben

Soll		Haben	
Summe	14 000,00	6080	8 000,00
		8010	6 000,00
	14 000,00		14 000,00

Soll 6080 Aufw. f. Handelswaren Haben

Soll		Haben	
Summe	80 000,00	8020	408 000,00
4400	200 000,00		
2800	120 000,00		
2280	8 000,00		
	408 000,00		408 000,00

Soll 2600 Vorsteuer Haben

Soll		Haben	
Summe	19 080,00	Summe	8 960,00
4400	38 000,00	4800	70 920,00
2800	22 800,00		
	79 880,00		79 880,00

Soll 4800 Umsatzsteuer Haben

Soll		Haben	
Summe	38 960,00	Summe	65 000,00
2600	70 920,00	2400	51 300,00
8010	48 600,00	2800	42 180,00
	158 480,00		158 480,00

S 8020 Gewinn- u. Verlustkonto H

S		H	
6080	408 000,00	5100	612 000,00
61/77	120 000,00		
3000	84 000,00		
	612 000,00		612 000,00

Soll 8010 Schlussbilanzkonto Haben

Soll		Haben	
2280	6 000,00	3000	756 000,00
2400	333 720,00	4400	304 700,00
2800	769 580,00	4800	48 600,00
	1 109 300,00		1 109 300,00

3 Vorbereitende Abschlussbuchungen:

2280	12 000,00	an 6080	12 000,00
4800	10 000,00	an 2600	10 000,00

Soll 2280 Waren (Handelswaren) Haben

Soll		Haben	
Summe	160 000,00	8010	172 000,00
6080	12 000,00		
	172 000,00		172 000,00

Soll 6080 Aufw. f. Handelswaren Haben

Soll		Haben	
Summe	432 000,00	2280	12 000,00
		8020	420 000,00
	432 000,00		432 000,00

Soll 2600 Vorsteuer Haben

Soll		Haben	
Summe	94 800,00	Summe	84 800,00
		4800	10 000,00
	94 800,00		94 800,00

Soll 4800 Umsatzsteuer Haben

Soll		Haben	
Summe	100 625,00	Summe	125 625,00
2600	10 000,00		
8010	15 000,00		
	125 625,00		125 625,00

S 8020 Gewinn- u. Verlustkonto H

S		H	
6080	420 000,00	5100	837 500,00
61/77	285 500,00		
3000	132 000,00		
	837 500,00		837 500,00

Soll 8010 Schlussbilanzkonto Haben

Soll		Haben	
2280	172 000,00	3000	462 000,00
2800	305 000,00	4800	15 000,00
	477 000,00		477 000,00

4 Vorbereitende Abschlussbuchungen:

6080	15 000,00	an 2280	15 000,00
4800	8 000,00	an 2600	8 000,00

Soll 2280 Waren (Handelswaren) Haben

Soll		Haben	
Summe	70 000,00	6080	15 000,00
		8010	55 000,00
	70 000,00		70 000,00

Soll 6080 Aufw. f. Waren Haben

Soll		Haben	
Summe	355 000,00	8020	370 000,00
2280	15 000,00		
	370 000,00		370 000,00

Soll 2600 Vorsteuer Haben

Soll		Haben	
Summe	63 750,00	Summe	55 750,00
		4800	8 000,00
	63 750,00		63 750,00

Soll 4800 Umsatzsteuer Haben

Soll		Haben	
Summe	83 950,00	Summe	103 950,00
2600	8 000,00		
8010	12 000,00		
	103 950,00		103 950,00

Soll 8020 Gewinn- u. Verlustkonto Haben

Soll		Haben	
6080	370 000,00	5100	693 000,00
61/77	200 000,00		
3000	123 000,00		
	693 000,00		693 000,00

Soll 8010 Schlussbilanzkonto Haben

Soll		Haben	
2280	55 000,00	3000	533 000,00
2800	490 000,00	4800	12 000,00
	545 000,00		545 000,00

5 a)

		1. Quartal	2. Quartal	3. Quartal	4. Quartal	insgesamt
a)	1. AB	840	980	780	850	
	2. Absatzmenge	4 860	5 200	4 930	5 290	20 280
b)	1. Umsatz	10 060,20	10 764,00	10 205,10	10 950,30	41 979,60
	2. Einkauf	5 750,00	5 750,00	5 750,00	5 750,00	23 000,00
	3. BVÄ	− 161,00	+ 230,00	− 80,50	+ 333,50	+ 322,00
	4. Wareneinsatz	5 589,00	5 980,00	5 669,50	6 083,50	23 322,00

c) 1. 560 Stück
2. 644,00 EUR

6 Laufende Geschäftsfälle

1.	a) 6700	84 000,00		
	b) 7000	8 600,00	an 2800	92 600,00
2.	6000	206 000,00		
	6001	6 400,00		
	2600	40 356,00	an 4400	252 756,00
3.	2400	879 648,00	an 5000	739 200,00
			an 4800	140 448,00
4.	2800	383 180,00	an 2400	383 180,00
	a) 6200/6300	226 000,00		
	b) 6050	14 100,00		
	2600	2 679,00		
	c) 4800	16 600,00		
	d) 4400	103 530,00	an 2800	362 909,00
5.	a) 6160	1 840,00		
	2600	349,60	an 2800	2 189,60
	b) 6870	6 400,00		
	2600	1 216,00	an 2800	7 616,00
6.	6020	54 200,00		
	2600	10 298,00	an 4400	64 498,00

Vorbereitende Abschlussbuchungen

2000	8 000,00	an 6000	8 000,00
2020	5 000,00	an 6020	5 000,00
6000	6 400,00	an 6001	6 400,00
4800	54 898,60	an 2600	54 898,60

S	8020 GuV		H
6000	204 400,00	5000	739 200,00
6020	49 200,00		
6050	14 100,00		
6160	1 840,00		
6200/6300	226 000,00		
6700	84 000,00		
6870	6 400,00		
7000	8 600,00		
3000	144 660,00		
	739 200,00		739 200,00

S	8010 SBK		H
0700	280 000,00	3000	702 910,00
2000	25 000,00	4400	291 924,00
2020	17 000,00	4800	85 549,40
2400	581 568,00		
2800	174 065,40		
2880	2 750,00		
	1 080 383,40		1 080 383,40

7 Laufende Geschäfte

1. a) 6700 60 000,00
   b) 6050 14 000,00
   2600 2 660,00
   c) 7000 6 100,00
   d) 6200/6300 162 400,00
   e) 4250 25 000,00 an 2800 270 160,00
2. a) 6000 360 000,00
   2600 68 400,00 an 4400 428 400,00
   b) 6020 64 000,00
   2600 12 160,00 an 4400 76 160,00
   c) 6030 31 000,00
   2600 5 890,00 an 4400 36 890,00
3. a) 2400 618 800,00 an 5000 520 000,00
   an 4800 98 800,00
   b) 2800 386 750,00 an 5000 325 000,00
   an 4800 61 750,00
   c) 2880 3 808,00 an 5000 3 200,00
   an 4800 608,00

Vorbereitende Abschlussbuchungen

6000 8 600,00 an 2000 8 600,00
6020 3 300,00 an 2020 3 300,00
6030 5 100,00 an 2030 5 100,00
4800 89 110,00 an 2600 89 110,00

S	8020 GuV		H
6000	368 600,00	5000	848 200,00
6020	67 300,00		
6030	36 100,00		
6050	14 000,00		
6200/6300	162 400,00		
6700	60 000,00		
7000	6 100,00		
3000	133 700,00		
	848 200,00		848 200,00

S	8010 SBK		H
0700	450 000,00	3000	658 700,00
2000	37 200,00	4250	225 000,00
2020	13 900,00	4400	633 450,00
2030	9 600,00	4800	95 598,00
2400	667 100,00		
2800	428 690,00		
2880	6 258,00		
	1 612 748,00		1 612 748,00

3.1.4 Gutschriften von Lieferern für Rücksendungen, Preisnachlässe und Boni

Lehrbuch Seiten 193

Arbeitsaufträge

❑ Rücksendung der Collicos und Schließanlagen mindern
- die Verbindlichkeiten a. LL,
- die Anschaffungskosten der Rohstoffe und
- entsprechend die Vorsteuer

❑ 6010 76 600,00
6011 1 200,00
2600 14 793,40 an 4400 92 653,50

4400 10 091,20 an 6010 7 840,00
an 6011 640,00
an 2600 1 611,20

Lehrbuch Seiten 197 bis 201

1 Geschäftsfälle:

1.	6080	48760,00		
	6081	2240,00		
	2600	9690,00	an 4400	60690,00
2.	6080	17100,00		
	2600	3249,00	an 2800	20349,00
3.	4400	2856,00	an 6080	2400,00
			an 2600	456,00
4.	6081	54,00		
	2600	10,26	an 2880	64,26
5.	6080	3700,00		
	2600	703,00	an 4400	4403,00
6.	4400	910,35	an 6081	765,00
			an 2600	145,35
7.	6081	80,50		
	2600	15,30	an 4400	95,80
8.	4400	880,60	an 6082	740,00
			an 2600	140,60
9.	4400	2427,60	an 6082	2040,00
			an 2600	387,60

a) Bei Warenrücksendungen gehen Waren aus dem Warenlager hinaus und führen damit zu einer echten mengenmäßigen und wertmäßigen Korrektur der Waren. Aus diesem Grunde werden sie unmittelbar auf dem Aufwandskonto „6080 Aufwendungen für Waren" erfasst. Die Gutschriften für fehlerhafte Waren, die nicht an den Warenlieferer zurückgesandt wurden, führen zur ausschließlich wertmäßigen Korrektur der Anschaffungskosten und werden daher auf dem Konto „6082 Nachlässe" erfasst.

b) Die Lieferergutschrift zeigt, dass sich das ursprünglich für die Warenlieferungen vereinbarte Entgelt als Bemessungsgrundlage für die Umsatzsteuer des Lieferers vermindert hat. Daher muss auch der Unternehmer, an den dieser Umsatz ausgeführt wurde, den dafür in Anspruch genommenen Vorsteuerbetrag entsprechend berichtigen. Diese Korrekturen sind jedoch nicht davon abhängig, dass Belege ausgetauscht werden. Die Berichtigungen beim Lieferer und bei seinem Abnehmer sind für den Veranlagungszeitraum (Monat) vorzunehmen, in dem die Änderung des Entgelts eingetreten ist. Zur besseren Überwachung solcher Vorgänge werden jedoch in der Regel schriftliche Belege erstellt, aus denen sich die Änderung des Entgelts und die damit verbundene Änderung der Umsatzsteuer ergeben.

c) Anschaffungskosten sind die Aufwendungen, die geleistet werden, um einen Vermögensgegenstand (Ware) zu erwerben und – bei Anlagegütern – um ihn in einen betriebsbereiten Zustand zu versetzen. Zu den Anschaffungskosten gehören auch die Nebenkosten. Anschaffungspreisminderungen sind abzusetzen. Anschaffungsnebenkosten sind beispielsweise die zu zahlende Fracht, Transportkosten, Transportversicherungsprämien, Verpackungskosten, Zölle beim Kauf von Waren. Anschaffungspreisminderungen sind die vom Warenlieferer gewährten Sofortrabatte, Barzahlungsrabatte, Minderungen sowie Boni.

d) Die gezahlte Umsatzsteuer (Vorsteuer) wird dem Unternehmer vom Finanzamt zurückerstattet. Sie stellt ein eigenes Wirtschaftsgut, eine Forderung an das Finanzamt dar. Daher kann die gezahlte Vorsteuer kein Bestandteil der Anschaffungskosten eines anderen Wirtschaftsgutes sein. Sie zählt nur dann zu den Anschaffungskosten, wenn die gezahlte Vorsteuer vom Finanzamt nicht erstattet wird.

2 Geschäftsfälle:

1.	6080	188000,00		
	2600	35720,00	an 4400	223720,00
2.	6080	3840,00		
	6081	60,00		
	2600	741,00	an 2800	4641,00
3.	6081	2000,00		
	2600	380,00	an 4400	2380,00
4.	6080	30000,00		
	6081	630,00		
	2600	5819,70	an 2800	36449,70
5.	4400	1142,40	an 6081	960,00
			an 2600	182,40
6.	6081	44,00		
	2600	8,36	an 2880	52,36
7.	6080	5520,00		
	6081	180,00		
	2600	1083,00	an 4400	6783,00
8.	2400	204680,00	an 5100	172000,00
			an 4800	32680,00

Vorbereitende Abschlussbuchungen:

1. 6080	1954,00	an 6081	1954,00
2. 2280	20000,00	an 6080	20000,00
3. 4800	59215,16	an 2600	59215,16

S	6080 Aufwendungen für Waren		H
SU	210000,00	2280	20000,00
4400	188000,00	8020	419314,00
2880	3840,00		
2800	30000,00		
4400	5520,00		
6081	1954,00		
	439314,00		439314,00

S	6081 Bezugskosten für Waren		H
2880	60,00	4400	960,00
4400	2000,00	6080	1954,00
2800	630,00		
2880	44,00		
4400	180,00		
	2914,00		2914,00

S	2600 Vorsteuer		H
SU	30445,50	SU	14800,00
4400	35720,00	4400	182,40
2880	741,00	4800	59215,16
4400	380,00		
2800	5819,70		
2880	8,36		
4400	1083,00		
	74197,56		74197,56

S	4800 Umsatzsteuer		H
SU	74800,00	SU	179000,00
2600	59215,16	2400	32680,00
8010	77664,84		
	211680,00		211680,00

S	8020 GuV		H
6080	419314,00	5100	1022000,00
6300	356200,00		
6700	60000,00		
3000	186486,00		
	1022000,00		1022000,00

S	8010 SBK		H
2280	100000,00	3000	349486,00
2800	463294,30	4400	346740,60
2880	5917,14	4800	77664,84
2400	204680,00		
	773891,44		773891,44

3 Geschäftsfälle:

(4) 9. Aufl.

1. 6080	24000,00		
6081	800,00		
2600	4712,00	an 4400	29512,00
2. 6081	250,00		
2600	47,50	an 2880	297,50
3. 4400	2380,00	an 6082	2000,00
		an 2600	380,00
4. 6081	25,00		
2600	4,75	an 2880	29,75
5. 4400	952,00	an 6081	800,00
		an 2600	152,00
6. 4400	8568,00	an 6082	7200,00
		an 2600	1368,00

Vorbereitende Abschlussbuchungen:

2200	6200,00	an 6080	6200,00
6080	25775,00	an 6081	25775,00
6082	14000,00	an 6080	14000,00
6082	16400,00	an 6080	16400,00
4800	67940,25	an 2600	67940,25

S	2280 Waren (Handelswaren)		H
Su	160000,00	8010	166200,00
6080	6200,00		
	166200,00		166200,00

S	6080 Aufw. f. Waren		H
Su	460000,00	6082	30400,00
4400	24000,00	2280	6200,00
6081	25775,00	8020	473175,00
	509775,00		509775,00

S	6081 Bezugskosten		H
Su	25500,00	4400	800,00
4400	800,00	6080	25775,00
2880	250,00		
2880	25,00		
	26575,00		26575,00

S	6082 Nachlässe		H
6080	30400,00	Su	21200,00
		4400	2000,00
		4400	7200,00
	30400,00		30400,00

S — 3000 Eigenkapital — H

S		H	
8010	468 225,00	Su	334 700,00
		8020	133 525,00
	468 225,00		468 225,00

S — 8020 Gewinn u. Verlust — H

S		H	
6080	473 175,00	5100	1 280 000,00
6300	519 300,00		
6700	154 000,00		
3000	133 525,00		
	1 280 000,00		1 280 000,00

S — 8010 Schlussbilanzkonto — H

S		H	
2280	166 200,00	3000	468 225,00
2800	387 424,00	4400	88 292,00
2880	7 472,75	4800	4 579,75
	561 096,75		561 096,75

4 Abschluss der Konten

S — 2280 Waren (Handelswaren) — H

S		H	
8000	122 000,00	8010	267 400,00
6080	145 400,00		
	267 400,00		267 400,00

S — 6080 Aufwand für Waren — H

S		H	
4400	7 260 000,00	2280	145 400,00
6081	290 400,00	6082	205 000,00
		8020	7 200 000,00
	7 550 400,00		7 550 400,00

S — 6081 Warenbezugskosten — H

S		H	
4400	290 400,00	6080	290 400,00

S — 6082 Nachlässe — H

S		H	
6080	205 000,00	4400	205 000,00

S — 8010 SBK — H

S		H	
2280	267 400,00		

S — 8020 GuV — H

S		H	
6080	7 200 000,00		

1. a) Durchschnittlich berechnete Nebenkosten $= \frac{290400 \cdot 100}{7260000} = 4\,\%$

   b) Anschaffungswert der in der Rechnungsperiode eingekauften Waren:

	EUR
Warenwert	7 260 000,00
− Nachlässe	205 000,00
+ Warenbezugskosten	290 400,00
	7 345 400,00

   c) Wareneinsatz (siehe Konten): 7 200 000,00 EUR

2. **Buchungssätze:**

   a) **Abschluss 6081 Bezugskosten (Umbuchung)**
   6080 Aufwendungen für Waren 290 400,00 an 6081 Bezugskosten 290 400,00

   b) **Abschluss 6082 Nachlässe (Umbuchung)**
   6082 Nachlässe 205 000,00 an 6080 Aufwendungen für Waren 205 000,00

   c) **Erfassung der Bestandsveränderungen (Umbuchung)**
   2280 Waren (Handelswaren) 145 400,00 an 6080 Aufwendungen für Waren 145 400,00

   d) **Abschluss 2280 Waren (Handelswaren) (Abschlussbuchung)**
   8010 SBK 267 400,00 an 2280 Waren (Handelswaren) 267 400,00

5 ER der Giesen & Co. OHG:

6080	2 872,40		
6081	360,00		
2600	614,16	an 4400	3 846,56

Gutschrift der Giesen & Co. OHG:

4400	1 701,70	an 6080	1 250,00
		an 6081	180,00
		an 2600	271,70

6 a)

6000	13 490,00		
6001	650,00		
2600	2 686,60	an 4400	16 826,60
4400	1 095,99	an 6002	513,00
		an 6001	408,00
		an 2600	174,99

b) Abziehbare Vorsteuer: 2 686,60 − 174,99 = 2 511,61 EUR

3.2 Absatzwirtschaft

3.2.1 Verkaufskalkulation

3.2.1.1 Vorwärtskalkulation

Lehrbuch Seite 202

Arbeitsauftrag

	Discman		Armbanduhr		Citroen	
BP/EP		111,57		9,80		16,21
+ Handlungskosten	30 %	33,47	40 %	3,92	50 %	8,11
Selbstkostenpreis		145,04		13,72		24,32
+ Gewinn	40 %	58,02	50 %	6,86	30 %	7,30
BVP		203,06		20,58		31,62
+ Skonto	2 %	4,14	2 %	0,42	2 %	0,65
ZVP		207,20		21,00		32,27
+ Rabatt	20 %	51,80	25 %	7,00	15 %	5,69
LVP		259,00		28,00		37,96

Lehrbuch Seiten 209 bis 211

1

	a)		b)		c)		d)	
BP/EP		2,60		86,00		136,00		422,00
+ HKZ	25 %	0,65	15 %	12,90	10 %	13,60	16 2/3 %	70,33
SKP		3,25		98,90		149,60		492,33
+ Gewinn	12,5 %	0,41	8 1/3 %	8,24	10 %	14,96	15 %	73,85
BVP		3,66		107,14		164,56		566,18

2 a) $\frac{50000 \cdot 100}{200800} = \underline{\underline{24{,}9\,\%}}$ b) $\frac{115000 \cdot 100}{460000} = \underline{\underline{25\,\%}}$

c) $\frac{165000 \cdot 100}{733000} = \underline{\underline{22{,}51\,\%}}$ d) $\frac{215500 \cdot 100}{930000} = \underline{\underline{23{,}17\,\%}}$

3

	a)		b)		c)		d)	
LEP		8,60		68,00		388,00		645,00
− Rabatt	10 %	0,86	20 %	13,60	25 %	97,00	12,5 %	80,63
ZEP		7,74		54,40		291,00		564,37
− Skonto	2 %	0,15	2,5 %	1,36	3 %	8,73	2 %	11,29
BEP		7,59		53,04		282,27		553,08
+ Bezugskosten		0,30		5,60		25,00		45,00
BP/EP		7,89		58,64		307,27		598,08
+ HKZ	12,5 %	0,99	15 %	8,80	20 %	61,45	10 %	59,81
SKP		8,88		67,44		368,72		657,89

4

SKP	15,00 EUR	100 %
+ Gewinn	2,25 EUR	15 %
BVP	17,25 EUR	115 %

5 a) 110 % – 24,75 EUR
100 % – x
x = 22,50 EUR

b) 125 % – 22,50 EUR
100 % – x
x = 18,00 EUR

c) 18,00 EUR – 100 %
6,75 EUR – x
x = 37,5 %

6

BVP	139,65 EUR	98 %	
+ Skonto	2,85 EUR	2 %	
ZVP	142,50 EUR	100 %	95 %
+ Rabatt	7,50 EUR		5 %
LVP	150,00 EUR		100 %

7

BVP	51,30 EUR	95 %	
+ Provision, Skonto	2,70 EUR	5 %	
ZVP	54,00 EUR	100 %	90 %
+ Rabatt	6,00 EUR		10 %
LVP	60,00 EUR		100 %

8

SKP	100 %	3000,00 EUR
+ Gewinn		480,00 EUR
BVP		a) 3480,00 EUR

b) 465,60 EUR

9

LEP/BEP	384,00 EUR		
+ Bezugskosten	36,00 EUR		
BP/EP	420,00 EUR		
+ Handlungskosten	126,00 EUR	30 %	
SKP	546,00 EUR		
+ Gewinn	68,25 EUR	12,5 %	
BVP	614,25 EUR		98 %
+ Rabatt	12,54 EUR		2 %
LVP	626,79 EUR		100 %

626,79 : 480 = 1,31 EUR/Flasche

10

	a)	b)	c)	d)
BP/EP	16,00	44,00	112,00	388,00
+ HKZ	20 % 3,20	25 % 11,00	25 % 28,00	33 1/3 % 129,33
SKP	19,20	55,00	140,00	517,33
+ Gewinn	10 % 1,92	15 % 8,25	16 2/3 % 23,33	25 % 129,33
BVP	98 % 21,12	97,5 % 63,25	97 % 163,33	98 % 646,66
+ Skonto	2 % 0,43	2,5 % 1,62	3 % 5,05	2 % 13,20
ZVP	92 % 100 % 21,55	90 % 100 % 64,87	95 % 100 % 168,38	87,5 % 100 % 659,86
+ Rabatt	8 % 1,87	10 % 7,21	5 % 8,86	12,5 % 94,27
LVP	100 % 23,42	100 % 72,08	100 % 177,24	100 % 754,13

11

	a)		b)		c)		d)	
LEP − Rabatt	310,00 31,00	 10 %	680,00 136,00	 20 %	6,80 0,34	 5 %	1,20 0,30	 25 %
ZEP + Bezugskosten	279,00 12,00		544,00 25,00		6,46 0,30		0,90 0,10	
BP/EP + HKZ	291,00 58,20	 20 %	569,00 85,35	 15 %	6,76 1,69	 25 %	1,00 0,17	 16 2/3 %
SKP + Gewinn	349,20 52,38	 15 %	654,35 163,59	 25 %	8,45 2,54	 30 %	1,17 0,23	 20 %
BVP = LVP	401,58		817,94		10,99		1,40	
Barverkaufspreis − Bezugspreis	401,58 291,00		817,94 569,00		10,99 6,76		1,40 1,00	
Rohgewinn	110,58		248,94		4,23		0,40	

12

	Angebot A		Angebot B		Angebot C	
LEP − Rabatt	 10 %	420,00 42,00	 15 %	450,00 67,50	 5 %	400,00 20,00
ZEP/BEP + Bezugskosten		378,00 12,00		382,50 7,50		380,00 10,00
BP/EP + HKZ	 20 %	390,00 78,00	 20 %	390,00 78,00	 20 %	390,00 78,00
SKP + Gewinn	 25 %	468,00 117,00	 25 %	468,00 117,00	 25 %	468,00 117,00
b) BVP = LVP		585,00		585,00		585,00
a) BVP − BP/EP		585,00 390,00		585,00 390,00		585,00 390,00
Rohgewinn		195,00		195,00		195,00
BVP − SKP		585,00 468,00		585,00 468,00		585,00 468,00
Reingewinn		117,00		117,00		117,00

3.2.1.2 Rückwärtskalkulation und Differenzkalkulation

Lehrbuch Seite 211

Arbeitsaufträge

❑ **Preisuntergrenze**

BP/EP		111,57
+ Handlungskosten	30 %	33,47
Selbstkostenpreis		145,04
+ Gewinn	0	–
BVP		145,04
+ Skonto	2 %	2,96
ZVP		148,00
+ Rabatt	20 %	37,00
LVP		185,00

❑ **Verbleibender Gewinn**

BP/EP		111,57
+ Handlungskosten	30 %	33,47
Selbstkostenpreis		145,04
+ **Gewinn**		**33,71**
BVP		178,75
+ Skonto	2 %	3,65
ZVP		182,40
+ Rabatt	20 %	45,60
LVP		228,00

❑ **HSP** $= \frac{(LVP - BP) \cdot 100}{LVP} = \frac{(228 - 111{,}57) \cdot 100}{228} = 51{,}07\,\%$

Lehrbuch Seiten 214, 215

1

BP/EP		1 004,20 EUR
+ HKZ	30 %	301,26 EUR
SKP		1 305,46 EUR
+ Gewinn	20 %	261,09 EUR
BVP		1 566,55 EUR
+ Skonto	3 %	48,45 EUR
ZVP		1 615,00 EUR
+ Rabatt	5 %	85,00 EUR
LVP		1 700,00 EUR

2

LEP		44,00 EUR
– Rabatt	20 %	8,80 EUR
ZEP/BP/EP		35,20 EUR
+ HKZ	8 %	2,82 EUR
SKP		38,02 EUR
+ Gewinn	**49,05 %**	**18,65 EUR**
BVP/ZVP		56,67 EUR
+ Rabatt	5 %	2,98 EUR
LVP		59,65 EUR

3 a)

BP/EP		360,00 EUR
+ HKZ	33 1/3 %	120,00 EUR
SKP		480,00 EUR
+ Gewinn	**16 2/3 %**	**80,00 EUR**
BVP/LVP		560,00 EUR

4

	a)		b)		c)		d)		e)	
BP/EP + HKZ	678,15 169,54	 25 %	512,55 102,51	 20 %	62,56 18,77	 30 %	51,00 7,65	 15 %	1,86 0,37	 20 %
SKP + Gewinn	847,69 127,15	 15 %	615,06 76,88	 12,5 %	81,33 20,33	 25 %	58,65 5,87	 10 %	2,23 0,56	 25 %
BVP + Skonto	974,84 19,89	 2 %	691,94 21,40	 3 %	101,66 2,07	 2 %	64,52 1,32	 2 %	2,79 —	
ZVP + Rabatt	994,73 110,53	 10 %	713,34 37,54	 5 %	103,73 9,43	 8 1/3 %	65,84 3,46	 5 %	2,79 —	
LVP	1 105,26		750,88		113,16		69,30		2,79	

5

BP/EP		243,30 EUR
+ HKZ	25 %	60,83 EUR
SKP		304,13 EUR
+ Gewinn	12,5 %	38,02 EUR
BVP		342,15 EUR
+ Skonto	2 %	6,98 EUR
ZVP		349,13 EUR

6

	a)		b)		c)		d)	
BP/EP + HKZ	40,00 10,00	 25 %	298,00 59,60	 20 %	6,40 0,96	 15 %	430,00 71,67	 16 2/3 %
SKP + Gewinn	50,00 **21,86**	 **43,72 %**	357,60 **51,52**	 **14,41 %**	7,36 **2,08**	 **28,26 %**	501,67 **206,75**	 **41,21 %**
BVP + Skonto	71,86 2,22	 3 %	409,12 8,35	 2 %	9,44 0,19	 2 %	708,42 14,46	 2 %
ZVP + Rabatt	74,08 3,90	 5 %	417,47 46,39	 10 %	9,63 —		722,88 65,72	 8 1/3 %
LVP	77,98		463,86		9,63		788,60	

7

BP/EP		44,56 EUR
+ HKZ	25 %	11,14 EUR
SKP		55,70 EUR
+ Gewinn	16 2/3 %	9,28 EUR
BVP		64,98 EUR
+ Verkaufsprovision	5 %	3,42 EUR
ZVP		68,40 EUR
+ Rabatt	10 %	7,60 EUR
LVP		76,00 EUR

8

BP/EP			a) 160,52 EUR
+ HKZ	40 %		64,21 EUR
SKP			224,73 EUR
+ Gewinn	22 %		49,44 EUR
BVP		94 %	274,17 EUR
+ Verkaufsprovision + Skonto	4 % 2 %	6 %	17,50 EUR
ZVP		100 %	291,67 EUR
+ Rabatt	5 %		15,35 EUR
LVP			307,02 EUR

3.2.1.3 Kalkulationsvereinfachungsverfahren

Lehrbuch Seite 215

Arbeitsaufträge

- Andreas Dick könnte die einzelnen prozentualen Zuschläge zu einem Gesamtprozentsatz, dem Kalkulationszuschlagssatz, zusammenfassen und zum Bezugs-/Einstandspreis (= 100 %) addieren. Ebenfalls könnte für die Berechnung des Listenverkaufspreises der Kalkulationsfaktor benutzt werden, der mit dem Bezugs-/Einstandspreis multipliziert wird.
-

BP/EP		100,00
+ Handlungskosten	30 %	30,00
Selbstkostenpreis		130,00
+ Gewinn	40 %	52,00
BVP		182,00
+ Skonto	2 %	3,71
ZVP		185,71
+ Rabatt	20 %	46,43
LVP		232,14

KZ = 132,14

- KF = 2,3214

Lehrbuch Seiten 221, 222

1

BP/EP		100,00 EUR
+ HKZ	20 %	20,00 EUR
SKP		120,00 EUR
+ Gewinn	16 2/3 %	20,00 EUR
BVP		140,00 EUR
+ Skonto	2 %	2,86 EUR
ZVP		142,86 EUR
+ Rabatt	15 %	25,21 EUR
LVP		168,07 EUR

a) KZ = LVP − BP/EP = 168,07 − 100,00 = 68,07 %
LVP = 226,80 + 68,07 % = 381,18 EUR

b) $KF = \frac{KZ + 100}{100} = \frac{68,07 + 100}{100} = 1,6807$
LVP = 226,80 · 1,6807 = 381,18 EUR

2 $KZ = \frac{(LVP - BP/EP) \cdot 100}{BP/EP}$ $KF = \frac{LVP}{BP/EP}$

	I	II	III	IV
KZ	$\frac{(619 - 278) \cdot 100}{278}$ = 122,66 %	$\frac{(68,19 - 24,80) \cdot 100}{24,80}$ = 174,96 %	$\frac{(1299 - 846,60) \cdot 100}{846,60}$ = 53,44 %	$\frac{(3,89 - 0,96) \cdot 100}{0,96}$ = 305,21 %
KF	$\frac{619}{278}$ = 2,2266	$\frac{68,19}{24,80}$ = 2,7496	$\frac{1299}{846,60}$ = 1,5344	$\frac{3,89}{0,96}$ = 4,0521

3

	I		II		III		IV	
BP/EP	154,50		6,30		38,60		2,20	
+ KZ	124,99	80,9 %	10,40	165,08 %	119,66	310 %	0,73	33 %
LVP	279,49		16,70		158,26		2,93	
$KF = \frac{LVP}{BP/EP}$	$\frac{279,49}{154,50}$ = 1,809		$\frac{16,70}{6,30}$ = 2,6508		$\frac{158,26}{38,60}$ = 4,1		$\frac{2,93}{2,20}$ = 1,3318	

4

	a)	b)	c)	d)	e)
BP/EP + HKZ	196,00 39,20 20 %	2,80 0,42 15 %	876,00 219,00 25 %	1,58 0,35 22 %	26,80 6,70 25 %
SKP + Gewinn	235,20 58,80 25 %	3,22 0,32 10 %	1 095,00 219,00 20 %	1,93 0,32 16 2/3 %	33,50 6,70 20 %
BVP + Skonto	294,00 6,00 2 %	3,54 0,11 3 %	1 314,00 26,82 2 %	2,25 —	40,20 1,24 3 %
ZVP + Rabatt	300,00 15,79 5 %	3,65 —	1 340,82 148,98 10 %	2,25 —	41,44 —
LVP	315,79	3,65	1 489,80	2,25	41,44
$KZ = \frac{(LVP - BP/EP) \cdot 100}{BP/EP}$	61,12 %	30,36 %	70,07 %	42,41 %	54,63 %
$KF = \frac{LVP}{BP/EP}$	1,6112	1,3036	1,7007	1,4241	1,5463
$HSP = \frac{(LVP - BP/EP) \cdot 100}{LVP}$	37,93 %	23,29 %	41,20 %	29,78 %	35,33 %

5

Handelsspanne	Kalkulationszuschlagssatz	Kalkulationsfaktor
$HSP = \frac{(LVP - BP/EP) \cdot 100}{LVP}$	$KZ = \frac{\text{Hsp. in \%} \cdot 100}{\text{BP/EP in \% (bei Hsp.)}}$	$KF = \frac{KZ}{\text{Hsp.}}$
20 % 33 1/3 % 40 % 50 % 66,48 %	25 % 50 % 66 2/3 % 100 % 198,33 %	1,25 1,5 1,67 2 2,9833

6

Kalkulationsfaktor	Handelsspanne $\text{Hsp.} = \frac{KZ}{KF}$
1,2 1,75 1,936 2,0 2,45 3,1 4,2	16 2/3 % 42,86 % 48,35 % 50 % 59,18 % 67,74 % 76,19 %

7

	$KZ = \frac{(LVP - BP/EP) \cdot 100}{BP/EP}$	$KF = \frac{LVP}{BP/EP}$	$\text{Hsp.} = \frac{KZ}{KF}$
a) b) c) d) e)	65 % 108,87 % 151,25 % 58,31 % 101,52 %	1,65 2,0887 2,5125 1,5831 2,0152	39,39 % 52,12 % 60,20 % 36,83 % 50,38 %

8

LEP	480,00 EUR		f) 1,4 %
− 5 % Rabatt	24,00 EUR		
ZEP	456,00 EUR	a)	g) 28,57 %
− 3 % Skonto	13,68 EUR		
BEP	442,32 EUR	b)	h) 40 %
+ Bezugskosten	57,68 EUR		
BP/EP	500,00 EUR	c)	
+ 20 % HKZ	100,00 EUR		
SKP	600,00 EUR	d)	
+ Gewinn	100,00 EUR	e)	
BVP/LVP	700,00 EUR		

9

BP/EP		100,00 EUR
+ HKZ	25 %	25,00 EUR
SKP		125,00 EUR
+ Gewinn	12,5 %	15,63 EUR
BVP		140,63 EUR
+ Rabatt	14 %	22,89 EUR
LVP		163,52 EUR

a) KZ = 63,52 % b) Hsp. = 38,85 %

10

BEP	217,50 EUR	b) 2
+ Bezugskosten	7,50 EUR	
BP/EP	a) **225,00 EUR**	c) 50 %
LVP	450,00 EUR	

11 a) 60 % b) 1,6 c) 37,5 %

3.2.2 Buchungen beim Verkauf von eigenen Erzeugnissen, Handelswaren und Dienstleistungen

3.2.2.1 Sofortrabatte, Verpackungskosten, Frachten, Vertriebsprovisionen

Lehrbuch Seiten 222, 223

Arbeitsaufträge

- **Gründe für die Rabattgewährung:** Anreiz zu größeren Abnahmemengen, Senkung der Auftragsabwicklungskosten, bessere Ausnutzung der Versandkapazität, Senkung der Transportkosten.
- **Auswirkung der Rabattgewährung:** Minderung der Umsatzerlöse, der Umsatzsteuer. Die Forderung setzt sich aus dem tatsächlich berechneten Wert und der Umsatzsteuer zusammen.

  Buchung:

2400 Forderungen a. LL	an 5100 Umsatzerlöse für Waren
	an 4800 Umsatzsteuer

Sofortrabatte werden wie beim Einkauf nicht gesondert erfasst.
Berechnete Verpackung oder Fracht stellen aus der Sicht des Großhandelsunternehmens Umsatz dar.

Lehrbuch Seiten 228 bis 231

1

1.	2400	5 890,50	an 5000	4 950,00
			an 4800	940,50
2.	6140	160,00		
	2600	30,40	an 2880	190,40
3.	2400	23 538,20	an 5000	19 780,00
			an 4800	3 758,20
4.	6140	1 800,00		
	2600	342,00	an 4400	2 142,00
5.	2400	2 142,00	an 5000	1 800,00
			an 4800	342,00

2 Geschäftsfälle:

1.	2400	83 538,00	an 5100	70 200,00
			an 4800	13 338,00
2.	6140	1 640,00		
	2600	311,60	an 2880	1 951,60
3.	6080	15 360,00		
	6081	240,00		
	2600	2 964,00	an 4400	18 564,00
4.	2400	1 951,60	an 5100	1 640,00
			an 4800	311,60

5.	4400	166,60	an 6082	140,00
			an 2600	26,60
6.	2400	6 973,40	an 5100	5 860,00
			an 4800	1 113,40
7.	6150	7 700,00		
	2600	1 463,00	an 2800	9 163,00
8.	6040	12 400,00		
	2600	2 356,00	an 2800	14 756,00
9.	2400	54 502,00	an 5100	45 800,00
			an 4800	8 702,00
10.	6140	1 200,00		
	2600	228,00	an 2800	1 428,00
11.	2400	1 428,00	an 5100	1 200,00
			an 4800	228,00

3 Geschäftsfälle:

1.	6000	14 000,00		
	2600	2 660,00	an 4400	16 660,00
2.	6001	420,00		
	2600	79,80	an 2880	499,80
3.	2800	20 230,00	an 5000	17 000,00
			an 4800	3 230,00
4.	4800	2 500,00	an 2800	2 500,00
5.	6040	600,00		
	2600	114,00	an 2880	714,00
6.	2400	47 600,00	an 5000	40 000,00
			an 4800	7 600,00
7.	6140	2 400,00		
	2600	456,00	an 4400	2 856,00
8.	6000	4 400,00		
	6001	500,00		
	2600	931,00	an 2800	5 831,00
9.	2400	737,80	an 5000	620,00
			an 4800	117,80

Vorbereitende Abschlussbuchungen:

6000	920,00	an 6001	920,00
4800	4 240,80	an 2600	4 240,80

a) Rohstoffeinsatz	19 320,00
absetzbare Vorsteuer	4 240,80
Umsatzsteuerzahllast	6 707,00
b) Umsatz	57 620,00

S 6000 Aufwendungen für Rohstoffe H

4400	14 000,00	8020	19 320,00
2800	4 400,00		
6001	920,00		
	19 320,00		19 320,00

S 2600 Vorsteuer H

4400	2 660,00	4800	4 240,80
2880	79,80		
2880	114,00		
4400	456,00		
2800	931,00		
	4 240,80		4 240,80

S 4800 Umsatzsteuer H

2800	2 500,00	8000	2 500,00
2600	4 240,80	2800	3 230,00
8001	6 707,00	2400	7 600,00
		2400	117,80
	13 447,80		13 447,80

S 8020 Gewinn- u. Verlustkonto H

6000	19 320,00	5000	57 620,00
6040	600,00		
6140	2 400,00		
3000	35 300,00		
	57 620,00		57 620,00

S 8010 Schlussbilanzkonto H

2000	40 000,00	3000	91 800,00
2400	65 587,80	4400	81 616,00
2800	71 689,00	4800	6 707,00
2880	2 846,20		
	180 123,00		180 123,00

4 1. d 2. c 3. a 4. a 5. d 6. b 7. e 8. b

5 1. c 2. a, c 3. c 4. c 5. g 6. e 7. b, d 8. c

6 ER der Hanckel & Cie GmbH:

6000	35 640,00		
6001	360,00		
2600	6 840,00	an 4400	42 840,00

AR der Primus KG:

2400	55 014,45	an 5000	46 230,63
		an 4800	8 783,82

3.2.2.2 Gutschriften an Kunden für Rücksendungen, Minderungen und Boni

Lehrbuch Seiten 231, 232

Arbeitsauftrag Die Rücksendung bewirkt eine Minderung der Forderungen, der Umsatzerlöse und der Umsatzsteuer; sie löst also eine Rückbuchung oder eine Stornierung der beim Verkauf gebuchten Inhalte aus:

5000 Umsatzerlöse für Waren
4800 Umsatzsteuer an 2400 Forderungen a. LL

Lehrbuch Seiten 234 bis 238

1

1.	2400	65 688,00	an 5000	55 200,00
			an 4800	10 488,00
2.	6140	1 450,00		
	2600	275,50	an 2880	1 725,50
3.	2400	1 725,50	an 5000	1 450,00
			an 4800	275,50
4.	5001	2 400,00		
	4800	456,00	an 2400	2 856,00
5.	5101	2 100,00		
	4800	399,00	an 2400	2 499,00
6.	2400	68 544,00	an 5000	57 600,00
			an 4800	10 944,00
7.	5000	700,00		
	4800	133,00	an 2400	833,00

2 Geschäftsfälle:

1.	2400	91 749,00	an 5000	77 100,00
			an 4800	14 649,00
2.	6140	1 200,00		
	2600	228,00	an 2800	1 428,00
3.	6000	53 500,00		
	6001	1 600,00		
	2600	10 469,00	an 4400	65 569,00
4.	4400	190,40	an 6002	160,00
			an 2600	30,40
5.	5000	2 080,00		
	4800	395,20	an 2400	2 475,20
	5001	1 220,00		
	4800	231,80	an 2400	1 451,80
6.	3001	952,00	an 5420	800,00
			an 4800	152,00
7.	4400	1 428,00	an 6001	1 200,00
			an 2600	228,00
	4400	833,00	an 6002	700,00
			an 2600	133,00
8.	6300	5 700,00		
	4800	12 350,00		
	6700	2 760,00	an 2800	20 810,00

Vorbereitende Abschlussbuchungen:

5000	1 220,00	an 5001	1 220,00
6000	400,00	an 6001	400,00
6002	860,00	an 6000	860,00
2280	18 800,00	an 6000	18 800,00
3000	952,00	an 3001	952,00
4800	10 305,60	an 2600	10 305,60

S 5000 Umsatzerl. f. eigene Erzeugnisse H

S		H	
2400	2 080,00	2400	77 100,00
5001	1 220,00		
8020	73 800,00		
	77 100,00		77 100,00

S 6000 Aufw. f. Rohstoffe H

S		H	
4400	53 500,00	6002	860,00
6001	400,00	2280	18 800,00
		8020	34 240,00
	53 900,00		53 900,00

S	2400 Forderungen a. LL		H
8000	49 450,00	5000, 4800	2 475,20
5000,		5001, 4800	1 451,80
4800	91 749,00	8010	137 272,00
	141 199,00		141 199,00

S	4400 Verbindlichkeiten a. LL		H
6000, 2600	190,40	8000	44 850,00
6001, 2600	1 428,00	6000, 6001	
6002, 2600	833,00	2600	65 569,00
8010	107 967,60		
	110 419,00		110 419,00

S	2600 Vorsteuer		H
2880	228,00	4400	30,40
4400	10 469,00	4400	228,00
		4400	133,00
		4800	10 305,60
	10 697,00		10 697,00

S	4800 Umsatzsteuer		H
2400	395,20	8000	12 350,00
2400	231,80	2400	14 649,00
2800	12 350,00	3001	152,00
4800	10 305,60		
8010	3 868,40		
	27 151,00		27 151,00

S	8020 Gewinn u. Verlust		H
6000	34 240,00	5000	73 800,00
6140	1 200,00	5420	800,00
6300	5 700,00		
6700	2 760,00		
3000	30 700,00		
	74 600,00		74 600,00

S	8010 Schlussbilanzkonto		H
2280	87 000,00	3000	152 548,00
2400	137 272,00	4400	107 967,60
2800	32 712,00	4800	3 868,40
2880	7 400,00		
	264 384,00		264 384,00

3

Geschäftsfälle	Buchungssätze	Umsatzsteuerliche Auswirkung					
		Mehrung der VSt	Minderung der VSt	Mehrung der USt	Minderung der USt	Mehrung der Zahllast	Minderung der Zahllast
1. Rohstoffeinkauf auf Ziel	6000 2600 an 4400	×					×
2. Rücksendung von Rohstoffen an Lieferer	4400 an 6000 an 2600		×			×	
3. Kauf eines Büroautom. gegen Bankscheck	0860 2600 an 2800	×					×
4. Gutschrift an Kunden wegen Minderung	5001 4800 an 2400				×		×
5. Verkauf von Erzeugnissen auf Ziel	2400 an 5000 an 4800			×		×	
6. Kauf von Büromaterial bar	6800 2600 an 2880	×					×
7. Bonusgutschrift an einen Kunden	5001 4800 an 2400				×		×
8. Gutschrift eines Rohstofflieferers für Minderung	4400 an 6002 an 2600		×			×	
9. Privatentnahme von Erzeugnissen	3001 an 5420 an 4800			×		×	
10. Gutschriftanzeige an Kunden für Rücksendung der berechneten Verpackung	5000 4800 an 2400				×		×
11. Belastung des Kunden für Fracht	2400 an 5000 an 4800			×		×	
12. Gutschrift des Lieferers wegen zurückgesandter Verpackung	4400 an 6001 an 2600		×			×	
13. Bonusgutschrift eines Rohstofflieferers	4400 an 6002 an 2600		×			×	

4

S	6000 Aufwendungen für Rohstoffe		H
4400	3574250,00	4400	12500,00
6001	53000,00	2280	24000,00
		6002	85000,00
		8020	3505750,00
	3627250,00		3627250,00

S	Umsatzerlöse 5000 für eigene Erzeugnisse		H
2400	58000,00	2400	7906490,00
5002	56240,00		
8020	7792250,00		
	7906490,00		7906490,00

S	6001 Bezugskosten		H
4400	53000,00	6000	53000,00

S	5001 Erlösberichtigungen		H
2400	56240,00	5000	56240,00

S	6002 Nachlässe		H
6000	85000,00	4400	85000,00

S	2000 Rohstoffe		H
8000	438000,00	8010	462000,00
6000	24000,00		
	462000,00		462000,00

a) 1. 6000 an 6001
   2. 2280 an 6000
   3. 5000 an 5001

b) 1. 7792250,00 EUR
   2. 3505750,00 EUR
   3. 450000,00 EUR
   4. 8 mal
   5. 45 Tage

5 Abschluss der Konten:

S	2280 Waren (Handelswaren)		H
8000	580000,00	8010	620000,00
6080	40000,00		
	620000,00		620000,00

S	5100 Umsatzerlöse für Handelswaren		H
2400	304000,00	2400	44294000,00
5101	790000,00		
8020	43200000,00		
	44294000,00		44294000,00

S	6080 Aufwendungen für Waren		H
4400	23843000,00	2280	40000,00
6081	632000,00	6082	435000,00
		8020	24000000,00
	24475000,00		24475000,00

S	5101 Erlösberichtigungen		H
2400	790000,00	5100	790000,00

S	6081 Warenbezugskosten		H
4400	632000,00	6080	632000,00

S	6082 Nachlässe		H
6080	435000,00	4400	435000,00

S	8010 SBK		H
2280	620000,00		

S	8020 GuV		H
6080	24000000,00	5100	43200000,00

a) a) Wareneinsatz (vgl. Konto 6080 Aufwendungen für Waren): 24000000,00
   b) Nettoumsatz (vgl. Konto 5100 Umsatzerlöse für Handelswaren): 43200000,00
   c) Rohgewinn: 43200000 − 24000000 = 19200000,00
   d) Kalkulationszuschlagssatz: $\frac{19200000 \cdot 100}{24000000} =$ 80 %
   e) Durchschnittlicher Lagerbestand: $\frac{580000 + 620000}{2} =$ 600000,00
   f) Umschlagshäufigkeit: $\frac{24000000}{600000} =$ 40 mal
   g) Durchschnittliche Lagerdauer: $\frac{360}{40} =$ 9 Tage

b) a) 6080	632 000,00	an 6081	632 000,00
b) 6082	435 000,00	an 6080	435 000,00
c) 5100	790 000,00	an 5101	790 000,00
d) 2280	40 000,00	an 6080	40 000,00
e) 8020	24 000 000,00	an 6080	24 000 000,00
f) 8010	620 000,00	an 2280	620 000,00
g) 5100	43 200 000,00	an 8020	43 200 000,00

6 ER der Spedition Laubmann Nachfolger KG:

6140	400,00		
2600	76,00	an 4400	476,00

AR-Kopie der Primus KG:

2400	27 544,16	an 5000	23 146,35
		an 4800	4 397,81

Gutschrift-Kopie der Primus KG (Rücksendung von Verpackung, Rollcontainer):

5000	1 600,00		
4800	304,00	an 2400	1 904,00

Gutschrift-Kopie der Primus KG (Bonus):

5001	1 500,00		
4800	285,00	an 2400	1 785,00

3.2.3 Bestandsveränderungen an unfertigen und fertigen Erzeugnissen

Lehrbuch Seite 238

Arbeitsaufträge

- Im Geschäftsjahr wurde nur 1 400 Konferenztische „Logo" verkauft. Dadurch wuchs der Lagerbestand von 100 Stück zu Beginn auf 300 Stück am Ende des Geschäftsjahres. In der Bilanz und GuV-Rechnung ist dieser Lager- und Vermögenszugang bzw. Ertrag einzubeziehen. Da es sich um eine Bestandsmehrung handelt, muss die Buchung lauten: 2 200 Fertige Erzeugnisse 53 200,00 an 5200 BVÄ 53 200,00 (siehe Beispiele S. 238 ff.).
- Bei einer Bestandsminderung wurde mehr verkauft als produziert; ein zu Beginn der Rechnungsperiode vorliegender Lagerbestand wurde (teilweise) abgebaut.
  In der Bilanz und in der Gewinn- und Verlustrechnung ist dieser Lager- und Vermögensabgang als Aufwand zu erfassen:
  Buchung:
  5200 BVÄ an 2200 Fertige Erzeugnisse

Lehrbuch Seiten 243 bis 244

1 Umbuchungen

BVA	60 000,00	an Unfertige Erzeugnisse	60 000,00
Fertige Erzeugnisse	10 000,00	an BVÄ	10 000,00
Abschlussbuchungen			
Gewinn und Verlust	50 000,00	an BVÄ	50 000,00
Gewinn und Verlust	850 000,00	an Aufwendungen	850 000,00
Umsatzerlöse	1 200 000,00	an Gewinn und Verlust	1 200 000,00
Gewinn und Verlust	300 000,00	an Eigenkapital	300 000,00
SBK	20 000,00	an Unfertige Erzeugnisse	20 000,00
SBK	50 000,00	an Fertige Erzeugnisse	50 000,00

S — Unfertige Erzeugnisse — H

S		H	
EBK	80 000,00	Bestandsveränderungen	60 000,00
		SBK	20 000,00
	80 000,00		80 000,00

S — Fertige Erzeugnisse — H

S		H	
EBK	40 000,00	SBK	50 000,00
Bestandsveränderungen	10 000,00		
	50 000,00		50 000,00

S — Bestandsveränderungen — H

S		H	
Unfertige Erzeugnisse	60 000,00	Fertige Erzeugnisse	10 000,00
		Gewinn und Verlust	50 000,00
	60 000,00		60 000,00

S	Gewinn und Verlust		H
Aufwendungen	850 000,00	Umsatzerlöse	1 200 000,00
Bestandsveränderungen	50 000,00		
Eigenkapital	300 000,00		
	1 200 000,00		1 200 000,00

S	Schlussbilanzkonto		H
Unfertige Erzeugnisse	20 000,00		
Fertige Erzeugnisse	50 000,00		

2 Laufende Geschäftsfälle

1. a)	6050	1 820,00		
	2600	345,80		
b)	62/63	316 200,00		
c)	4400	125 875,00		
d)	4800	27 600,00	an 2800	471 840,80
2.	6000	386 400,00		
	6001	7 400,00		
	2600	74 822,00	an 4400	468 622,00
3.	2400	1 094 800,00	an 5000	920 000,00
			an 4800	174 800,00
4.	2800	47 838,00	an 5000	40 200,00
			an 4800	7 638,00
5.	4400	7 330,40	an 6002	6 160,00
			an 2600	1 170,40
6. a)	6020	66 000,00		
	2600	12 540,00	an 2800	78 540,00
b)	6030	16 000,00		
	2600	3 040,00	an 2800	19 040,00

Vorbereitende Abschlussbuchungen:

2000	5 000,00	an 6000	5 000,00
6000	7 400,00	an 6001	7 400,00
6002	6 160,00	an 6000	6 160,00
4800	89 577,40	an 2600	89 577,40
2020	3 000,00	an 6020	3 000,00
6030	2 300,00	an 2030	2 300,00
2200	11 800,00	an 5200	11 800,00

S	8020 Gewinn- und Verlustkonto		H
6000	382 640,00	5000	960 200,00
6020	63 000,00	5200	11 800,00
6030	18 300,00		
6050	1 820,00		
62/63	316 200,00		
3000	190 040,00		
	972 000,00		972 000,00

S	8010 Schlussbilanzkonto		H
0700	300 000,00	3000	1 045 690,00
2000	57 000,00	4400	502 166,60
2020	23 000,00	4800	92 860,60
2030	6 500,00		
2200	38 000,00		
2400	1 152 300,00		
2800	60 817,20		
2880	3 100,00		
	1 640 717,20		1 640 717,20

3 Vorbereitende Abschlussbuchungen

5200	8 640,00	an 2100	8 640,00
2200	46 800,00	an 5200	46 800,00
5200	38 160,00	an 8020	38 160,00

S	2100 Unfertige Erzeugnisse		H
8000 EBK	10 800,00	5200 Bestandsveränderungen	8 640,00
		8010 SBK	2 160,00
	10 800,00		10 800,00

S	2200 Fertige Erzeugnisse		H
8000 EBK	24 000,00	8010 SBK	70 800,00
5000 Bestandsveränderungen	46 800,00		
	70 800,00		70 800,00

S	5200 Bestandsveränderungen		H
2100 Unfertige Erzeugnisse	8 640,00	2200 Fertige Erzeugnisse	46 800,00
8020 Gewinn und Verlust	38 160,00		
	46 800,00		46 800,00

S	8020 Gewinn und Verlust		H
6000 Aufwend. für Rohstoffe	498 816,00	5000 Umsatzerlöse	951 840,00
6020 Aufwend. für Hilfsstoffe	33 254,00	5200 Bestandsveränderungen	38 160,00
62/63 Personalaufwand	249 408,00		
6800 Büromaterial	49 882,00		
3000 Eigenkapital	158 640,00		
	990 000,00		990 000,00

S	Schlussbilanzkonto		H
2100 Unfertige Erzeugnisse	2 160,00		
2200 Fertige Erzeugnisse	70 800,00		

a) Erfolg der Rechnungsperiode: Gewinn = 158 640,00

b) Herstellungsaufwand für den Absatz:

Aufwendungen für Rohstoffe		498 816,00	
Aufwendungen für Hilfsstoffe		33 254,00	
Personalaufwand		249 408,00	
Büromaterial		49 882,00	
Herstellungsaufwand der Rechnungsperiode:		831 360,00	
+ AB Unfertige Erzeugnisse	10 800,00		
− EB Unfertige Erzeugnisse	2 160,00	+ 8 640,00	= Bestandsminderung
Herstellungsaufwand der Fertigung:		840 000,00	
+ AB Fertige Erzeugnisse	24 000,00		
− EB Fertige Erzeugnisse	70 800,00	− 46 800,00	= Bestandsmehrung
Herstellungsaufwand des Umsatzes:		793 200,00	für 1 322 Stück

c) Verkaufspreis je Schreibtisch: 720,00

d)

Umsatzerlöse	951 840,00	für 1 Schreibtisch:	720,00
Herstellungsaufwand	793 200,00	für 1 Schreibtisch:	600,00
Gewinn:	158 640,00	für 1 Schreibtisch:	120,00

$$\frac{120 \cdot 100}{600} = 20\,\%$$

4 Umbuchungen

2000	12 000,00	an 6000	12 000,00
2200	25 000,00	an 5200	25 000,00
6080	5 000,00	an 2280	5 000,00
4800	9 700,00	an 2600	9 700,00

S	8020 Gewinn- und Verlustkonto		H
6000	668 000,00	5000	964 000,00
6080	121 800,00	5100	288 000,00
61/77	275 000,00	5200	25 000,00
3000	212 200,00		
	1 277 000,00		1 277 000,00

S	8010 Schlussbilanzkonto		H
2000	62 000,00	3000	612 200,00
2200	45 000,00	4800	15 600,00
2280	14 800,00		
2800	506 000,00		
	627 800,00		627 800,00

5 Umbuchungen

6000	6 000,00	an 2000	6 000,00
5200	15 000,00	an 2200	15 000,00
2280	8 000,00	an 6080	8 000,00
4800	7 200,00	an 2600	7 200,00

S	8020 Gewinn- und Verlustkonto		H
5200	15 000,00	5000	792 000,00
6000	318 600,00	5100	270 000,00
6080	127 000,00		
61/77	238 000,00		
3000	363 400,00		
	1 062 000,00		1 062 000,00

S	8010 Schlussbilanzkonto		H
2000	54 000,00	3000	713 400,00
2200	47 000,00	4800	15 180,00
2280	42 000,00		
2800	585 580,00		
	728 580,00		728 580,00

3.3 Umrechnung von Währungen beim Ein- und Verkauf

Lehrbuch Seite 245

Arbeitsauftrag

Jansen: $\frac{320 \cdot 1}{1,74} = \underline{\underline{183,91 \text{ EUR}}}$ **Schütz:** $\frac{347 \cdot 1}{1,62} = \underline{\underline{214,20 \text{ EUR}}}$

Der Lieferer Jansen ist der günstigste Lieferer für Faxgeräte.

Lehrbuch Seiten 248 bis 250

1 a) 50 176,00 EUR
b) 1 EUR – 8,68 NOK
6272,00 EUR – x x = 54 440,96 NOK

c)

LVP		100 %	8000,00 EUR
– Rabatt		20 %	1600,00 EUR
ZVP	100 %	80 %	6400,00 EUR · 8 = 51 200,00 EUR

2 1 EUR – 7,35 DKK
1500,00 EUR – x x = 11 025,00 DKK

3 1,149 USD – 1 EUR a)
6860,00 USD – x x = 5970,41 EUR b)

4 1 EUR – 1,62 CHF
42 000,00 EUR – x x = 68 040,00 CHF

5 a) 9,1 SEK – 1 EUR
26 000 SEK – x x = 2857,14 EUR
b) 287,36 EUR – 2500,00 SEK
1 EUR – x x = 8,7 SEK

6

LEP	120 000,00 CAD
– Rabatt 20 %	24 000,00 CAD
a) ZEP	96 000,00 CAD

b) 1,76 CAD – 1 EUR
96 000 CAD – x x = 54 545,45 EUR

c)

ZEP/BEP	54 545,45 EUR
+ Bezugskosten	750,00 EUR
BP/EP	55 295,45 EUR : 60 = 921,59 EUR

7

	Meuter	Huber	Johanson	Smith	Lopez
LEP	55000,00 EUR	96500,00 CHF	500000,00 SEK	41000,00 GBP	69000,00 USD
– Rabatt	5500,00 EUR	14475,00 CHF	100000,00 SEK	6150,00 GBP	6900,00 USD
ZEP	49500,00 EUR	82025,00 CHF	400000,00 SEK	34850,00 GBP	62100,00 USD
– Skonto	990,00 EUR	1640,50 CHF	–	–	1242,00 USD
BEP	48510,00 EUR	80384,50 CHF	400000,00 SEK	34850,00 GBP	60858,00 USD
+ Bezugskosten	240,00 EUR	350,00 CHF	2540,00 SEK	170,00 GBP	172,00 USD
BP/EP	48750,00 EUR	80734,50 CHF	402540,00 SEK	35020,00 GBP	61030,00 USD
EUR	48750,00 EUR	49836,11 EUR	44235,16 EUR	50028,57 EUR	52612,07 EUR

8 a) 0,70 GBP – 1,00 EUR
34,00 GBP – x   x = 48,57 EUR

b) 7,51 DKK – 1,00 EUR
140,00 DKK – x   x = 18,64 EUR

c) 8,68 NOK – 1,00 EUR
805,00 NOK – x   x = 92,74 EUR

159,95 EUR

9 a) 1,1552 USD – 1,00 EUR
4500 USD – x   x = 3895,43 EUR

LEP		3895,43 EUR	4500,00 USD
– Rabatt 20 %		779,09 EUR	900,00 USD
ZEP		3116,34 EUR	3600,00 USD
– Skonto 3 %		93,49 EUR	108,00 USD
BEP	a)	3022,85 EUR	3492,00 USD
+ Bezugskosten		60,00 EUR	
BP/EP	b)	3082,85 EUR	

c) 1,1492 USD – 1,00 EUR
3492 USD – x   x = 3038,64 EUR
+ Bezugskosten 60,00 EUR
BP/EP 3098,64 EUR

3082,85 EUR
3098,64 EUR
15,79 EUR Preiserhöhung

d) 3082,85 EUR – 100 %
15,79 EUR – x   x = 0,51 %

10 1,62 CHF – 1 EUR
1,00 CHF – x   x = 0,62 EUR

11 8000 · 1,05 = 8400,00 NOK
8,68 NOK – 1,00 EUR
8400 NOK – x   x = 967,74 EUR
9000 · 1,4 = 12600,00 SEK
8,90 SEK – 1,00 EUR
12600 SEK – x   x = 1415,73 EUR

2383,47 EUR

12 1,16 USD – 1,00 EUR
2800,00 USD – x   x = 2413,79 EUR
1,00 EUR – 8,51 NOK
2413,79 EUR – x   x = 20541,35 NOK

13 a)

LEP 10 · 1500 =	15000,00 USD
– Rabatt 20 %	3000,00 USD
ZEP	12000,00 USD
– Skonto 3 %	360,00 USD
BEP	11640,00 USD
+ Bezugskosten 10 · 100 USD	1000,00 USD
BP/EP	12640,00 USD : 10 = 1264,00 USD/kg

b) 1,15 USD – 1,00 EUR
1264,00 USD – x   x = 1099,13 EUR

c) 10991,30 EUR

14 a) 1,149 USD – 1,00 EUR
27 500 USD – x — x = 23 933,86 EUR
b) 1,155 USD – 1,00 EUR
27 500 USD – x — x = 23 809,52 EUR

23 933,86 EUR
– 23 809,52 EUR
124,34 EUR

3.4 Zahlungsverkehr mit Lieferern und Kunden

3.4.1 Zahlungsformen zur Erfüllung der Zahlungsverpflichtungen

Lehrbuch Seite 251

Arbeitsaufträge

- **Einordnungssystem in die Terminmappen:** Nach Fälligkeitstermin
- **Möglichkeiten des Rechnungsausgleichs:**
  1. Zahlung bei Fälligkeit
  2. Vorzeitige Zahlung unter Abzug von Skonto
     Als Form der Zahlung kommen Überweisung und Verrechnungsscheck in Frage.
     Die Überweisung hat den Nachteil für den Schuldner, dass das Geld am Tag des Auftrags von seinem Konto abgebucht wird, bei Zahlung mit Scheck jedoch erst mehrere Tage später bei Einlösung durch die Bank.

Lehrbuch Seiten 254, 255

1 Geschäftsfälle:

1.	2880	17 052,00	an 2400	17 052,00
2.	6820	3 020,00		
	2600	573,80	an 2800	3 593,80
3.	3001	250,00	an 2800	250,00
4.	2800	27 840,00	an 2400	27 840,00
5.	6700	4 000,00	an 2800	4 000,00
6.	6800	142,00		
	2600	26,98	an 2880	168,98
7.	3001	12 100,00		
	4800	27 600,00		
	7000	25 000,00	an 2800	64 700,00
8.	4400	1 392,00	an 2800	1 392,00
9.	2800	9 758,00	an 5000	8 200,00
			an 4800	1 558,00

2 Geschäftsfälle:

1.	2800	2 856,00	an 5100	2 400,00
			an 4800	456,00
2.	6800	620,00		
	2600	117,80	an 2880	737,80
3.	4800	26 430,00		
	4400	48 836,00	an 2800	75 266,00
4.	6750	78,00	an 2800	78,00
5.	2800	3 364,00	an 2400	3 364,00
6.	6080	14 200,00		
	2600	2 698,00	an 2800	16 898,00
7.	6081	280,00		
	2600	53,20	an 2800	333,20
8.	6200	480,00		
	6750	15,00	an 2880	495,00
9.	2800	73 780,00	an 5100	62 000,00
			an 4800	11 780,00

Vorbereitende Abschlussbuchungen:

6080	15 700,00	an 2280	15 700,00
6080	26 480,00	an 6081	26 480,00
4800	46 146,00	an 2600	46 146,00

S	8020 Gewinn- und Verlustkonto		H
6080	1096380,00	5100	2004400,00
62–69	418000,00		
6750	1908,00		
3000	488112,00		
	2004400,00		2004400,00

S	8010 Schlussbilanzkonto		H
2280	150800,00	3000	971612,00
2400	433636,00	4400	217964,00
2600	39173,00		
2800	563499,80		
2880	2467,20		
	1189576,00		1189576,00

3.4.2 Berechnung von Zinsen im Rahmen des Zahlungsverkehrs

Lehrbuch Seite 255

Arbeitsaufträge

- 1400,00 EUR
- $p = \frac{Z \cdot 100 \cdot 360}{K \cdot i} = \frac{1450 \cdot 100 \cdot 360}{70000 \cdot 90} = 8{,}29\,\%$
- Frau Primus sollte das Angebot der Konkurrenzbank annehmen, da diese einen höheren Zinssatz anbietet.

Lehrbuch Seiten 260 bis 263

1 a) 360,00 EUR b) 540,00 EUR c) 600,00 EUR d) 720,00 EUR
e) 1000,00 EUR f) 1140,00 EUR

2

	Z		
a) Z =	78,00 EUR	Rückzahlung:	858,00 EUR
b) Z =	806,20 EUR	Rückzahlung:	3586,20 EUR
c) Z =	2420,00 EUR	Rückzahlung:	11220,00 EUR
d) Z =	11733,33 EUR	Rückzahlung:	33733,33 EUR

3 a) 358,60 EUR b) 3202,50 EUR c) 3151,20 EUR d) 11596,00 EUR
e) 24600,00 EUR

4 a) 16,06 EUR b) 37,50 EUR c) 285,00 EUR d) 721,12 EUR e) 1118,29 EUR

5 Z = 2380,00 EUR Rückzahlung: 36380,00 EUR

6 Z = 520,00 EUR
Z = 333,87 EUR (Zinsen für Darlehen von 12000,00 EUR)

Rückzahlung	12520,00 EUR
+ Zinsen	333,87 EUR
Rückzahlung insgesamt	12853,87 EUR

7 a) 179 b) 176 c) 96 d) 108 e) 178
f) 181 g) 33 h) 110 i) 76

8 1. a) 19,65 EUR b) 54,44 EUR c) 38,50 EUR d) 231,73 EUR
e) 372,42 EUR

2. a) 19,95 EUR b) 53,90 EUR c) 37,86 EUR d) 235,46 EUR e) 380,74 EUR

3. a) 19,67 EUR b) 53,16 EUR c) 37,34 EUR d) 232,24 EUR e) 375,53 EUR

9

	Zinsen	Rückzahlung
a)	373,28 EUR	12973,28 EUR
b)	2907,55 EUR	63807,55 EUR
c)	152,50 EUR	4362,50 EUR
d)	396,70 EUR	9586,70 EUR
e)	61,07 EUR	2726,07 EUR

10 770,00 EUR

11 554,17 EUR

12 a) 162 Tage b) 183,60 EUR

13 a) 3,5 % b) 4 % c) 8 % d) 8 % e) 3,75 %
f) 9 % g) 20 %

14 3,6 %

15 6 2/3 %

16 8,75 %

17 2 160 · 12 = 25 920,00 EUR Mieteinnahmen
+ 17 280,00 EUR eigene Miete
43 200,00 EUR gesamter Mietertrag
− 13 600,00 EUR Kosten
29 600,00 EUR Ertrag

$$p = \frac{29600 \cdot 100 \cdot 360}{480000 \cdot 360} = 6\ 1/6\ \%$$

18

Gesellschafter	Kapital in EUR	Gewinnanteil in EUR
Kaufmann		68 000,00
Ehefrau	100 000,00	6 000,00
Sohn	60 000,00	3 600,00
Tochter	40 000,00	2 400,00
		80 000,00

a) $p = \frac{3600 \cdot 100 \cdot 360}{60000 \cdot 360} = 6\ \%$

b) 12 000,00 EUR

c) 15 % – 12 000,00 EUR
100 % – x
x = 80 000,00 EUR

19 a) **Betrag der AR:** $\frac{15382{,}40 \cdot 100}{101{,}33333} = 15180{,}00$ EUR

b) 2800 15 382,40 an 2400 15 382,40

3.4.3 Vorzeitige Zahlung mit Skontoabzug

Lehrbuch Seiten 263, 264

Arbeitsaufträge

- Die Primus KG hat in der Tat noch Zeit mit dem Rechnungsausgleich bis zum 30. Oktober .., doch dann ohne Skontoabzug. Die vorzeitige Zahlung hat den Vorteil des Skontoabzugs von 3 %. Das entspricht einem Zinsvorteil von 55,67 %.
- Buchung bei Zahlung abzüglich Skonto:
  4400 Verbindlichkeiten a. LL an 2800 Bank
  an 6002 Nachlässe
  an 2600 Vorsteuer

Wie bei Rücksendungen wird hier eine Umkehr- oder Stornobuchung hervorgerufen: Minderung der Verbindlichkeiten, der Anschaffungskosten und der Vorsteuer.
Da jedoch keine Rohstoffe zurückgeschickt werden, sondern nur eine Wertgutschrift erfolgt, empfiehlt sich die Buchung der Anschaffungskostenminderung auf dem Unterkonto 6002 Nachlässe.
Im Rahmen der Umbuchungen wird diese ebenfalls über 6000 abgeschlossen:
6002 Nachlässe an 6000 Aufwendungen für Rohstoffe

Lehrbuch Seiten 271 bis 278

1 a) 1. 4400 38 080,00 an 2800 37 699,20
an 6002 320,00
an 2600 60,80

	2.	4400	54 740,00	an 2800	53 097,80
				an 6002	1 380,00
				an 2600	262,20
	3.	4400	103 530,00	an 2800	101 459,40
				an 6002	1 740,00
				an 2600	330,60
	4.	4400	64 260,00	an 2800	63 296,10
				an 6002	810,00
				an 2600	153,90

b)	**nach Überschlagsmethode**	**nach Zinsformel**
	1. (1 · 360) : 16 = 22,5 %	22,73 %
	2. (3 · 360) : 40 = 27,0 %	27,84 %
	3. (2 · 360) : 22 = 32,73 %	33,40 %
	4. (1,5 · 360) : 22 = 24,55 %	24,92 %

2 a)	1.	4400	30 940,00	an 2800	30 321,20
				an 6002	520,00
				an 2600	98,80
	2.	4400	40 698,00	an 2800	39 477,06
				an 6002	1 026,00
				an 2600	194,94
	3.	4400	100 674,00	an 2800	98 157,15
				an 6002	2 115,00
				an 2600	401,85
	4.	4400	52 836,00	an 2800	52 307,64
				an 6002	444,00
				an 2600	84,36

b)	**nach Überschlagsmethode**	**nach Zinsformel**
	1. (2 · 360) : 22 = 32,73 %	33,40 %
	2. (3 · 360) : 50 = 21,6 %	22,27 %
	3. (2,5 · 360) : 36 = 25 %	25,64 %
	4. (1 · 360) : 20 = 18 %	18,18 %

3	a)	6000	70 000,00		
		2600	13 300,00	an 4400	83 300,00
	b)	Rechnungsbetrag	83 300,00		
		− 2 % Skonto	1 666,00	**Skontobetrag**	
		Überweisungsbetrag	81 634,00		
	c)	4400	83 300,00	an 2800	81 634,00
				an 6002	1 400,00
				an 2600	266,00

4	1.	2860	21 008,26		
		5001	546,00		
		4800	103,74	an 2400	21 658,00
	2. a)	6001	420,00		
		2600	79,80	an 2800	499,80
	b)	4400	48 790,00	an 2800	47 814,20
				an 6082	820,00
				an 2600	155,80
	3.	2800	27 988,80		
		5001	480,00		
		4800	91,20	an 2400	28 560,00
	4.	4400	1 071,00	an 2880	1 038,87
				an 6022	27,00
				an 2600	5,13
	5.	2860	17 314,50		
		5101	450,00		
		4800	85,50	an 2400	17 850,00
	6.	2400	13 137,60	an 5000	11 040,00
				an 4800	2 097,60
	7.	2400	238,00	an 5000	200,00
				an 4800	38,00
	8. a)	2850	12 743,47		
		5001	331,20		
		4800	62,93		
	b)	2800	238,00	an 2400	13 375,60

5	a)	6000	4 560,00		
		6001	140,00		
		2600	893,00	an 4400	5 593,00

b)	4400	5 593,00	an 6002	141,00
			an 2600	26,79
			an 2800	5 425,21

c)

Listeneinkaufspreis	4 560,00
+ Fracht	140,00
	4 700,00
− Skonto 3 %	141,00
Bezugspreis/Einstandspreis	4 559,00

6 a) **Rechnungsbetrag:** $\frac{55\,102{,}95 \cdot 100}{98} =$ 56 227,50 EUR

b) **Umsatzsteueranteil im Skonto:** $\frac{1\,124{,}55 \cdot 19}{119} =$ 179,55 EUR

c)	ca) 2800	55 102,95		
	5001	945,00		
	4800	179,55	an 2400	56 227,50
	cb) 2800	2 600,00	an 5400	2 600,00

d) $\frac{2 \cdot 100 \cdot 360}{98 \cdot 22}$ oder $\frac{1\,124{,}55 \cdot 100 \cdot 360}{55\,102{,}95 \cdot 22} = 33{,}4\,\%$

7

		EUR
a)	Listeneinkaufspreis: 20 · 1 800	36 000,00
	− 10 % Mengenrabatt	3 600,00
	Zieleinkaufspreis	32 400,00
	+ 19 % Umsatzsteuer	6 156,00
	Rechnungsbetrag	38 556,00
b)	Überweisungsbetrag: 38 556 · 0,98	37 784,88
c)	Zieleinkaufspreis je Stück: 32 400 : 20	1 620,00
	− 2 % Skonto	32,40
	Anschaffungswert oder Bezugs-/Einstandspreis	1 587,60
d)	da) Listenverkaufspreis: 1 587,60 · 1,8	2 857,68
	db) $\frac{1\,587{,}60 \cdot 100}{50} =$	3 175,20

8 a)

aa) Rechnungsbetrag	47 600,00
− 3 % Skonto	1 428,00
Überweisungsbetrag	46 172,00

ab) **Effektivzinssatz:** $\frac{3 \cdot 100 \cdot 360}{97 \cdot 20}$ oder $\frac{1428 \cdot 100 \cdot 360}{46\,172 \cdot 20} = 55{,}7\,\%$

ac) **Kosten des Bankkredits**

Zinsen: $\frac{46\,172 \cdot 9 \cdot 20}{100 \cdot 360} =$	230,86
Bearbeitungsgebühr: $\frac{46\,172 \cdot 0{,}5}{100} =$	230,86
Spesen	54,00
Kosten des Bankkredits	515,72

ad) **Effektivzinssatz des Bankkredits**

$p = \frac{515{,}72 \cdot 100 \cdot 360}{46\,172 \cdot 20} =$ 20,1 %

b)	ba) 4400	47 600,00	an 2800	46 172,00
			an 6002	1 200,00
			an 2600	228,00
	bb) 2800	45 887,14		
	6750	284,86	an 4250	46 172,00
	bc) 4250	46 172,00		
	7510	230,86	an 2800	46 402,86

9 a)

	A	B	C
Verzugszinsen:	$\frac{9\,048 \cdot 81 \cdot 6}{100 \cdot 360} = 122{,}15$	$\frac{19\,024 \cdot 75 \cdot 8}{100 \cdot 360} = 317{,}07$	$\frac{55\,680 \cdot 44 \cdot 10}{100 \cdot 360} = 680{,}53$

b)	2400	1 119,75	an 5710	1 119,75

10 a)

	a)	b)	c)
Bankkredit	20 000,00	38 000,00	54 000,00
Zinsen	$\frac{20\,000 \cdot 412 \cdot 6}{100 \cdot 360} = 1\,373{,}33$	$\frac{38\,000 \cdot 363 \cdot 7}{100 \cdot 360} = 2\,682{,}17$	$\frac{54\,000 \cdot 511 \cdot 8}{100 \cdot 360} = 6\,132{,}00$
Rückzahlungsbetrag	21 373,33	40 682,17	60 132,00

b) **bei Kreditaufnahme**

2800 an 4200	20 000,00	38 000,00	54 000,00
bei Kreditrückzahlung mit Zinsen			
4200	20 000,00	38 000,00	54 000,00
7510	1 373,33	2 682,17	6 132,00
an 2800	21 373,33	40 682,17	60 132,00

11 a) aa) Rechnungsbetrag: $\frac{34\,986 \cdot 100}{98} =$ 35 700,00 EUR

ab) USt-Korrektur: $\frac{714 \cdot 19}{119} =$ 114,00 EUR

b)

4400	35 700,00	an 2800	34 986,00
		an 6002	600,00
		an 2600	114,00

12 a)

aa)	6000	15 300,00		
	2600	2 907,00	an 4400	18 207,00
ab)	4400	18 207,00	an 2800	17 660,79
			an 6002	459,00
			an 2600	87,21

b) ba) **Ermittlung des Anschaffungswertes eines Stahlrohrs**

Nettoentgelt lt. ER	15 300,00
– 3 % Skonto	459,00
Anschaffungswert der 180 Stahlrohre	14 841,00
Anschaffungswert eines Stahlrohres	82,45

bb) **Ermittlung der absetzbaren Vorsteuer**

Vorsteuer lt. ER	2 907,00
Korrektur aufgrund des Skontoabzugs	87,21
	2 819,79

bc) **Effektivzinssatz**

Überschlagsmethode: $\frac{3 \cdot 360}{20} = 54\,\%$

nach Zinsformel: $\frac{3 \cdot 360 \cdot 100}{97 \cdot 20} = 55{,}67\,\%$

13 a)

2400	6 842,50	an 5100	5 750,00
		an 4800	1 092,50
5101	99,90		
4800	18,98	an 2400	118,88
2800	6 589,15		
5101	113,00		
4800	21,47	an 2400	6 723,62

b) 1. **Nettoumsatz:** 5 750,00 – 99,90 – 113,00 = 5 537,10 EUR

2. **USt-Schuld:** 1 092,50 – 18,98 – 21,47 = 1 052,05 EUR

c) **Überschlagsmethode:** $\frac{2 \cdot 360}{20} = 36\,\%$

nach Zinsformel: $\frac{2 \cdot 360 \cdot 100}{98 \cdot 20} = 36{,}73\,\%$

14 a)

6080	9 653,90		
2600	1 834,24	an 4400	11 488,14
6081	1 257,92		
2600	239,00	an 4400	1 496,92
4400	11 488,14	an 2800	11 143,50
		an 6002	289,62
		an 2600	55,02
4400	1 496,92	an 2800	1 496,92

b) ba)

Bezugspreis in EUR	XERO-COPY	X-OFFIT
Listeneinkaufspreis – 5 % Rabatt	6582,00 329,10	3580,00 179,00
Zieleinkaufspreis – 3 % Skonto	6252,90 187,59	3401,00 102,03
Bareinkaufspreis + Gewichtsspesen + Wertspesen	6065,31 900,00 37,52	3298,97 300,00 20,40
Bezugspreis insgesamt	7002,83	3619,37
Bezugspreis je Stück	23,34	3,62

bb) **absetzbare Vorsteuer:** 1834,24 + 239,00 – 55,02 = 2018,22 EUR

bc) **Effektivsatz des Skontos:** $\frac{3 \cdot 100 \cdot 360}{97 \cdot 46} =$ 24,2 %

bd) **Listenverkaufspreis**
XERO-COPY: 37,34 EUR X-OFFIT: 5,79 EUR

c) **Lieferungs- und Zahlungsbedingungen der Latex AG**
Ab Werk: Die Preise verstehen sich ab Werk; der Kunde trägt die Transportkosten, die nach Übergabe an den Frachtführer bis zu seinem Unternehmen anfallen.
60 Tage Ziel netto oder innerhalb 14 Tagen 3 % Skonto: Gemischte Zahlungsbedingung, mit der den Kunden eine Wahlmöglichkeit des Zahlungszeitpunktes eingeräumt wird. Das Zahlungsziel von 60 Tagen bedeutet, dass der Kunde einen Kredit über diesen Zeitraum eingeräumt bekommt, allerdings gegen Einrechnung von 3 % Skonto. Dieser entspricht einem Effektivzinssatz von 24,2 %. Damit sollen die Kunden zu vorzeitiger Zahlung angehalten werden.

d) da) **Artikeldatei:** Datum, Menge, Einzelpreis (Bezugspreis)
db) **Kreditorendatei:** Rechnungsnummer, Datum, Gesamtbetrag im Haben, Bankauszugnummer, Datum, Rechnungsbetrag im Soll

15 a)

2400	15804,39	an 5100	13281,00
		an 4800	2523,39
2800	15488,30		
5101	265,62		
4800	50,47	an 2400	15804,39

b) ba) **Nettoumsatz:** 13281,00 – 265,62 = 13015,38 EUR

bb) **USt-Schuld:** 2523,39 – 50,47 = 2472,92 EUR

c) **Überschlagsmethode:** $\frac{2 \cdot 360}{20} = 36\,\%$

nach Zinsformel: $\frac{2 \cdot 360 \cdot 100}{98 \cdot 20} = 36{,}73\,\%$

3.4.4 Forderungsausfälle – Bewertung von Forderungen

Lehrbuch Seite 278

Arbeitsaufträge

❑ **Mögliche Folgen für die Primus KG:**
- Ein großer Teil der Forderung fällt aus.
- Erwartete Zahlungen bleiben aus.
- Die eigene Liquidität verschlechtert sich.
- Eigene Zahlungsverpflichtungen können nicht oder nur verspätet oder mit höheren Kosten (wegen Kreditaufnahme) erfüllt werden.

❑ **Vorschläge für die Erfassung dieser Forderung in der Buchhaltung:**
- Trennung dieser mit besonderen Risiken behafteten Forderungen von den übrigen Forderungen durch Erfassung auf dem Konto „2470 Zweifelhafte Forderungen":
  2470 Zweifelhafte Forderungen an 2400 Forderungen a. LL
- Abschreibung der tatsächlichen Ausfälle und Korrektur der anteiligen USt:
  6950 Abschreibungen auf Forderungen
  4800 Umsatzsteuer an 2470 Zweifelhafte Forderungen

Lehrbuch Seiten 280 bis 282

1

1.	2470	49 980,00	an 2400	49 980,00
2.	6950	24 000,00		
	4800	4 560,00	an 2470	28 560,00

2 **Buchungen:**

1.	2470	4 760,00	an 2400	4 760,00
2.	2470	5 950,00	an 2400	5 950,00
Bewertung der Forderungen (Umbuchungen):				
3.1	6950	3 000,00	an 2470	3 000,00
3.2	6950	4 500,00	an 2470	4 500,00
Abschluss der Konten 2470 und 6950:				
	8020	7 500,00	an 6950	7 500,00
	8010	3 210,00	an 2470	3 210,00

3 **Geschäftsfälle:**

1.	2470	28 560,00	an 2400	28 560,00
2.	6950	21 600,00	an 2470	21 600,00
Abschluss:				
3.	8020	21 600,00	an 6950	21 600,00
	8010	6 960,00	an 2470	6 960,00

4 **Geschäftsfälle:**

1.	2470	29 750,00	an 2400	29 750,00
2.	6950	20 500,00	an 2470	20 500,00
Abschluss:				
	8020	20 500,00	an 6950	20 500,00
	8010	9 250,00	an 2470	9 250,00

5 **Erwartete Insolvenzquote** $= \frac{(2000 - 1600) \cdot 100}{2000} = 20\,\%$

6

1.	12. 10.:	2470	16 660,00	an 2400	16 660,00
2.	31. 12.:	6950	4 200,00	an 2470	4 200,00
		6950	7 200,00	an 2470	7 200,00
3.		8020	11 400,00	an 6950	11 400,00
		8010	5 260,00	an 2470	5 260,00

7

1. Eröffnung des Konkursverfahrens gegen Abel:			
2470	29 155,00	an 2400	29 155,00
2. Eröffnung des Vergleichsverfahrens gegen Bube:			
2470	42 840,00	an 2400	42 840,00
3. Bewertung und Umbuchungen zum 31. 12.:			
6950	20 825,00	an 2470	20 825,00
6950	18 720,00	an 2470	18 720,00
Abschlussbuchungen:			
8020	39 545,00	an 6950	39 545,00
8010	32 450,00	an 2470	32 450,00

8

1.	01. 11.:	2470	18 326,00	an 2400	18 326,00
2.	31. 12.:	6950	9 240,00	an 2470	9 240,00

Der verbleibende Buchwert in Höhe von 8 624,00 EUR setzt

sich aus der geschätzten Vergleichsquote von	6 160,00
und dem Umsatzsteueranteil an der Gesamtforderung von	2 926,00
zusammen:	9 086,00

9

1.	15. 10.:	2470	285 600,00	an 2400	285 600,00

Mit dieser Buchung werden zweifelhafte von einwandfreien Forderungen getrennt.

2.	31. 12.:	6950	132 000,00	an 2470	132 000,00
		8010	153 600,00	an 2470	153 600,00

3.5 Personalwirtschaft

3.5.1 Löhne, Gehälter und Lohnnebenkosten

Lehrbuch Seite 283

Arbeitsaufträge (nur lösbar mit der Abzugstabelle, gültig ab 2009)

- Aus der Sicht von Frau Schiffer ist das Gehalt Einkommen und damit Voraussetzung der Bedarfsdeckung. Sie strebt ein hohes Gehalt an, um möglichst viele Bedürfnisse befriedigen zu können.

Aus der Sicht der Primus KG ist das Gehalt Aufwand, der den Gewinn schmälert. Gehalt ist aber auch der Preis für den Produktionsfaktor Arbeit, der in die Verkaufspreise der Waren einkalkuliert wird. Je größer die betrieblichen Aufwendungen sind, desto teurer werden die Waren und desto schwieriger wird der Wettbewerb. Muss sich die Primus KG jedoch am Marktpreis der Mitbewerber orientieren, wird der Gewinn durch höhere Gehaltsforderungen entsprechend geschmälert.

❑ Gehaltsabrechnung Frau Schiffer

Personal-Nr.	Name, Vorname	Eintritt	Abt.. Nr.	St.-Tg.	SV-Tg.	KK-Nr.	St. Kl.	Kinderzahl	Konf.	Sozialversicherungsschlüssel KV	RV	AV	GV	PV	UM	Arb. Ausz.	Freibetrag
0042	Schiffer, Claudia	01.07...	006			04	1	00	2	1	1	1	0	1	2	I	

LA		Bezahlte Zeit Stunden Tage	%-Zuschlag	Faktor	Bruttobetrag
					3.260 00

Gesamt-Brutto **3.260 00**

Steuer Brutto	Sozialvers. Brutto	Lohnsteuer	Solidaritätszuschlag	Kirchensteuer	Krankenversicherung	Rentenversicherung	Arbeitslosenversicherung	Pflegeversicherung	Gesetzliche Abzüge
3.260 00	3.260 00	619 41	34 06	55 74	257 94	324 39	45 64	39 94	1.882 90

Nettoverdienst 1.882 90

Nr.	Nettobezüge/Nettoabzüge Bezeichnung		

Herrn/Frau

Schiffer, Claudia
Lutherstraße 10
45478 Mülheim

Bank	Konto-Nr.	Bankleitzahl	Auszahlung
Kreissparkasse Mülheim	4638532	850 134 10	1.882 90

Arbeitgeber
Primus KG
Koloniestraße 2-4
47057 Duisburg

Lehrbuch Seiten 289, 292

1

Name	Arnd	Gram	Hartung	
Vorname	Bernd	Guido	Udo	
Steuerklasse:	III,2	I,0	IV,1	Summe
Bruttoverdienst:	1 404,89	1 485,20	1 411,00	4 301,09
Lohnsteuer:	0,00	115,25	94,00	209,25
SolZ	0,00	6,33	0,00	6,33
Kirchensteuer:	0,00	10,37	3,48	13,85
KV (AN-Anteil):	111,39	117,71	112,18	341,28
RV (AN-Anteil):	140,30	148,26	141,29	429,85
ALV (AN-Anteil):	19,74	20,86	19,88	60,48
PV (AN-Anteil):	13,75	18,26	13,85	45,86
Nettogehalt	1 119,71	1 048,16	1 026,32	3 194,19

2

Name	Klein	Kleiner	Manz	
Vorname	Paula	Georg	Gerd	
Steuerklasse:	I,0	III,3	IV,1	Summe
Bruttoverdienst:	1 484,00	3 165,00	3 260,00	7 909,00
Lohnsteuer:	114,41	299,16	619,41	1 032,98
SolZ	6,29	0,00	29,45	35,74
Kirchensteuer:	10,29	0,00	48,19	58,48
KV (AN-Anteil):	117,71	250,43	257,54	625,68
RV (AN-Anteil):	148,26	315,42	324,37	788,05
ALV (AN-Anteil):	20,86	44,38	45,64	110,88
PV (AN-Anteil):	18,26	30,91	31,79	80,96
Nettogehalt	1 047,92	2 224,70	1 903,61	5 176,23

3

Name	Stohlmann	Sieker	Balzar	Walter	Hoppe	Beckmann	Rose
Steuerklasse:	III,2	IV,1	III,0	III,1	II,1	VI	V
Bruttoverdienst:	2 230,00	1 482,75	3 260,00	3 170,00	1 406,00	1 405,00	1 292,65
Lohnsteuer:	71,00	114,41	322,00	299,83	66,75	361,00	294,00
SolZ	0,00	0,00	17,71	2,73	0,00	19,85	16,17
Kirchensteuer:	0,00	5,00	28,98	15,80	0,00	32,49	26,60
KV (AN-Anteil):	176,17	117,71	257,54	250,43	111,39	111,39	102,70
RV (AN-Anteil):	221,89	148,26	324,37	315,42	140,30	140,30	129,35
ALV (AN-Anteil):	31,22	20,86	45,64	44,38	19,74	19,74	18,20
PV (AN-Anteil):	21,74	14,53	39,94	30,91	13,75	17,28	15,93
Nettogehalt	1 707,98	1 061,98	2 223,82	2 210,50	1 054,07	702,95	689,70
Sonst. Abzüge		40,00				40,00	40,00
Auszahlung	1 707,98	1 021,98	2 223,82	2 210,50	1 054,07	662,95	649,70

3.5.2 Buchung der Löhne und Gehälter

Lehrbuch Seite 292

Arbeitsauftrag

Siehe Lehrbuch S. 291

Lehrbuch Seiten 299 bis 301

1 **Grundlohn:** $172 \cdot 7{,}06 =$ 1214.32

Überstundenzuschlag: $\frac{15 \cdot 7{,}06 \cdot 25}{100} =$ 26,48

Sonntagszuschlag: $\frac{4 \cdot 7{,}06 \cdot 50}{100} =$ 14,12

Nachtarbeitszuschlag: $\frac{8 \cdot 7{,}06 \cdot 20}{100} =$ 11,30

Bruttolohn		1 266,22
Bruttolohn		1 266,22
– Lohnsteuer	0,00	
– Solidaritätszuschlag	0,00	
– Kirchensteuer	0,00	0,00
– Krankenversicherung	100,33	
– Rentenversicherung	126,37	
– Arbeitslosenversicherung	17,78	
– Pflegeversicherung	12,38	256,86
Nettolohn		1 009,86

2 **Grundlohn:** $172 \cdot 7{,}77 =$ 1 336,44

Überstundenzuschlag: $\frac{18 \cdot 7{,}77 \cdot 50}{100} =$ 69,93

Bruttolohn		1 406,37
– LSt	92,33	
– SolZ	2,26	
– KiSt	8,30	102,89
– KV	111,39	
– RV	140,30	
– ALV	19,74	
– PV	17,28	288,71
Nettolohn		1 014,77

3 a)

Name	Alden	Gerz	Hirt	Solz	Tandler		Arbeitgeberanteil zur Sozialversicherung
Vorname	Adam	Rudolf	Helga	Peter	Karl		
Steuerklasse:	IV,1	I,0	V,0	III,2	I,0	Summe	
Bruttoverdienst:	1.482,75	1.406,05	1.292,00	3.165,00	2.229,00	9.574,80	
Lohnsteuer:	114,41	92,33	294,00	299,16	308,08	1.107,98	
SolZ	0,00	2,26	16,17	0,00	16,94	35,37	
Kirchensteuer:	5,00	8,30	26,46	6,04	27,72	73,52	
KV (AN-Anteil):	117,71	111,39	102,70	250,43	176,17	758,40	672,00
RV (AN-Anteil):	148,26	140,30	129,35	315,42	221,89	955,22	955,22
ALV (AN-Anteil):	20,86	19,74	18,20	44,38	31,22	134,40	134,40
PV (AN-Anteil):	14,53	17,28	15,93	30,91	27,32	105,97	93,61
Nettogehalt	1.061,98	1.014,45	689,19	2.218,66	1.419,66	6.403,94	

KV-AG	104,30	98,70	91,00	221,90	156,10	672,00
PV-AG	14,53	13,75	12,68	30,91	21,74	93,61

b) Personalaufwand: 9574,80 + 1855,23 = 11430,03

c) ca) **bei Banküberweisung der voraussichtlichen Sozialversicherungsbeiträge an die Krankenkasse:**

2640	3600,00	an 2800	3600,00

cb) **bei Gehaltszahlung durch Banküberweisung:**

6300	9574,80	an 2800	6403,94
		an 4830	1953,99
		an 4840	1216,87
6400	1855,23	an 4840	1855,23

cc) **bei Banküberweisung der einbehaltenen Lohnsteuer, des SolZ und Kirchensteuer an das Finanzamt:**

4830	1953,99	an 2800	1953,99

d) Zahlungen an das Finanzamt sind spätestens bis zum 10., Zahlungen an die Krankenkasse bis zum drittletzten Bankarbeitstag des Auszahlungsmonats zu tätigen.

4 a) **Gesamte Personalaufwendungen:** 172600 + 33354,95 = 205954,95

b) ba) **Banküberweisung der voraussichtlichen Sozialversicherungsbeiträge:**

2640	67000,00	an 2800	67000,00

bb) **Lohnzahlung durch Banküberweisung:**

6200	172600,00	an 2800	107875,90
		an 4830	29600,00
		an 4840	35124,10

bc) **Betriebsanteil zur Sozialversicherung:**

6400	33354,95	an 4840	33354,95

bd) **Banküberweisung der einbehaltenen LSt und KiSt und Solidaritätszuschläge:**

4830	29600,00	an 2800	29600,00

5 a)

Bruttogehalt		1265,50
– LSt	57,33	
– SolZ	0,00	
– KiSt	5,15	62,48
– KV	100,33	
– RV	126,37	
– ALV	17,78	
– PV	15,56	260,04
Nettogehalt		942,98
– Vorschuss		50,00
Auszahlungsbetrag		892,98

b) **BA vom 27. 04.:**

2640	500,00	an 2800	500,00

BA vom 30. 04.:

6300	1265,50	an 2800	892,98
		an 4830	260,04
		an 4840	62,48
		an 2650	50,00
6400	245,43	an 4840	245,43

PBA vom 10. 05.:

4830	62,48	an 2850	62,48

6 a)

	30. 06.	31. 07.
Bruttolohn	1 482,96	1 523,04
Lohnsteuer	361,50	374,83
Solidaritätszuschlag	19,88	20,61
Kirchensteuer	32,53	33,73
Krankenversicherung	117,71	120,87
Rentenversicherung	148,26	152,24
Arbeitslosenversicherung	20,86	21,42
Pflegeversicherung	18,26	18,75
Nettolohn	763,96	780,59
Vorschuss	+ 600,00	− 100,00
Auszahlungsbetrag	1 363,96	680,59

b)

26. 06.:	2640	580,00	an 2800	580,00
30. 06.:	6200	1 482,96		
	2650	600,00	an 2800	1 363,96
			an 4830	413,91
			an 4840	305,09
	6400	287,94	an 4840	287,94
10. 07.:	4830	413,91	an 2850	413,91
27. 07.:	2640	601,98	an 2850	601,98
30. 07.:	6200	1 523,04	an 2800	680,59
			an 4830	429,17
			an 4840	313,28
			an 2650	100,00
	6400	295,67	an 4840	295,67

7

a) 2650	an 2800	c) 6400	an 4840
b) 6300	an 4830	d) 4830	an 2800
	an 4840	e) 2640	an 2800
	an 2800	f) 8010	an 2650
	an 2650	g) 8020	an 6400

8 a)

	A	B	C	D	E	F
1	**Personalkosten: Formeln**					
2		Tage	%	EUR/Monat	EUR/Jahr	
3	Gehalt			2500	=D3*12	
4	Weihnachtsgeld				2500	
5	Urlaubsgeld				500	
6	Krankenversicherung (AG)		14	=D3*C6/200	=D6*12	
7	Rentenversicherung (AG)		19,9	=D3*C7/200	=D7*12	
8	Arbeitslosenversicherung (AG)		2,8	=D3*C8/200	=D8*12	
9	Pflegeversicherung (AG)		1,95	=D3*C9/200	=D9*12	
10	Fahrgeldzuschuss			45	=D10*12	
11	Sonstige Leistungen		45	=D3*C11/100	=D11*12	
12	Personalzusatzkosten		=E12/E3*100	=SUMME(D6:D11)	=SUMME(E4:E11)	
13	Personalgesamtkosten				=E3+E12	
14						
15	Jahrestage	365		Arbeitsstd. je Woche		39
16	Urlaub	28		Arbeitsstd. je Tag		=F15/5
17	Krankheit	9		Arbeitsstd. je Jahr		=B24*F15/5
18	Bildungsurlaub	5				
19	Fortbildung	3		Kosten einer	Arbeitsstunde	=E13/F17
20	Sonderurlaub	1		Kosten einer	Arbeitsminute	=F19/60
21	Sonntage	51				
22	Samstage	51				
23	Feiertage	12				
24	Arbeitstage im Jahr	=B15-B25				
25	Nichtarbeitstage im Jahr	=SUMME(B16:B23)				

a)

	A	B	C	D	E	F
1	**Personalkosten in EUR**					
2		Tage	%	EUR/Monat	EUR/Jahr	
3	Gehalt			2.500,00	30.000,00	
4	Weihnachtsgeld				2.500,00	
5	Urlaubsgeld				500,00	
6	Krankenversicherung (AG)		14,00	175,00	2.100,00	
7	Rentenversicherung (AG)		19,90	248,75	2.985,00	
8	Arbeitslosenversicherung (AG)		2,80	35,00	420,00	
9	Pflegeversicherung (AG)		1,95	24,38	292,50	
10	Fahrgeldzuschuss			45,00	540,00	
11	Sonstige Leistungen		45,00	1.125,00	13.500,00	
12	Personalzusatzkosten		76,13	1.653,13	22.837,50	
13	Personalgesamtkosten				52.837,50	
14						
15	Jahrestage	365		Arbeitsstd. je Woche		39,00
16	Urlaub	28		Arbeitsstd. je Tag		7,80
17	Krankheit	9		Arbeitsstd. je Jahr		1.599,00
18	Bildungsurlaub	5				
19	Fortbildung	3		Kosten einer	Arbeitsstunde	33,04
20	Sonderurlaub	1		Kosten einer	Arbeitsminute	0,55
21	Sonntage	51				
22	Samstage	51				
23	Feiertage	12				
24	Arbeitstage im Jahr	205				
25	Nichtarbeitstage im Jahr	160				

b) Ein zusätzlicher Urlaubstag führt dazu, dass die Kosten einer Arbeitsstunde sich um 0,19 EUR auf 39,78 EUR erhöhen:

	A	B	C	D	E	F
1	**Personalkosten in EUR**					
2		Tage	%	EUR/Monat	EUR/Jahr	
3	Gehalt			2.500,00	30.000,00	
4	Weihnachtsgeld				2.500,00	
5	Urlaubsgeld				500,00	
6	Krankenversicherung (AG)		14,00	175,00	2.100,00	
7	Rentenversicherung (AG)		19,90	248,75	2.985,00	
8	Arbeitslosenversicherung (AG)		2,80	35,00	420,00	
9	Pflegeversicherung (AG)		1,95	24,38	292,50	
10	Fahrgeldzuschuss			45,00	540,00	
11	Sonstige Leistungen		45,00	1.125,00	13.500,00	
12	Personalzusatzkosten		76,13	1.653,13	22.837,50	
13	Personalgesamtkosten				52.837,50	
14						
15	Jahrestage	365		Arbeitsstd. je Woche		39,00
16	Urlaub	29		Arbeitsstd. je Tag		7,80
17	Krankheit	9		Arbeitsstd. je Jahr		1.591,20
18	Bildungsurlaub	5				
19	Fortbildung	3		Kosten einer	Arbeitsstunde	33,21
20	Sonderurlaub	1		Kosten einer	Arbeitsminute	0,55
21	Sonntage	51				
22	Samstage	51				
23	Feiertage	12				
24	Arbeitstage im Jahr	204				
25	Nichtarbeitstage im Jahr	161				

c) Eine zusätzliche Erhöhung der Renten- und Krankenversicherung sowie eine Verdoppelung des Urlaubsgeldes führen zu einer Kostenerhöhung für eine Arbeitsstunde von 39,59 EUR auf 40,18 EUR:

	A	B	C	D	E	F
1	**Personalkosten in EUR**					
2		Tage	%	EUR/Monat	EUR/Jahr	
3	Gehalt			2.500,00	30.000,00	
4	Weihnachtsgeld				2.500,00	
5	Urlaubsgeld				1.000,00	
6	Krankenversicherung (AG)		14,00	175,00	2.100,00	
7	Rentenversicherung (AG)		20,40	255,00	3.060,00	
8	Arbeitslosenversicherung (AG)		2,80	35,00	420,00	
9	Pflegeversicherung (AG)		1,95	24,38	292,50	
10	Fahrgeldzuschuss			45,00	540,00	
11	Sonstige Leistungen		45,00	1.125,00	13.500,00	
12	Personalzusatzkosten		78,04	1.659,38	23.412,50	
13	Personalgesamtkosten				53.412,50	
14						
15	Jahrestage	365		Arbeitsstd. je Woche		39,00
16	Urlaub	29		Arbeitsstd. je Tag		7,80
17	Krankheit	9		Arbeitsstd. je Jahr		1.591,20
18	Bildungsurlaub	5				
19	Fortbildung	3		Kosten einer	Arbeitsstunde	33,57
20	Sonderurlaub	1		Kosten einer	Arbeitsminute	0,56
21	Sonntage	51				
22	Samstage	51				
23	Feiertage	12				
24	Arbeitstage im Jahr	204				
25	Nichtarbeitstage im Jahr	161				

3.6 Anlagenwirtschaft

3.6.1 Berechnung der Anschaffungskosten von Anlagen und ihre Buchung

Lehrbuch Seite 302

Arbeitsaufträge

- ❏ Die Anschaffungskosten setzen sich aus dem Preis des Anlagegutes nach Abzug von Rabatt und Skonto und sogenannten Anschaffungsnebenkosten zusammen.
  Solche können entstehen **bei der Beschaffung**, wie z. B. Transport, Verpackung, Fracht, Rollgeld, Transportversicherung, Zoll oder **nach der Beschaffung**, um die Anlage in einen betriebsbereiten Zustand zu versetzen, wie z. B. Fundamentierung, Verankerung, Montage, Stromanschluss, Probelauf, TÜV-Abnahme.
- ❏ Die ER enthält neben dem Preis für den Lkw Anschaffungsnebenkosten, die die Anschaffungskosten des Lkw erhöhen, und Anschaffungskostenminderungen (Rabatt, Skonto), die die Anschaffungskosten mindern. Der Lkw ist mit seinen Anschaffungskosten zu erfassen, also mit dem Wert, der aufzuwenden ist, um den Lkw zu erwerben und ihn in einen betriebsbereiten Zustand zu versetzen.

Buchung

0840	120 000,00		
2600	22 800,00	an 4400	142 800,00

Lehrbuch Seiten 304, 305

1

1. Buchungssätze	A	B	C
1. **Eingangsrechnung**			
0830	118 274,11	130 816,32	80 927,83
2600	22 472,08	24 855,10	15 376,29
an 4400	140 746,19	155 671,42	96 304,12
2. **ER, BA:** Fracht			
0830	1 725,89	1 183,68	1 072,17
2600	327,92	224,90	203,71
an 2800	2 053,81	1 408,58	1 275,88

2. Berechnung der Anschaffungskosten	A	B	C
Anschaffungspreis	118 274,11	130 816,32	80 927,83
+ Anschaffungsnebenkosten	1 725,89	1 183,68	1 072,17
= Anschaffungskosten	120 000,00	132 000,00	82 000,00

2 a)

1.	0500	400 000,00	an 2800	400 000,00
2.	0500	12 000,00		
	2600	2 280,00	an 2800	14 280,00
3.	0500	14 000,00	an 2800	14 000,00
4.	0500	2 000,00		
	2600	380,00	an 2800	2 380,00
5.	0500	520,00	an 2880	520,00

b) Anschaffungskosten: 428 520,00 EUR

3 a)

Listenpreis	104 000,00
– 5 % Rabatt	5 200,00
Zieleinkaufspreis	98 800,00
+ Überführungskosten	2 400,00
+ Zulassungsgebühren	300,00
= Anschaffungskosten	101 500,00

b)

0840	101 500,00		
2600	19 285,00	an 4400	120 785,00

4

Grundstückspreis	140 000,00
+ Grunderwerbsteuer	4 900,00
+ Maklergebühren	4 200,00
+ Notariatskosten	2 300,00
+ Grundbuchgebühren	380,00
+ Kanalanschlusskosten	2 200,00
= Anschaffungskosten	153 980,00

3.6.2 Abschreibungen auf Sachanlagen

Lehrbuch Seite 305

Arbeitsaufträge

- ❑ Der Lkw kann nicht mehr mit 120000,00 EUR bewertet werden, weil er aus mehreren Gründen an Wert verloren hat: Verschleiß durch Nutzung, Alter, ruhender Verschleiß, technische Überholung. Mit dem Wertansatz von 120000,00 EUR würde ein Vermögenswert vorgetäuscht, der nicht mehr vorhanden ist. Außerdem würde der Aufwand zu niedrig angesetzt.
- ❑ Berücksichtigung einer jährlichen Abschreibung in Anlehnung an Erfahrungswerte, Abschreibungstabellen u. Ä.
- ❑ 6520 Abschreibungen auf Sachanlagen an 0840 Fuhrpark

Lehrbuch Seiten 316 bis 319

1 $\frac{43680}{7} = 6240{,}00$ EUR oder $\frac{100}{7} = 14\ 2/7\,\%$;

folglich 14 2/7 % von 43680,00 = 6240,00 EUR

Anschaffungskosten	43680,00 EUR
– Abschreibung 1. Jahr	6240,00 EUR
Buchwert nach dem 1. Jahr	37440,00 EUR
– Abschreibung 2. Jahr	6240,00 EUR
Buchwert nach dem 2. Jahr	31200,00 EUR

2

Anlagegut	ND	AfA-Satz	AK	AK-Jahr	AfA	Summe AfA	Buchwert 2008
1 Lastkraftwagen	10	10,00 %	90000,00	Jan. 2006	9000,00	27000,00	63000,00
1 Elektrolastwagen	8	12,50 %	60000,00	Jan. 2005	7500,00	30000,00	30000,00
1 Bürocomputer	4	25,00 %	10000,00	Jan. 2007	2500,00	5000,00	5000,00
1 Panzerschrank	10	10,00 %	7000,00	Jan. 2004	700,00	3500,00	3500,00

3

Maschine ND: 12 Jahre	lineare Abschreibung 8 1/3 %
Anschaffungskosten 1. Abschreibung	600000,00 50000,00
Buchwert nach einem Jahr 2. Abschreibung	550000,00 50000,00
Buchwert nach zwei Jahren 3. Abschreibung	500000,00 50000,00
Buchwert nach drei Jahren	450000,00

4

	Leistungsabschreibung	linear
AfA	$\frac{192000}{480000} = 0{,}40$ EUR je km; $0{,}4 \cdot 129600 = 51840{,}00$	19200,00
Buchwert	192000 – 51840 = 140160,00	172800,00

5 a) $\frac{160000}{400000} = 0{,}40$ EUR je km

	EUR
AK	160000,00
AfA 1. Jahr	28000,00
Buchwert	132000,00
AfA 2. Jahr	28800,00
Buchwert	103200,00
AfA 3. Jahr	25600,00
Buchwert	77600,00

b) ❑ **Vorteil:** Sie erfasst den technischen Verschleiß des Anlagegutes entsprechend seiner tatsächlichen Nutzung.
❑ **Nachteil:** Sie berücksichtigt außer dem Verschleiß durch Gebrauch keine andere Abschreibungsursache, z. B. Wertminderung durch technischen Fortschritt.

6 a) 0700 459 000,00
2600 87 210,00 an 2800 546 210,00

b)

	linear	**Leistungsabschreibung**
AW AfA 1:	459 000,00 38 250,00	459 000,00 38 556,00
Buchwert 1 AfA 2:	420 750,00 38 250,00	420 444,00 43 146,00
Buchwert 2 AfA 3:	382 500,00 38 250,00	377 298,00 19 737,00
Buchwert 3	344 250,00	357 561,00

7 a) 1, 3, 5, 6
b) 3, 4

8

	Anlagegut A	**Anlagegut B**
a) Abschreibungsmethode b) AfA-Satz c) Nutzungsdauer in Jahren d) Buchwert nach dem 6. Jahr	linear 6,25 % 16 110 000,00 EUR	Leistungsabschreibung

9 a) **linearer AfA-Betrag** $= \frac{285\,600}{12} = 23\,800{,}00$ EUR

b) **linearer AfA-Satz** $= \frac{100}{12} = 8\ 1/3\ \%$

c) AfA nach Leistungseinheiten nach dem 1. Jahr:
$\frac{285\,600 \cdot 10\,608}{204\,000} = 14\,851{,}20$ EUR

10 a) **Geschäftsfälle:**

1. 0840	41 237,11		
2600	7 835,05	an 4400	49 072,16
2. 4400	49 072,16	an 0840	1 237,11
		an 2600	235,05
		an 2800	47 600,00

b) ba) Abschreibungsbetrag: $\frac{40\,000}{6 \cdot 2} = 3\,333{,}33$ EUR

bb) Abschreibungssatz: $\frac{100}{6} = 16\ 2/3\ \%$

bc) Buchwert nach dem 1. Jahr: 40 000 − 3 333,33 = 36 666,67 EUR

11 a) **planmäßige lineare AfA:** 3 000,00 EUR

außerplanmäßige AfA:
gesamte lineare AfA bei verkürzter Nutzungsdauer 10 000,00 EUR
durchgeführte planmäßige AfA bei ursprünglicher ND: 6 000,00 EUR

5 000,00 EUR 9 000,00 EUR	sich ergebender Buchwert sich ergebender Buchwert
4 000,00 EUR	außerplanmäßige Abschreibung

neuer Abschreibungsplan:

Buchwert des Anlagegutes nach dem	1. Jahr	12 000,00 EUR
− planmäßige Abschreibung im	2. Jahr	3 000,00 EUR
− außerplanmäßige Abschreibung im	2. Jahr	4 000,00 EUR
Buchwert nach dem	2. Jahr	5 000,00 EUR

c) folglich lineare AfA für die Restnutzungsdauer: 5 000,00 EUR

b)

Buchungssätze für die Abschreibung:	Soll		Haben	
	Konto	EUR	Konto	EUR
a) planmäßige Abschreibung:	6520	3000,00	0860	3000,00
b) außerplanmäßige Abschreibung:	6520	4000,00	0860	4000,00

12 a) **planmäßige lineare AfA:** 24000,00 EUR

außerplanmäßige AfA:
gesamte lineare AfA bei verkürzter Nutzungsdauer: 180000,00 EUR
durchgeführte planmäßige AfA bei ursprünglicher ND: 120000,00 EUR

108000,00 EUR	sich ergebender Buchwert
168000,00 EUR	sich ergebender Buchwert
60000,00 EUR	außerplanmäßige Abschreibung

neuer Abschreibungsplan:

Buchwert des Anlagegutes nach dem	4. Jahr	192000,00 EUR
– planmäßige Abschreibung im	5. Jahr	24000,00 EUR
– außerplanmäßige Abschreibung im	5. Jahr	60000,00 EUR
Buchwert nach dem	5. Jahr	108000,00 EUR

c) folglich lineare AfA für die Restnutzungsdauer: 36000,00 EUR

b)

Buchungssätze für die Abschreibung:	Soll		Haben	
	Konto	EUR	Konto	EUR
a) planmäßige Abschreibung:	6520	24000,00	0700	24000,00
b) außerplanmäßige Abschreibung:	6520	60000,00	0700	60000,00

13

	a)	b)	c)		d)
	Anschaffungskosten	**GWG**	**Buchungssätze***		**Höhe der AfA***
					linear 20 %
1	404,50 EUR	bis 1000,00 EUR	0890 2600 an 2880	404,50 76,86 481,36	80,90
2	24,00 EUR/St.	bis 150,00 EUR	6800 (0890) 2600 an 2880	360,00 68,40 428,40	

* Will der Unternehmer die Steuerbegünstigung in Anspruch nehmen, sind die GWG über 150,00 EUR bis 1000,00 EUR getrennt auf einem Sammelkonto zu erfassen (0890). Sie werden dann über eine betriebsgewöhnliche Nutzungsdauer von 5 Jahren linear abgeschrieben.

3.6.3 Verkauf von Anlagegütern

Lehrbuch Seite 319

Arbeitsaufträge

- ❑ Für den Verkauf sind Anschaffungsjahr (Alter), Anschaffungspreis und Buchwert wichtig. Der Buchwert ergibt sich aus Anschaffungswert abzüglich der planmäßigen Abschreibung.
- ❑ Beim Verkauf kann der Verkaufspreis größer oder kleiner als der Buchwert sein. Dadurch ergibt sich ein Ertrag oder Verlust aus Anlagenverkäufen.

Lehrbuch Seiten 321 bis 323

1 a) 6520 an 0860

b)

AfA 1	750,00
AfA 2	750,00
AfA 3	750,00
Σ AfA	2 250,00

c)

Buchwert nach dem 3. Jahr	750,00
Verkaufspreis	500,00
Veräußerungsverlust	250,00

d)

2800	595,00	an 5401	500,00
		an 4800	95,00
5401	500,00		
6960	250,00	an 0860	750,00

2

1.	2880	714,00	an 5401	600,00
			an 4800	114,00
	5401	600,0		
	6960	1 000,0	an 0860	1 600,00
2.	2800	6 902,00	an 5401	5 800,00
			an 4800	1 102,00
	5401	5 800,00		
	6960	2 200,00	an 0840	8 000,00
3.	0840	29 100,00		
	2600	5 529,00	an 2800	34 629,00
4.	2800	19 040,00	an 5401	16 000,00
			an 4800	3 040,00
	5401	16 000,00		
	6960	2 000,00	an 0830	18 000,00

3 Geschäftsfälle:

1.	2800	35 700,00	an 5401	30 000,00
			an 4800	5 700,00
	5401	3 000,00		
	6960	10 000,00	an 0700	40 000,00
2.	0510	110 000,00	an 2800	110 000,00
3.	0510	3 850,00	an 2800	3 850,00
4.	0510	800,00		
	2600	152,00	an 2800	952,00
5.	0700	126 000,00		
	2600	23 940,00	an 4400	149 940,00
6.	0700	2 200,00		
	2600	418,00	an 2800	2 618,00
7.	2800	3 570,00	an 5401	3 000,00
			an 4800	570,00
	5401	3 000,00	an 5460	2 999,00
			an 0840	1,00
8.	4400	149 940,00	an 2800	146 941,20
			an 0700	2 520,00
			an 2600	478,80

Vorbereitende Abschlussbuchungen:

6520	185 400,00	an 0510	14 400,00
		an 0700	85 000,00
		an 0840	86 000,00
2280	3 000,00	an 6080	3 000,00
4800	37 931,20	an 2600	37 931,20

S 8020 GuV H

S		H	
6050	36 000,00	5000	1 740 000,00
6080	417 000,00	5460	5 399,00
6160	42 000,00		
6200, 6300	395 000,00		
6520	185 400,00		
6960	15 000,00		
7000	55 000,00		
3000	599 999,00		
	1 745 399,00		1 745 399,00

S 8010 SBK H

S		H	
0510	580 250,00	3000	1 683 799,00
0700	666 680,00	4400	118 700,00
0840	177 999,00	4800	14 138,80
2280	143 000,00		
2800	248 708,80		
	1 816 637,80		1 816 637,80

3.6.4 Darstellung des Anlagevermögens bei Kapitalgesellschaften im Anlagenspiegel (Anlagengitter)

Lehrbuch Seite 316

Arbeitsauftrag Der Gesetzgeber will mit der Forderung nach Darstellung der Entwicklung des Anlagevermögens interessierten Dritten Einblick in die Entwicklung der einzelnen Bilanzpositionen des Anlagevermögens (Zugänge, Abgänge, Zuschreibungen, Gesamtabschreibung) und in die Investitionstätigkeit des Unternehmens ermöglichen.
Diese Informationen können z. B. für die Beurteilung der künftigen Vermögens- und Ertragslage von Bedeutung sein.

Lehrbuch Seiten 326 bis 330

1 a)

Anschaffungs- oder Herstellungskosten:	1 200 000,00
Zugänge:	180 000,00
Abgänge:	–
Umbuchungen:	–
Zuschreibungen:	–
Abschreibungen insgesamt:	836 000,00
Abschreibungen des Abschlussjahres:	236 000,00
Buchwert des Jahres:	544 000,00
Buchwert des Vorjahres:	600 000,00

b) **Anlagenabnutzungsgrad** $= \frac{836\,000 \cdot 100}{1\,380\,000} = 60{,}6\,\%$

2 a)

Anschaffungs- oder Herstellungskosten:	120 000,00
Zugänge:	28 000,00
Abgänge:	24 000,00
Umbuchungen:	–
Zuschreibungen:	–
Abschreibungen insgesamt:	70 666,67
Abschreibungen des Abschlussjahres:	28 666,67
Buchwert des Jahres:	53 333,33
Buchwert des Vorjahres:	60 000,00

b) **Abschreibungsquote** $= \frac{28\,666{,}67 \cdot 100}{124\,000} = 23{,}1\,\%$

3 a) 0700 60 000,00
2600 11 400,00 an 2800 71 400,00

b)

S	0700 Maschinen		H
8000	500 000,00	6520	107 500,00
2800	60 000,00	8010	452 500,00
	560 000,00		560 000,00

c)

Anschaffungs- oder Herstellungskosten:	800 000,00
Zugänge:	60 000,00
Abgänge:	–
Umbuchungen:	–
Zuschreibungen:	–
Abschreibungen insgesamt:	407 500,00
Abschreibungen des Abschlussjahres:	107 500,00
Buchwert des Jahres:	452 500,00
Buchwert des Vorjahres:	500 000,00

d) **Abschreibungsquote** $= \frac{107\,500 \cdot 100}{860\,000} = 12{,}5\,\%$

Abnutzungsgrad $= \frac{407\,500 \cdot 100}{860\,000} = 47{,}4\,\%$

4 a) aa) **Abschreibungssatz** $= \frac{20\,000 \cdot 100}{180\,000} = 11\ 1/9\,\%$

ab) lineare Abschreibungsmethode

ac) Buchwert des Vorjahres: 120 000 + 20 000 = 140 000,00 EUR

ad) **Abnutzungsgrad** $= \frac{60\,000 \cdot 100}{180\,000} = 33\ 1/3\,\%$

ae) **Nutzungsdauer** $= \frac{180000}{20000}$ oder $\frac{100}{11\frac{1}{9}}$ = 9 Jahre

b) ba) Buchwert des Geschäftsjahres: 352000 − 44000 = 308000,00 EUR

bb) lineare Abschreibungsmethode

bc) betriebsgewöhnliche Nutzungsdauer $= \frac{440000}{44000}$ = 10 Jahre

bd) **kumulierte Abschreibung** = 440000 − 308000 = 132000,00 EUR

be) **Abnutzungsgrad** $= \frac{132000 \cdot 100}{440000}$ = 30 %

5 a) **Rechnung der Kruppi GmbH:**

0720	835400,00		
2600	158726,00	an 4400	994126,00

Rechnung der Beremo GmbH:

0720	5308,00		
2600	1008,52	an 4400	6316,52

Bankauszug der Sparkasse Duisburg:

4400	994126,00	an 2800	974243,48
		an 0700	16708,00
		an 2600	3174,52

b) ba) Anschaffungskosten: 835400 + 5308 − 16708 = 824000,00 EUR

bb) absetzbare Vorsteuer: 158726 + 1008,52 − 3174,52 = 156560,00 EUR

bc) **AfA-Betrag** $= \frac{824000}{8}$ = 103000,00 EUR

6 a) Der Kopf der Anlagendatei enthält alle für die Abschreibung der Anlage wichtigen Daten, im Beispiel: Bezeichnung der Anlage, Anschaffungswert, Nutzungsdauer, Abschreibungsmethode. Veränderungen des Wertes durch Abschreibungen werden im Rumpf der Datei erfasst.

b) 2000,00 EUR

c) zu hohe Abschreibung

d)

2800	23800,00	an 0840	20000,00
		an 4800	3800,00
0840	2000,00	an 5460	2000,00

7 a) aa) Anschaffungskosten: $\frac{230\,000 \cdot 98}{100}$ = 225 400,00 EUR

ab) USt-Anteil: $\frac{95,20 \cdot 19}{119}$ = 15,20 EUR

ac) Umwandlung des Zinssatzes in einen Zeitprozentsatz: $\frac{9 \cdot 45}{360}$ = 1,125 %

Verzugszinsen: $\frac{23\,105,04 \cdot 1,125}{101,125}$ = 257,04 EUR

ad) Abschreibungsbetrag: $\frac{225\,400}{16}$ = 14 087,50 EUR

b)

ba)	0830	230 000,00		
	2600	43 700,00	an 4400	273 700,00
bb)	6800	80,00		
	2600	15,20	an 2880	95,20
bc)	4400	273 700,00	an 0830	4 600,00
			an 2600	874,00
			an 2800	268 226,00
bd)	2800	23 105,04	an 2400	23 105,04
be)	6520	14 087,50	an 0830	14 087,50

8 a) Anschaffungswert: 54 000,00 EUR

b) ba) Abschreibungsbetrag: 3 375,00 EUR

bb) Buchwert: 50 625,00 EUR

c)

ca)	0840	54 000,00		
	2600	10 260,00	an 4400	64 260,00
cb)	6520	3 375,00	an 0840	3 375,00
cc)	8020	3 375,00	an 6520	3 375,00
cd)	8010	50 625,00	an 0840	50 625,00

Geplanter Stundenverlauf Abschnitt 3.2.1.2: Differenzkalkulation

Unterrichtsverlauf mit Hinweisen auf entscheidende Anweisungen, Fragen, Impulse u. a.	Methodisch-mediale Hinweise (Beispiele)
Einführung Begrüßung, Wiederholungsaufgabe zur Rückwärtskalkulation	Arbeitsblatt 1
Vorstellung der Handlungssituation durch den Lehrer, Formulierung des Arbeitsauftrages durch die Schüler	Frontal/fragend-entwickelnd
Erarbeitung Bearbeitung der Handlungssituation durch die Schüler	arbeitsgleiche Gruppenarbeit Arbeitsblatt 2 mit Handlungssituation und Arbeitsaufträgen
Schüler stellen ihre Lösung an der Tafel vor	
Sicherung Zusammenfassung des Stoffes	Lehrbuch Seite 214
Übung Übungsaufgaben, Schüler stellen ihre Lösung vor	Einzelarbeit mithilfe des Lehrbuches Seite 215 Aufgaben 6 bis 8

Arbeitsblatt 1

Übungsaufgabe Die Primus KG kalkuliert mit folgenden Zuschlägen: 6 % Kundenrabatt, 2 % Kundenskonto, 40 % Handlungskosten, 20 % Gewinn, 2 % Verkaufsprovision. Ein Artikel, der neu in das Sortiment der Primus KG aufgenommen werden soll, kann aus Konkurrenzgründen höchstens zu einem Listenverkaufspreis von 270,00 EUR verkauft werden.
Arbeitsauftrag Ermitteln Sie den aufwendbaren Bezugs-/Einstandspreis.

Arbeitsblatt 2

Arbeitsauftrag Die Primus KG erhält für einen Artikel folgendes Angebot:
Listeneinkaufspreis 400,00 EUR, 25 % Liefererrabatt, Bezugskosten 20,00 EUR, empfohlener Listenverkaufspreis 460,00 EUR. Die Primus KG kalkuliert mit 25 % Handlungskosten und 5 % Kundenrabatt.
Arbeitsauftrag
- ❑ Ermitteln Sie den Bezugspreis für diesen Artikel.
- ❑ Ermitteln Sie den Barverkaufspreis für diesen Artikel, indem Sie vom Listenverkaufspreis rückwärts kalkulieren.
- ❑ Stellen Sie fest, welcher Gewinn in EUR der Primus KG bleibt.
- ❑ Ermitteln Sie den verbleibenden Gewinn in Prozent.
- ❑ Halten Sie die Lösungsschritte in Merksätzen fest.

Geplanter Stundenverlauf Abschnitt 3.4.3: Buchung von Liefererskonti

Unterrichtsverlauf mit Hinweisen auf entscheidende Anweisungen, Fragen, Impulse u. a.	**Methodisch-mediale Hinweise (Beispiele)**
Einführung Mithilfe einer ER werden die Schüler in die betriebliche Handlungssituation eingeführt. Sie analysieren den Beleg und formulieren den Arbeitsauftrag in der Primus KG.	Frontalunterricht, Lehrervortrag, fragend-entwickelnd, entdeckend Beleg: ER Folie: Arbeitsauftrag
Erarbeitung 1. Entscheidungsvorbereitung, ob ❑ vorzeitige Zahlung mit Skontoabzug oder ❑ Inanspruchnahme des Zahlungsziels 2. Vorbereitung des Überweisungsauftrages 3. Buchung der Lastschrift lt. Bankkontoauszug	Gruppenarbeit Lehrbuch, S. 263 ff. Belege: Eingangsrechnung Bankkontoauszug
Sicherung Vortrag der Ergebnisse durch die Gruppensprecher Strukturierung der Ergebnisse	Schülervorträge Unterrichtsgespräch fragend-entwickelnd Tafelbild
Übung Anwendung oder Hausaufgabe	Lehrbuch S. 271 f., Aufgaben 1 bis 3

Giesen & Co. OHG

Herstellung von Kleingeräten für Schulungsbedarf

Giesen & Co. OHG, Quartzstraße 98, 51371 Leverkusen

Primus KG
Koloniestraße 2-4
47057 Duisburg

Rechnung

Kunden-Nr.	Rechnungs-Nr.	Datum	Blatt
53427	9837	..-02-19	1

Pos.	Artikel-Nr.	Artikelbezeichnung	Menge	Einzelpreis EUR	Gesamtpreis EUR
1	420108	Textmarker 6 Stück	2 000	1,15	2 300,00

Warenwert netto	Verpackung	Fracht	Entgelt netto	USt-%	USt-EUR	**Gesamtbetrag**
2 300,00			2 300,00	19	437,00	2 737,00

Giesen & Co. OHG
Quartzstraße 98
51371 Leverkusen

Telefon 0214 7667-54
Telefax 0214 7667-34

SEB Leverkusen
BLZ 370 101 11
Kto-Nr. 674 563 870

Erfüllungsort und Gerichtsstand: Leverkusen
Ust-ID Nr.: DE-089765311
Steuernummer: 230/984/9123

Zahlung: 20 Tage Ziel, netto, oder innerhalb von 7 Tagen mit 2 % Skonto
Lieferung: ab Werk Leverkusen per Lkw

Konto	Kontoauszug		Auszug	Blatt
360058796	SPARKASSE DUISBURG	BLZ 350 500 00	32	1

Buch.-Tag	Wert	PN	Erläuterung/Verwendungszweck	Umsätze
26.02.	26.02.	0940	GIESEN & CO OHG, LEVERKUSEN KD-NR 53427, RG-NR 9837 V. ..-02-19	2 682,26 S

KREDITZUSAGE EUR 80 000,00

IHR AKTUELLER KONTOSTAND UM 10:30 UHR EUR 359 903,68 H

BS	Letzter Auszug	Auszugsdatum	Alter Kontostand	Neuer Kontostand
44	..-02-25	..-02-26	EUR 359 903,68 H	EUR 359 903,68 H

PRIMUS KG, KOLONIESTRASSE 2-4, 47057 DUISBURG

Übungstest: Kalkulation (bis Bezugs-/Einstandspreis)

Zeit: 60 Minuten

1 Ein Großhandelsbetrieb erhält von seinem Lieferer 200,00 EUR Rabatt und außerdem für vorzeitige Zahlung 3 % Skonto, und zwar 18,00 EUR. Die Bezugskosten betragen 18,60 EUR. Ermitteln Sie
a) den Zieleinkaufspreis, b) den Listeneinkaufspreis, c) den Rabatt des Lieferers in Prozent,
d) den Bezugs-/Einstandspreis.

2 Einem Handwerksbetrieb wird eine Ware für 225,00 EUR angeboten. Versandkosten: Hausfracht (Rollgeld für die Anfuhr) 8,00 EUR, Frachtkosten 15,00 EUR, Hausfracht (Rollgeld für die Zufuhr) 11,00 EUR. Die Lieferbedingung lautet „unfrei". Errechnen Sie den Bezugspreis (Einstandspreis).

3 Vervollständigen Sie nachfolgendes Kalkulationsschema und ermitteln Sie den Bezugs-/Einstandspreis:

Listeneinkaufspreis	EUR
– 12,5 % Rabatt	EUR
Zieleinkaufspreis	EUR
– 3 % Skonto	204,75 EUR
Bareinkaufspreis	EUR
+ Bezugskosten	180,75 EUR
Bezugs-/Einstandspreis	EUR

4 Nach Abzug von 10 % Rabatt, 2 % Skonto und unter Berücksichtigung von 23,60 EUR Bezugskosten beträgt der Bezugspreis für eine Ware 200,00 EUR.
a) Wie viel EUR beträgt der Skontoabzug? b) Wie viel EUR beträgt der Rabatt?

5 Ein Unternehmen bezieht 120 Stück eines Artikels laut Liste zum Listeneinkaufspreis von 720,00 EUR, die USt beträgt 19 %. Der Lieferer gewährt 5 % Rabatt. Zahlungsbedingungen: 60 Tage Ziel oder bei Zahlung innerhalb von 10 Tagen 2 % Skonto. Die Bezugskosten betragen zusätzlich 35,70 EUR und enthalten 19 % USt.
a) Wie viel EUR hat das Unternehmen an den Lieferer zu zahlen, wenn es auf die Ausnutzung des Skontos verzichtet?
b) Wie viel EUR wären zu überweisen, wenn Skonto ausgenutzt wird?
c) Ermitteln Sie den Bezugs-/Einstandspreis unter Berücksichtigung des Skontoabzuges.

6 Ermitteln Sie den Bezugspreis (Einstandspreis) für 400 kg einer Ware, für die einem Kaufmann zwei Angebote vorliegen:
a) 1. Angebot: Listeneinkaufspreis 3,20 EUR/kg, Fracht je angefangene 100 kg 5,80 EUR
b) 2. Angebot: Listeneinkaufspreis 3,30 EUR/kg, frachtfreie Lieferung

7 Ein Unternehmen bezieht 4 verschiedene Waren in einer Lieferung, und zwar
Ware A 520 kg zu 12,50 EUR je kg — Ware B 680 kg zu 14,50 EUR je kg
Ware C 920 kg zu 11,00 EUR je kg — Ware D 960 kg zu 9,50 EUR je kg
Die Bezugskosten betragen: Fracht 600,00 EUR, Rollgeld 170,00 EUR, Transportversicherung 1 424,00 EUR.
Der Lieferer gewährt 20 % Rabatt und 2 % Skonto.
a) Ermitteln Sie den Warenwert (Zieleinkaufspreis) der gesamten Lieferung.
b) Wie viel EUR der Gewichtsspesen entfallen auf Ware C?
c) Wie viel EUR der Versicherungsprämie entfallen auf Ware D?
d) Ermitteln Sie den Bezugs-/Einstandspreis für 1 kg der Ware B.

8 Ein Großhandelsbetrieb benötigt zehn Personalcomputer. Es liegen zwei Angebote vor:

Angebot	Preis	Preisabzüge	Bezugskosten	Zahlungsbedingungen
A	1 800,00 EUR je Stück	20 % Rabatt	60,00 EUR je 5 Stück	10 Tage netto Kasse
B	15 500,00 EUR für 10 Stück	–	–	innerhalb 10 Tagen 3 %, 30 Tage netto

Ermitteln Sie den Bezugs-/Einstandspreis je Stück für
a) Angebot A,
b) Angebot B bei Zahlung innerhalb von 10 Tagen.

9 Ein Kaufmann bezieht eine Warensendung mit einem Bruttogewicht von 2 000 kg, Tara 2 %, Listeneinkaufspreis 5,60 EUR/kg netto. Der Lieferer gewährt 10 % Rabatt. Das Rollgeld beträgt 15,80 EUR, die Fracht 19,40 EUR/100 kg.
Berechnen Sie
a) das Verpackungsgewicht der Lieferung in kg,
b) den Listeneinkaufspreis,
c) den Zieleinkaufspreis,
d) den Bezugs-/Einstandspreis für 1 kg der Warenlieferung.

Übungstest: Verkaufskalkulation

Zeit: 60 Minuten

1 Bei der Kalkulation eines Artikels werden zur Ermittlung des vorläufigen Verkaufspreises den Selbstkosten 12 1/2 % Gewinn zugeschlagen. Nach diesem Zuschlag beträgt der vorläufige Listenverkaufspreis 81,90 EUR.
a) Wie viel EUR beträgt der Gewinnzuschlag?
b) Wie viel EUR betragen die Selbstkosten?

2 Der Selbstkostenpreis einer Ware beträgt 727,50 EUR. Ein Kaufmann kalkuliert mit: 20 % Gewinn und 3 % Skonto.
Wie viel EUR beträgt der a) Gewinnzuschlag, b) Barverkaufspreis, c) Zielverkaufspreis?

3 Der Bezugs-/Einstandspreis einer Ware beträgt 1 560,00 EUR. Der Kaufmann kalkuliert mit 20 % Handlungskosten und 12,5 % Gewinn. Berechnen Sie
a) die Selbstkosten,
b) den Listenverkaufspreis.

4 Der Listeneinkaufspreis für einen Artikel beträgt 300,00 EUR.
a) Wie viel EUR beträgt der Bareinkaufspreis, wenn 10 % Rabatt und 2 % Skonto gewährt werden?
b) Wie lautet der Bezugspreis (Einstandspreis) unter Berücksichtigung von 26,40 EUR Bezugskosten?
c) Wie viel EUR betragen die Selbstkosten unter Berücksichtigung von 30 % Handlungskosten?
d) Zu welchem Barverkaufspreis kann der Artikel verkauft werden, wenn 25 % Gewinn kalkuliert werden?

5 Ein deutscher Exporteur kalkuliert das Angebot von Elektromotoren auf dem amerikanischen Markt mit 16 % Gewinn. Der Gewinn je Motor beträgt 480,00 EUR.
a) Berechnen Sie den Barverkaufspreis in EUR.
b) Wie viel EUR würde der Gewinn je Motor betragen, wenn der Exporteur mit einem Währungsverlust von 3 % auf den Barverkaufspreis rechnet?

6 Der Bezugs-/Einstandspreis für 100 kg einer Ware beträgt 8400,00 EUR. Die Handlungskosten betragen 1 680,00 EUR. Der Gewinnzuschlag beträgt 12 %. Berechnen Sie
a) die Handlungskosten in %,
b) den Gewinn in EUR,
c) den Barverkaufspreis für die Lieferung.

7 Ein Großhändler bezieht 4400 kg einer Ware zum Bezugs-/Einstandspreis von insgesamt 68 200,00 EUR. Durch die notwendige Lagerung und Trocknung verliert die Ware 7 % ihres ursprünglichen Gewichts. Der Großhändler kalkuliert mit 20 % Handlungskosten und 5 % Gewinn. Berechnen sie
a) die Selbstkosten, b) den Gewinn, c) den Barverkaufspreis insgesamt, d) den Barverkaufspreis je kg.

8 Der Barverkaufspreis für einen Artikel beträgt 504,00 EUR. Zur Berechnung des Listenverkaufspreises (netto) sind noch zu berücksichtigen: 2 % Vertreterprovision, 2 % Kundenskonto und 25 % Kundenrabatt. Ermitteln Sie
a) den Zielverkaufspreis,
b) den Listenverkaufspreis.

9 Einer Kalkulation eines Großhändlers sind folgende Werte entnommen: Zieleinkaufspreis 630,00 EUR, Liefererskonto 18,90 EUR, Bezugskosten 10,90 EUR, Selbstkosten 758,84 EUR. Berechnen Sie
a) den Liefererskonto in Prozent,
b) den Bareinkaufspreis,
c) den Handlungskostenzuschlagssatz,
d) den Barverkaufspreis bei 30 % Gewinnzuschlag.

10 Berechnen Sie den Listenverkaufspreis einer Ware, deren Barverkaufspreis 205,20 EUR beträgt, wenn folgende Verkaufszuschlagssätze einkalkuliert werden: 3 % Verkaufsprovision, 2 % Kundenskonto, 10 % Kundenrabatt.

Übungstest: Rückwärts- und Differenzkalkulation

Zeit: 60 Minuten

1 Ein Großhändler bezieht einen Artikel zum Listeneinkaufspreis von 180,00 EUR. Der Lieferer gewährt ihm 16 2/3 % Wiederverkäuferrabatt und 2 % Skonto. Die Bezugskosten betragen 13,00 EUR netto. Die Handlungskosten sind mit 20 % zu berücksichtigen. Der Listenverkaufspreis soll 300,00 EUR betragen. Berechnen Sie den Gewinnzuschlag des Großhändlers in Prozent.

2 Ein Großhändler hat für einen Artikel einen Listenverkaufspreis von 280,00 EUR kalkuliert. Der Selbstkostenpreis für diesen Artikel beträgt 224,00 EUR.
a) Wie viel EUR beträgt der Gewinn?
b) Wie viel Prozent beträgt der Gewinnzuschlag?

3 Ein Großhändler kalkuliert mit folgenden Zuschlägen: 6 % Kundenrabatt, 2 % Kundenskonto, 40 % Handlungskosten, 20 % Gewinn und 2 % Verkaufsprovision. Ein Artikel, der neu in das Sortiment des Großhändlers aufgenommen werden soll, kann aus Konkurrenzgründen höchstens zu einem Listenverkaufspreis von 270,00 EUR verkauft werden. Ermitteln Sie den aufwendbaren Bezugspreis.

4 Ein Großhändler will einen Artikel, den ein Mitbewerber für 910,00 EUR anbietet, in sein Sortiment aufnehmen. Der Großhändler kalkuliert mit 40 % Handlungskosten und 30 % Gewinn. Zu welchem Preis darf der Großhändler den Artikel höchstens beziehen, wenn er ihn zum gleichen Preis wie der Mitbewerber verkaufen will?

5 Vervollständigen Sie folgendes Kalkulationsschema:

Bezugspreis (Einstandspreis)	3 200,00 EUR
Handlungskosten 20 %	EUR
Selbstkosten	EUR
Gewinn	EUR
Barverkaufspreis	4 320,00 EUR

a) Wie viel EUR betragen die Handlungskosten?
b) Wie viel EUR beträgt der Gewinn?
c) Wie viel Prozent beträgt der Gewinn?

6 Folgende Zahlen aus der Verkaufskalkulation liegen vor:
Bezugspreis (Einstandspreis) 1 874,00 EUR, Handlungskostenzuschlagssatz 22 %, Kundenskonto 3 %, Zielverkaufspreis 2 620,00 EUR. Berechnen Sie auf der Grundlage der vorgegebenen Zahlen
a) die Selbstkosten,
b) den Barverkaufspreis,
c) den Gewinn in EUR,
d) den Gewinnzuschlag in Prozent.

7 Beim Bezug von 10 Stück einer Ware betragen der Listeneinkaufspreis 1 875,00 EUR, der Zieleinkaufspreis 1 500,00 EUR, der Bareinkaufspreis 1 455,00 EUR. Ermitteln Sie
a) wie viel Prozent Rabatt abgezogen wurden,
b) wie viel Prozent Skonto abgezogen wurden,
c) den Bezugs-/Einstandspreis bei 40,00 EUR Bezugskosten,
d) die Selbstkosten bei 25 % Handlungskostenzuschlag,
e) den Gewinnzuschlag in % bei einem Barverkaufspreis von 2 429,38 EUR.

8 Ein Kunde verlangt, dass ein Artikel, für den bisher ein Listenverkaufspreis von 240,00 EUR berechnet wurde, für 220,00 EUR verkauft werden soll, weil ihm ein entsprechendes Angebot der Konkurrenz vorliegt. Der Bezugspreis (Einstandspreis) für den Artikel beträgt 160,00 EUR. Die Handlungskosten werden mit 12,5 % kalkuliert.
a) Wie viel EUR betragen die Handlungskosten?
b) Wie viel Prozent Gewinn wurden bei einem Listenverkaufspreis von 240,00 EUR erzielt?
c) Wie viel Prozent Gewinn werden bei einem Listenverkaufspreis von 220,00 EUR erzielt?
d) Wie viel Prozent Gewinnschmälerung würden entstehen, wenn der Artikel zu 220,00 EUR verkauft würde?

9 Aus Konkurrenzgründen darf in einem Großhandelsbetrieb der Listenverkaufspreis für einen Artikel 400,00 EUR nicht überschreiten. Der Großhändler kalkuliert mit 30 % Handlungskosten, 20 % Gewinn, 3 % Kundenskonto und 5 % Kundenrabatt. Zu welchem Bezugspreis (Einstandspreis) darf der Großhändler den Artikel höchstens einkaufen?

Übungstest: Verkaufskalkulation mithilfe von Kalkulationszuschlag, -faktor und Handelsspanne

Zeit: 60 Minuten

1 Der Bezugs-/Einstandspreis einer Ware beträgt 460,00 EUR, der Listenverkaufspreis 690,00 EUR. Berechnen Sie
a) den Kalkulationszuschlagssatz, b) den Kalkulationsfaktor, c) die Handelsspanne.

2 Ein Großhandelsbetrieb verkauft einen Artikel zu einem Listenverkaufspreis von 180,00 EUR. Die Handelsspanne beträgt 25 %. Ermitteln Sie
a) den Bezugs-/Einstandspreis dieses Artikels, b) den Kalkulationszuschlagssatz, c) den Kalkulationsfaktor.

3 Ein Großhändler kalkuliert mit einem Kalkulationsfaktor von 1,9. Ermitteln Sie
a) den Kalkulationszuschlagssatz,
b) die Handelsspanne,
c) den Bezugs-/Einstandspreis eines Artikels, der zu einem Verkaufspreis von 266,00 EUR verkauft wird.

4 Aufgrund nachfolgender Angaben sind
a) die Handelsspanne,
b) der Kalkulationszuschlagssatz,
c) der Kalkulationsfaktor zu berechnen:

Bezugspreis (Einstandspreis) in EUR	Handlungskosten in %	Gewinnzuschlag in %	Kundenrabatt in %	Kundenskonto in %
98,00	25	30	10	2

5 Welcher Handelsspanne entspricht in einem Großhandelsbetrieb der Kalkulationszuschlagssatz von 30 %?

6 Wie viel % beträgt a) die Handelsspanne, b) der Kalkulationsfaktor aus nachstehender Kalkulation?

Listeneinkaufspreis	250,00 EUR
– Rabatt	25,00 EUR
Zieleinkaufspreis	225,00 EUR
– Skonto	4,50 EUR
Bareinkaufspreis	220,50 EUR
+ Bezugskosten	3,50 EUR
Bezugs-/Einstandspreis	224,00 EUR
+ Handlungskosten	53,75 EUR
Selbstkostenpreis	277,75 EUR
+ Gewinn	72,25 EUR
Bar-/Listenverkaufspreis	350,00 EUR

7 Ordnen Sie den Erläuterungen die entsprechenden Begriffe der Kalkulation zu.

Begriffe der Kalkulation:
1. Handelsspanne
2. Bezugskosten
3. Gewinnzuschlag
4. Kalkulationsfaktor
5. Handlungskosten
6. Kalkulationszuschlagssatz

Erläuterungen:
a) Division Nettoverkaufspreis durch Bezugs-/Einstandspreis
b) Differenz zwischen Bezugs-/Einstandspreis und Nettoverkaufspreis ausgedrückt in Prozent des Bezugs-/Einstandspreises
c) Unterschied zwischen Bezugs-/Einstandspreis und Selbstkostenpreis

8 Der Bareinkaufspreis eines Artikels beträgt 190,00 EUR, die Bezugskosten betragen 10,00 EUR. Der Listenverkaufspreis (netto) beträgt 500,00 EUR. Ermitteln Sie
a) den Kalkulationszuschlagssatz, b) den Kalkulationsfaktor, c) die Handelsspanne.

9 Ein Großhandelsbetrieb kalkuliert mit einem Kalkulationsfaktor von 1,7. Ermitteln Sie die entsprechende Handelsspanne.

Übungstest: Währungsrechnen

Zeit: 60 Minuten

1 Ein Unternehmen an der dänischen Grenze verkauft seine Waren auch gegen dänische Währung. Der Preisberechnung liegt folgender Kurs zugrunde: 1 EUR = 7,35 DKK.
Für wie viel DKK verkauft er eine Ware, die einen Verkaufspreis von 128,00 EUR hat?

2 Einem Textilgroßhändler werden zwei Ballen amerikanischer Jeansstoff mit insgesamt 920 m für 4400,00 USD angeboten. (1 EUR = 1,14 USD). Wie viel EUR kostet 1 m Jeansstoff?

3 Ein Gemüsegroßhändler bezieht 9000 kg Tomaten aus Südafrika für insgesamt 13173,30 ZAR. Wie viel EUR kostet ein kg Tomaten? (Kurs 6,97)

4 Ein Kaufmann verbringt seinen Urlaub in Norwegen und kauft vor seiner Abreise bei seiner Bank in Deutschland 5000 NOK (Kurs 8,68). Wie viel EUR beträgt die Belastung durch die Bank?

5 Ein Unternehmer will zu einer Messe nach London fliegen und muss vorher den Flugpreis von 200 GBP bei der britischen Fluggesellschaft hinterlegen. Wie viel EUR muss er der Gesellschaft bei einem Kurs in Deutschland für GBP von 0,7 überweisen lassen?

6 Ein Personalcomputer kostet bei einem Hersteller in der Schweiz 12000 CHF. Welchen Betrag in EUR muss ein Großhändler in Deutschland an den Lieferer überweisen? Kurs in Frankfurt 1,61.

7 Ein deutscher Importeur kauft in Großbritannien eine Ware ein, die ihm zu 8,40 GBP je cwt frei Bremerhaven angeboten wird. (1 cwt = 50,8 kg). Kurs 1 EUR = 0,70 GBP.
a) Ermitteln Sie den Bezugspreis in EUR für 1 cwt der Ware frei Bremerhaven inklusive der Beschaffungsnebenkosten. Die Beschaffungsnebenkosten bis zum Lager des Importeurs betragen 15 % des Warenwertes.
b) Ermitteln Sie den Bezugspreis (Einstandspreis) für 100 kg der Ware.

8 Ein amerikanischer Kaufmann wechselt auf einer Geschäftsreise in Frankfurt 1000,00 USD in Schweizer Franken (CHF) um. Kurse in Frankfurt: 1 EUR = 1,15 USD
1 EUR = 1,62 CHF

Wie viel Schweizer Franken, abgerundet auf volle Franken, erhält der Amerikaner?

9 Ein deutscher Schokoladengroßhändler kauft in London 100 englische Tonnen (lgt) Kakao zur Lieferung im August zu 1420,00 GBP je englische Tonne ein. Die hierfür notwendigen Devisen kauft der Schokoladengroßhändler am gleichen Tage in Deutschland bei seiner Bank.
Kurs: 1 EUR = 0,70 GBP; Umrechnungsfaktor: 1 lgt = 1016 kg
a) Wie viel EUR muss das Unternehmen für die Devisen zahlen?
b) Ermitteln Sie den Gesamtpreis der Kakaolieferung, wenn neben dem Warenpreis noch zusätzlich für Frachten und Versicherungen 189,00 EUR je angefangene 1000 kg zu berücksichtigen sind.

10 Amerikanische Baumwolle wird in Liverpool mit 3,35 GBP je lb notiert. Umrechnungsfaktoren: 1 cwt = 112 lbs = 50,8 kg, 1 EUR = 0,70 GBP. Wie viel EUR kostet 1 kg der Baumwolle?

11 Eine deutsche Geschäftsfrau erhält in Stockholm für 1600,00 EUR insgesamt 13432,00 schwedische Kronen (SEK). Bei einem Kursvergleich stellt sie fest, dass sie für 1600,00 EUR in Deutschland 300 SEK mehr erhalten hätte als in Schweden. Berechnen Sie
a) den Kurs für EUR in Stockholm,
b) den Kurs für SEK in Deutschland.

Übungstest: Zinsrechnen

Zeit: 60 Minuten

1 Die Zahlungsbedingungen eines Unternehmens lauten: „Bei Zahlung innerhalb von 20 Tagen 3 % Skonto oder nach 60 Tagen ohne Abzug." Welchem Jahreszinssatz entspricht diese Kondition?

2 Eine Rechnung über 4500,00 EUR war am 20. Oktober fällig. Der Schuldner zahlte verspätet 4527,00 EUR einschließlich 9 % p. a. Verzugszinsen.
a) Wie viel Tage war der Kaufmann in Verzug?
b) An welchem Datum erfolgte die Rückzahlung?

3 Am 14. April gewährt die Bank einem Unternehmen einen Kredit über 18000,00 EUR. Der Zinssatz beträgt 8 % p. a. Die Rückzahlung erfolgt am 31. Dezember.
a) Für wie viel Tage sind Zinsen zu berechnen?
b) Wie viel EUR betragen die Zinsen?
c) Wie viel EUR muss das Unternehmen einschließlich Zinsen zurückzahlen?

4 Ein Rechnungsbetrag über 35000,00 EUR ist am 12. Juni fällig. Am Fälligkeitstag können jedoch nur 11000,00 EUR gezahlt werden. Der Restbetrag wird am 31. Juli einschließlich 96,00 EUR Verzugszinsen überwiesen.
a) Für wie viel Tage werden Verzugszinsen gezahlt?
b) Wie viel % beträgt der Zinssatz für die Verzugszinsen?

5 Ein Unternehmen erhält ein Darlehen von 60000,00 EUR für die Zeit vom 17. Mai bis 22. Juli. Es muss 60812,50 EUR einschließlich Zinsen zurückzahlen.
a) Für wie viel Tage sind die Zinsen zu zahlen?
b) Ermitteln Sie den Zinssatz.

6 Für eine Verbindlichkeit von 11400,00 EUR musste ein Unternehmen 11628,00 EUR einschließlich 10 % Zinsen zahlen. Für wie viel Tage wurden Verzugszinsen berechnet?

7 Ein Darlehen von 10620,00 EUR ist für die Zeit vom 16. August bis 28. Oktober zu einem Zinssatz von 9,5 % p. a. gewährt worden.
a) Für wie viel Tage sind Zinsen zu berechnen?
b) Wie viel EUR betragen die Zinsen?

8 Ein Kredit mit einer Laufzeit von drei Monaten wird mit 11760,00 EUR ausgezahlt. Vor der Auszahlung wurden die Zinsen abgezogen. Der Jahreszinssatz beträgt 8 %. Wie viel EUR beträgt die beantragte Kreditsumme?

9 Einem Unternehmen wird von seiner Bank am 15. Juni ein Kredit über 41000,00 EUR gewährt. Der Kredit ist mit 6 % p. a. zu verzinsen, er wird am 30. August zurückgezahlt.
a) Für wie viel Zinstage wird der Kredit in Anspruch genommen?
b) Wie viel EUR sind am 30. August einschließlich Zinsen zurückzuzahlen?

10 Ein Gebäude erbringt eine monatliche Mieteinnahme von 6000,00 EUR. Die vierteljährlichen Abgaben an die Gemeinde betragen 2400,00 EUR. An sonstigen Aufwendungen müssen jährlich 4000,00 EUR gezahlt werden. Ein Kaufinteressent für das Gebäude erwartet eine Verzinsung des Kaufpreises von 5 %. Ermitteln Sie
a) die Summe der Jahreseinnahmen in EUR,
b) die Summe der Jahresausgaben in EUR,
c) den Jahresreinertrag in EUR,
d) den Kaufpreis in Tausend EUR (TEUR), den der Interessent anlegen muss, um die erwartete Verzinsung von 5 % zu erzielen.

Kontrollbogen

Zum Übungstest: Kalkulation (bis Bezugs-/Einstandspreis)

1	a) 600,00 EUR	b) 800,00 EUR	c) 25 %	d) 600,60 EUR
2	251,00 EUR			
3	6801,00 EUR			
4	a) 3,60 EUR	b) 20,00 EUR		
5	a) 828,24 EUR	b) 811,68 EUR	c) 700,32 EUR	
6	a) 1303,20 EUR	b) 1320,00 EUR		
7	a) 28480,00 EUR	b) 230,00 EUR	c) 364,80 EUR	d) 12,20 EUR/kg
8	a) 1452,00 EUR	b) 1503,50 EUR		
9	a) 40 kg	b) 10976,00 EUR	c) 9878,40 EUR	d) 5,25 EUR

Zum Übungstest: Verkaufskalkulation

1	a) 9,10 EUR	b) 72,80 EUR		
2	a) 145,50 EUR	b) 873,00 EUR	c) 900,00 EUR	
3	a) 1872,00 EUR	b) 2106,00 EUR		
4	a) 264,60 EUR	b) 291,00 EUR	c) 378,30 EUR	d) 472,88 EUR
5	a) 3480,00 EUR	b) 375,60 EUR		
6	a) 20 %	b) 1209,60 EUR	c) 11289,60 EUR	
7	a) 81840,00 EUR	b) 4092,00 EUR	c) 85932,00 EUR	d) 21,00 EUR/kg
8	a) 525,00 EUR	b) 700,00 EUR		
9	a) 3 %	b) 611,10 EUR	c) 22 %	d) 986,49 EUR
10	240,00 EUR			

Zum Übungstest: Rückwärts- und Differenzkalkulation

1	56,25 %				
2	a) 56,00 EUR	b) 25 %			
3	145,03 EUR				
4	500,00 EUR				
5	a) 640,00 EUR	b) 480,00 EUR	c) 12,5 %		
6	a) 2286,28 EUR	b) 2541,40 EUR	c) 255,12 EUR	d) 11,16 %	
7	a) 20 %	b) 3 %	c) 1495,00 EUR	d) 1868,75 EUR	e) 30 %
8	a) 20,00 EUR	b) 33,33 %	c) 22,22 %	d) 33,33 %	
9	236,28 EUR				

Zum Übungstest: Verkaufskalkulation mithilfe von Kalkulationszuschlag, -faktor und Handelsspanne

1 a) $KZ = \frac{(690 - 460) \cdot 100}{460} = \underline{\underline{50\,\%}}$

b) $KF = \frac{50 + 100}{100} = \underline{\underline{1{,}5}}$

c) $HSP = \frac{(690 - 460) \cdot 100}{690} = \underline{\underline{33{,}33\,\%}}$

2 a) $\underline{\underline{135{,}00\ \text{EUR}}}$

$$KZ = \frac{(180 - 135) \cdot 100}{135} = \underline{\underline{33{,}33\,\%}}$$

b) $KF = \frac{33{,}33 + 100}{100} = \underline{\underline{1{,}3333}}$

3 a) $KZ = \underline{\underline{90\,\%}}$

b) $HSP = \frac{90}{1{,}9} = \underline{\underline{47{,}37\,\%}}$

c) $\underline{\underline{140{,}00\ \text{EUR}}}$

4 a) $HSP = \frac{(180{,}56 - 98) \cdot 100}{180{,}56} = \underline{\underline{45{,}72\,\%}}$

b) $KZ = \frac{(180{,}56 - 98) \cdot 100}{98} = \underline{\underline{84{,}24\,\%}}$

c) $KF = \frac{180{,}56}{98} = \underline{\underline{1{,}8424}}$

5 $\underline{\underline{23{,}08\,\%}}$

6 a) $\underline{\underline{36\,\%}}$ b) $\underline{\underline{1{,}5625}}$

7 a) 4, b) 6, c) 5

8 a) $\underline{\underline{150\,\%}}$ b) $\underline{\underline{2{,}5}}$ c) $\underline{\underline{60\,\%}}$

9 $HSP = \frac{70}{1{,}7} = \underline{\underline{41{,}18\,\%}}$

Zum Übungstest: Währungsrechnen

1 940,80 DKR
2 4,20 EUR
3 0,21 EUR
4 576,04 EUR
5 285,71 EUR
6 7 453,42 EUR
7 a) 13,80 EUR b) 27,17 EUR
8 1 408,00 CHF
9 a) 202 857,14 EUR b) 222 135,14 EUR (202 857,14 + 102 · 189)
10 10,55 EUR
11 a) 0,12 EUR b) 8,583 SEK

Zum Übungstest: Zinsrechnen

1 27 %
2 a) 24 Tage b) 14. 11.
3 a) 256 Tage b) 1 024,00 EUR c) 19 024,00 EUR
4 a) 48 Tage b) 3 %
5 a) 65 Tage b) 7,5 %
6 72 Tage
7 a) 72 Tage b) 201,78 EUR
8 12 000,00 EUR
9 a) 75 Tage b) 41 512,50 EUR
10 a) 72 000,00 EUR b) 13 600,00 EUR c) 58 400,00 EUR d) 1 168 000,00 EUR

4 Durchführung und Auswertung des Jahresabschlusses

4.1 Buchungen zum Jahresabschluss

4.1.1 Posten der Rechnungsabgrenzung

Lehrbuch Seite 331

Arbeitsaufträge

- Der Aufwand wurde nicht periodengerecht erfasst. 2400,00 EUR der Versicherungsprämie sind Aufwand des folgenden Geschäftsjahres. Damit wurde der Aufwand des alten Jahres zu hoch ausgewiesen. Gewinn und gewinnabhängige Steuern (Körperschaftsteuer, Gewerbeertragsteuer) wurden zu niedrig bemessen.
- Die Korrektur des Aufwandes erfolgt durch die Umbuchung
  2900 Aktive Rechnungsabgrenzung 2400,00 an 6900 Versicherungen 2400,00

Lehrbuch Seiten 334, 335

1 a) **Buchung bei Zahlung am 1. September:**
7030 2610,00 an 2800 2610,00
b) **Buchung der zeitlichen Abgrenzung zum 31. Dezember:**
2900 1740,00 an 7030 1740,00
c) **Buchung nach der Eröffnung der Bestandskonten im neuen Geschäftsjahr:**
7030 1740,00 an 2900 1740,00

2 a) **Buchung bei Zahlung am 28. Oktober:**
6700 5400,00 an 2800 5400,00
b) **Buchung der zeitlichen Abgrenzung zum 31. Dezember:**
2900 1800,00 an 6700 1800,00
c) **Buchung nach der Eröffnung der Bestandskonten im neuen Geschäftsjahr:**
6700 1800,00 an 2900 1800,00
d) Der Erfolg des Geschäftsjahres vom 1. Januar bis zum 31. Dezember soll ermittelt werden. Würde die Abgrenzungsbuchung nicht durchgeführt, dann würden die Aufwendungen des Geschäftsjahres zu hoch ausgewiesen, weil sie bereits Aufwendungen des folgenden Geschäftsjahres (Miete für Januar) auswiesen. Das Unternehmen würde im Falle eines Gewinns einen zu niedrigen Unternehmungsgewinn bzw. im Falle eines Verlustes einen zu hohen Unternehmungsverlust für das abgeschlossene Geschäftsjahr ausweisen. Um den Erfolg periodengerecht zu ermitteln, muss die Korrekturbuchung der Aufwendungen durchgeführt werden.
e) **Buchung mit sofortiger zeitlicher Abgrenzung:**
6700 3600,00
2900 1800,00 an 2800 5400,00

3 a) **Buchung am Tage der Ausgabe bzw. der Einnahme:**

1. 6900	7200,00	an 2800	7200,00
2. 2800	4800,00	an 5400	4800,00
3. 7030	480,00	an 2800	480,00
4. 6700	210,00	an 2880	210,00
5. 6810	60,00		
2600	4,20	an 2800	64,20

b) **Buchung der zeitlichen Abgrenzung beim Jahresabschluss:**

1. 2900	4200,00	an 6900	4200,00
2. 5400	800,00	an 4900	800,00
3. 2900	320,00	an 7030	320,00
4. 2900	140,00	an 6700	140,00
5. 2900	60,00	an 6810	60,00

Saldenliste:	**Soll**	**Haben**
2800	36455,80	
2880	2250,00	
2900	4720,00	
4900		800,00
5400		4000,00
6700	70,00	
6810	–	
6900	3000,00	
7030	160,00	

4	1. a)	6900	1650,00	an 2800	1650,00
	b)	2900	1100,00	an 6900	1100,00
		8020	550,00	an 6900	550,00
		8010	1100,00	an 2900	1100,00
	c)	2900	1100,00	an 8000	1100,00
		6900	1100,00	an 2900	1100,00
	2. a)	2800	80,00	an 5400	80,00
	b)	5400	80,00	an 4900	80,00
	c)	8000	80,00	an 4900	80,00
		4900	80,00	an 5400	80,00
	3. a)	6710	4800,00	an 2800	4800,00
	b)	2900	1600,00	an 6710	1600,00
		8020	3200,00	an 6710	3200,00
		8010	1600,00	an 2900	1600,00
	c)	2900	1600,00	an 8000	1600,00
		6710	1600,00	an 2900	1600,00
	4. a)	7030	4500,00	an 2800	4500,00
	b)	2900	1500,00	an 7030	1500,00
		8020	3000,00	an 7030	3000,00
		8010	1500,00	an 2900	1500,00
	c)	2900	1500,00	an 8000	1500,00
		7030	1500,00	an 2900	1500,00
	5. a)	2800	21600,00	an 5400	21600,00
	b)	5400	7200,00	an 4900	7200,00
		5400	14400,00	an 8020	14400,00
		4900	7200,00	an 8010	7200,00
	c)	8000	7200,00	an 4900	7200,00
		4900	7200,00	an 5400	7200,00

4.1.2 Sonstige Verbindlichkeiten und Sonstige Forderungen

Lehrbuch Seite 335

Arbeitsaufträge

- ❑ Da Aufwendungen und Erträge für die Zeiträume zu erfassen sind, in denen sie entstehen, muss der Aufwand des Abrechnungsjahres zum 31. Dezember erfasst werden, obwohl die Ausgabe oder Einnahme erst im nächsten Rechnungsjahr erfolgen.
- ❑ Der Unterschied zu den Posten der Rechnungsabgrenzung besteht in der nachträglichen Auswirkung auf die Liquidität.

Lehrbuch Seiten 337 bis 340

1	a)	2690	160,00	an 5710	160,00
		8010	160,00	an 2690	160,00
		5710	160,00	an 8020	160,00
	b)	2690	160,00	an 8000	160,00
	c)	2800	480,00	an 2690	160,00
				an 5710	320,00
2	a)	6700	850,00	an 4890	850,00
	b)	4890	850,00	an 8010	850,00
		8020	850,00	an 6700	850,00
	c)	4890	850,00		
		6700	850,00	an 2800	1700,00
3	1. a)	2690	810,00	an 5710	810,00
	b)	2800	1620,00	an 2690	810,00
				an 5710	810,00
	2. a)	6700	2500,00	an 4890	2500,00
	b)	4890	2500,00		
		6700	2500,00	an 2800	5000,00
	3. a)	6050	7800,00	an 4890	7800,00
	b)	4890	7800,00		
		6050	5400,00		
		2600	2508,00	an 2800	15708,00
	4. a)	7000	5000,00	an 4890	5000,00
	b)	4890	5000,00	an 2800	5000,00

5. a) 2690	1 785,00	an 5410	1 500,00
		an 4800	285,00
b) 2800	1 785,00	an 2690	1 785,00
6. a) 6150	1 800,00		
2600	342,00	an 4890	2 142,00
b) 4890	2 142,00	an 2800	2 142,00

4 a) **Buchung bei Zahlung am 1. Oktober:**

2800 Bank	2 400,00 EUR	an 5710 Zinserträge	2 400,00 EUR

b) **Buchung der zeitlichen Abgrenzung zum 31. Dezember:**

5710 Zinserträge	1 200,00 EUR	an 4900 PRA	1 200,00 EUR

c) **Buchung nach der Eröffnung der Bestandskonten im neuen Geschäftsjahr:**

4900 PRA	1 200,00 EUR	an 5710 Zinserträge	1 200,00 EUR

d) **Auswirkung der zeitlichen Abgrenzung auf den Unternehmensgewinn:**
Durch die zeitliche Abgrenzung wird ein bisher vorliegender positiver Unternehmensgewinn vermindert und periodengerecht ausgewiesen.

5 a) **Richtig:** Das aktive Bestandskonto „2900 ARA" speichert die im Voraus gezahlten Aufwendungen für folgende Geschäftsjahre. Es ist die Gegenposition zu der Eigenkapitalerhöhung durch die Minderung der Aufwandspositionen.

b) **Richtig:** Das Vermögen im Sinne der Aktiva der Bilanz wird erhöht und die bisher gebuchten Aufwendungen werden vermindert. Damit erhöht sich der bisher ausgewiesene Unternehmensgewinn.

c) **Richtig:** Die passive Rechnungsabgrenzung speichert den an unser Unternehmen im Voraus gezahlten Betrag für nachfolgende Geschäftsjahre. Würde diese Buchung nicht erfolgen, dann würde der Unternehmensgewinn im Geschäftsjahr bereits Erträge ausweisen, die einem anderen Geschäftsjahr zugeordnet werden müssten.

d) **Falsch:** Es handelt sich um Erträge, die im Voraus an das bilanzierende Unternehmen gezahlt wurden. In diesem Falle ist eine passive Rechnungsabgrenzung notwendig.

e) **Richtig:** Die Buchung „ARA an Aufwandskonten" korrigiert die Aufwandskonten um die darin enthaltenen Aufwendungen für folgende Geschäftsjahre.

6 a) **Buchung am Tage der Ausgabe bzw. Einnahme:**

1. 6900	480,00	an 2800	480,00
2. 2800	2 400,00	an 5400	2 400,00
3. 7030	240,00	an 2800	240,00
4. 6700	210,00	an 2880	210,00
5. 6810	60,00		
2600	4,20	an 2800	64,20

b) **Zeitliche Abgrenzung beim Jahresabschluss:**

1. 2900	280,00	an 6900	280,00
2. 5400	400,00	an 4900	400,00
3. 2900	160,00	an 7030	160,00
4. 2900	140,00	an 6700	140,00
5. 2900	60,00	an 6810	60,00

Anmerkung zur Vorsteuer:
Wenn in einer Rechnung die Umsatzsteuer für einen künftigen Umsatz ausgewiesen wird, ist der Abzug der Vorsteuer erst in dem Voranmeldungszeitraum zulässig, in dem dieser Umsatz ausgeführt wurde. Diese noch nicht verrechenbare Vorsteuer wird daher auf dem Konto „2690 Übrige sonstige Forderungen" erfasst. Im Voranmeldungszeitraum, in dem der Umsatz getätigt wird, erfolgt dann die Umbuchung auf das Konto „2600 Vorsteuer" – BS: 2600 an 2690. Wurde die Rechnung jedoch bereits im alten Geschäftsjahr beglichen, ist der Vorsteuerabzug im alten Geschäftsjahr zulässig – vgl. Fall Nr. 5.

7

1. 5400	400,00	an 4900	400,00
2. 2900	240,00	an 6900	240,00
3. 2900	600,00	an 7510	600,00
4. 2900	80,00	an 7030	80,00
Saldenliste:	**Soll**		**Haben**
2900	920,00		
4900			400,00
5400			4 800,00
6900	2 160,00		
7030	1 340,00		
7510	600,00		

8 a) Um den Aufwand und den Ertrag periodengerecht zu verteilen und dadurch eine auf die entsprechende Rechnungsperiode bezogene Erfolgsrechnung zu ermöglichen, ist es notwendig, Bilanzpositionen zur Rechnungsabgrenzung einzurichten. Dazu zählen die Positionen 2900 Aktive Rechnungsabgrenzung, 4900 Passive Rechnungsabgrenzung, 2690 Sonstige Forderungen und 4890 Sonstige Verbindlichkeiten.
Rechnungsabgrenzungen sind immer dann erforderlich, wenn Aufwand und Ertrag einerseits und Zahlungsvorgänge andererseits in verschiedenen Rechnungsperioden (Geschäftsjahren) anfallen.

Dabei sind vier Möglichkeiten denkbar:

1. Im abzurechnenden Geschäftsjahr wurde eine Ausgabe für einen Aufwand vorgenommen, der einem späteren Geschäftsjahr wirtschaftlich zugerechnet werden muss. Durch eine Aktivierung dieses Aufwandes unter der Bilanzposition Aktive Rechnungsabgrenzung wird erreicht, dass dieser Aufwand des späteren Geschäftsjahres die aufzustellende Gewinn- und Verlustrechnung des abzurechnenden Geschäftsjahres nicht berührt – vgl. § 250 Abs. 1 HGB.
2. Im abzurechnenden Geschäftsjahr wurde eine Einnahme für einen Ertrag erzielt, der einem späteren Geschäftsjahr wirtschaftlich zugerechnet werden muss. Durch eine Passivierung dieses Ertrages unter der Bilanzposition Passive Rechnungsabgrenzung wird erreicht, dass dieser Ertrag des späteren Geschäftsjahres die aufzustellende Gewinn- und Verlustrechnung des abzurechnenden Geschäftsjahres nicht berührt – vgl. § 250 Abs. 2 HGB.

Bei der Aktiven und Passiven Rechnungsabgrenzung, den so genannten transitorischen Posten, liegt also der Zahlungsvorgang vor dem Bilanzstichtag.

3. Im nachfolgenden Geschäftsjahr erfolgt eine Ausgabe für einen Aufwand, der dem abzurechnenden Geschäftsjahr wirtschaftlich zugerechnet werden muss. Der in dem späteren Geschäftsjahr vorzunehmende Zahlungsvorgang wird als Sonstige Verbindlichkeit passiviert, der Aufwand in dem abzurechnenden Geschäftsjahr erfasst. Der dem abzurechnenden Geschäftsjahr zuzurechnende Aufwand erscheint folglich in der Gewinn- und Verlustrechnung des abzurechnenden Geschäftsjahres.
4. Im nachfolgenden Geschäftsjahr erfolgt eine Einnahme für einen Ertrag, der dem abzurechnenden Geschäftsjahr zuzurechnen ist. Die Geldforderung wird zum Bilanzstichtag unter der Bilanzposition Sonstige Forderungen aktiviert, der Ertrag in dem abzurechnenden Geschäftsjahr erfasst. Der dem abzurechnenden Geschäftsjahr zuzurechnende Ertrag erscheint folglich in der Gewinn- und Verlustrechnung.

Bei den Sonstigen Verbindlichkeiten und den Sonstigen Forderungen, den so genannten antizipativen Posten, liegt also der Zahlungsvorgang nach dem Bilanzstichtag.

b) **Erklärung der Beanstandung durch die Steuerprüfung:**
Da 3000,00 EUR Miete Aufwand des folgenden Geschäftsjahres sind, dürfen sie auch nicht die Erfolgsrechnung des abzurechnenden Geschäftsjahres belasten; denn sonst würde der in der Gewinn- und Verlustrechnung ausgewiesene Erfolg um 3000,00 EUR zu niedrig dargestellt. Der § 250 Abs. 1 HGB und auch der § 5 Abs. 3 EStG verlangen daher den Ausweis des Aufwandes des folgenden Geschäftsjahres als Aktive Rechnungsabgrenzung.

9 a) **Falsch:** Durch die Buchung 7510 an 4890 1600,00 EUR werden die Zinsen für den Monat Dezember des Geschäftsjahres erfasst. Die Aufwendungen erhöhen sich also um 1600,00 EUR.
b) **Richtig:** Beim Jahresabschluss war aufgrund der zeitlichen Abgrenzung eine Geldverbindlichkeit von 1600,00 EUR zu erfassen.
c) **Falsch:** Das Unternehmensergebnis würde 176000,00 EUR − 1600,00 EUR = 174400,00 EUR betragen.
d) **Falsch:** Die Zinsen des folgenden Jahres, die im folgenden Jahr zu Ausgaben führen, sind ohne Bedeutung für die periodengerechte Erfolgsermittlung. Einfluss haben lediglich die Zinsen, die Aufwand des abzuschließenden Geschäftsjahres darstellen und erst im folgenden Jahr zu einer Ausgabe führen. Es handelt sich also um „Übrige sonstige Verbindlichkeiten".
e) **Richtig:** Die Buchung 7510 an 4890 führt zu einer Verminderung des Unternehmensgewinns und zu einer Erhöhung der Verbindlichkeiten.

10 a) PRA 18800,00 EUR
ARA 1920 + 656 = 2576,00 EUR

b)

2800	28200,00	an 5400	9400,00
		an 4900	18800,00
7030	960,00		
2900	1920,00	an 2800	2880,00
6900	328,00		
2900	656,00	an 2800	984,00

4.1.3 Rückstellungen

Lehrbuch Seite 341

Arbeitsaufträge

- ❑ Würde der Tatbestand der Gewerbesteuernachzahlung nicht im Jahresabschluss berücksichtigt, würden Aufwand und Schulden zu niedrig ausgewiesen werden. Der Gewinn, der der Versteuerung und Ausschüttung unterliegt, würde zu hoch ausgewiesen (Scheingewinn). Die Verbindlichkeiten würden zu niedrig dargestellt.
  Zum Schutz außenstehender Dritter müssen daher der Aufwand und die dafür anzusetzende Verbindlichkeit geschätzt und gebucht werden.
- ❑ **Buchung:** 7000 Gewerbesteuer an 3800 Steuerrückstellungen

Lehrbuch Seiten 343 bis 346

1

31.12.	6160	17000,00	an 3900	17000,00
17.03.	3900	16200,00		
	2600	3078,00	an 2800	19278,00
	3900	800,00	an 5490	800,00

2	31.12.	6700	2 400,00	an 4890	2 400,00
	05.01.	4890	2 400,00		
		6700	2 400,00	an 2800	4 800,00
3	31.12.	6050	4 800,00	an 4890	4 800,00
	23.01.	4890	4 800,00		
		6050	1 400,00		
		2600	1 178,00	an 2850	7 378,00
4	31.12.	6160	42 000,00	an 3900	42 000,00
	Febr.	3900	42 000,00		
		2600	8 189,00		
		6160/6990	1 100,00	an 2850	51 289,00
5	31.12.	6770	16 000,00	an 3900	16 000,00
	Juli	3900	16 000,00		
		6770/6990	600,00		
		2600	2 280,00	an 2800	18 880,00
6	31.12.	7000	52 000,00	an 3800	52 000,00
	18.03.	3800	52 000,00		
		7000/6990	2 000,00	an 2800	54 000,00

7 a) 2690 an 5400
b) 6700 an 4890
c) 2900 an 6700
d) 5400 an 4900

8	a)	6160	2 500,00	an 3900	2 500,00
	b)	3900	2 500,00	an 8010	2 500,00
	c)	3900	2 500,00		
		6160/6990	300,00		
		2600	532,00	an 2400	3 332,00
9	1. a)	7000	6 000,00	an 3800	6 000,00
	b)	3800	6 000,00		
		7000/6990	1 500,00	an 2800	7 500,00
	2. a)	6420	5 000,00	an 3900	5 000,00
	b)	3900	5 000,00	an 2800	4 500,00
				an 5490	500,00
	3. a)	6770	15 000,00	an 3900	15 000,00
	b)	3900	15 000,00	an 2850	13 000,00
				an 5490	2 000,00
	4. a)	6160	3 000,00	an 3900	3 000,00
	b)	3900	3 000,00	an 5490	3 000,00
10	1. a)	7000	10 000,00	an 3800	10 000,00
	b)	3800	10 000,00	an 2800	9 000,00
				an 5490	1 000,00
	2. a)	6420	3 500,00	an 3900	3 500,00
	b)	3900	3 500,00		
		6420/6990	1 000,00	an 2800	4 500,00
	3. a)	6770	12 000,00	an 3900	12 000,00
	b)	3900	12 000,00		
		6770/6990	1 000,00	an 2850	13 000,00
	4. a)	6160	5 000,00	an 3900	5 000,00
	b)	3900	3 200,00		
		2600	608,00	an 2800	3 808,00
		3900	1 800,00	an 5490	1 800,00

11
1. 2900 an 7510 → a)
2. 4840 an 2850 → c)
3. 5400 an 4900 → b)
4. 2900 an 7030 → a)
5. 3001 an 2800 → c)
6. 6160 an 3900 → b)
7. 6050 an 4890 → b)
8. 2690 an 5710 → a)
9. 4830 an 2800 → c)
10. 7000 an 3800 → b)

4.2 Bewertung nach Handelsrecht

Lehrbuch Seite 346

Arbeitsaufträge

❑ Hohe Bewertungen führen zu einem hohen Vermögens- und Gewinnausweis und damit zur Verbesserung der Kreditwürdigkeit. Umgekehrt führen niedrige Bewertungen zur Senkung des steuerpflichtigen Gewinns. Dadurch können Steuerzahlungen verhindert werden. Dies wirkt sich positiv auf die Liquidität aus.

- ❑ Der geschätzte Verkehrswert ist nicht realisiert (erst bei Verkauf). Bei seinem Ausweis werden 40000,00 EUR Scheinvermögen ausgewiesen.
  Um Kreditgeber nicht über die tatsächliche Vermögenslage zu täuschen, darf der Anschaffungswert nicht überschritten werden.
- ❑ Die Verpackungsmaschine ist rund ein Jahr genutzt und abgenutzt worden. Der Wert ist über die Abschreibung zu korrigieren. Ohne diese Wertekorrektur würde der Aufwand zu niedrig, der Gewinn zu hoch (Scheingewinn) ausgewiesen.

Lehrbuch Seiten 353 bis 359

1 a) **Berechnung der Anschaffungskosten des Grundstücks:**

Kaufpreis des Grundstücks	40000,00
Grunderwerbsteuer	1400,00
Notariatskosten (ohne USt)	1200,00
Anschaffungskosten	42600,00

Die absetzbare Vorsteuer zählt nicht zu den Anschaffungskosten.

b) **Bewertung zum 31. Dezember:**
Anschaffungskosten bilden, dem Grundsatz der Vorsicht folgend, die Wertobergrenze (Anschaffungskostenprinzip). Die Wertsteigerung darf nicht beachtet werden, solange sie nicht verwirklicht ist (Realisationsprinzip).

2 a) **Berechnung der Anschaffungskosten:**

Kaufpreis des Grundstücks	180000,00
Grunderwerbsteuer	6300,00
Grundbucheintragung	1200,00
Notariatskosten (ohne USt)	3200,00
Anschaffungskosten	190700,00

Anschaffungskosten je $m^2 = \frac{190700}{2000} = 95{,}35$ EUR

b) **Bewertungen zum 31. Dezember:**
Das Grundstück darf höchstens zum Anschaffungswert bewertet werden (Anschaffungskosten = Wertobergrenze). Die Wertsteigerung (11,00 EUR je m^2) bleibt unberücksichtigt, solange sie nicht realisiert ist (Realisationsprinzip).

3 a) **Bewertung zum 31. Dezember 2006:**
Unbebaute Grundstücke werden höchstens mit ihren Anschaffungskosten bewertet.
Ist jedoch am Bilanzstichtag langfristig von einem niedrigeren Wert auszugehen, so **muss** dieser in allen Unternehmensformen angesetzt werden.
Bei **vorübergehender Wertminderung können** Einzelunternehmen und Personengesellschaften einen niedrigeren Wert zwischen AK und Tageswert ansetzen. Kapitalgesellschaften müssen den Anschaffungswert noch beibehalten.

b) **Bewertung zum 31. Dezember 2007:**
ba) **Einzelunternehmen** und **Personalgesellschaften** können den niedrigeren Wert beibehalten oder zu einem höheren Wert, höchstens jedoch bis zu den AK, zurückkehren.
bb) **Kapitalgesellschaften** müssen zum Anschaffungswert zurückkehren (**Wertaufholungsgebot**).

4 a) **Berechnung der Anschaffungskosten**

	EUR
Listenpreis	20170,30
– 8 % Messerabatt	1613,62
	18556,68
– 3 % Skonto	556,70
	17999,98
+ Fracht	981,44
+ Transportversicherung	18,56
AK für 10 Computer	18999,98
AK für 1 Computer	1900,00

Nach § 255 HGB zählen zu den AK die Werte, die ein Unternehmen aufwenden muss, um ein Wirtschaftsgut zu beschaffen und – bei Anlagegütern – um es in einen betriebsbereiten Zustand zu versetzen. Rabatte und Skonto sind daher als **Anschaffungskostenminderungen** abzusetzen, Fracht und Transportversicherung als **Anschaffungsnebenkosten** einzubeziehen.
Die **absetzbare Vorsteuer** ist kein Aufwand des Unternehmens.

b) **Berechnung der fortgeführten Anschaffungskosten:**

	je Stück	**insgesamt**
Anschaffungskosten	1900,00	18999,98
AfA nach dem 1. Jahr	475,00	4750,00
Fortgeführte AK	1425,00	14249,98

c)

	je Stück	
Buchwert nach dem 1. Jahr	1425,00	
planmäßige AfA n. d. 2. Jahr	475,00	
Buchwert		950,00
Wiederbeschaffungskosten	1200,00	
− AfA für 2 Nutzungsjahre	600,00	
Buchwert		600,00
Außerplanmäßige Afa		350,00

5 a) Bei der Bewertung des UV ist grundsätzlich das strenge Niederstwertprinzip zu beachten. Danach müssen die 70 Waschmaschinen, Marke „Öko", mit je 450,00 EUR bewertet werden.
Liegt der Wert zum Bilanzstichtag über den HK, so dürfen höchstens die HK angesetzt werden.
90 Waschmaschinen, Marke „Super-Spar", sind also mit 500,00 EUR zu bewerten.

Wertansatz im Inventar:

70 Waschmaschinen, Marke „Öko",	à 450,00 EUR =	31500,00 EUR
90 Waschmaschinen, Marke „Super-Spar",	à 500,00 EUR =	45000,00 EUR
Wertansatz insgesamt		76500,00 EUR

b) Mit dem Wertansatz der Waschmaschine Marke „Öko" zu 450,00 EUR je Stück und der Waschmaschine Marke „Super-Spar" zu 500,00 EUR je Stück erscheint ein niedrigeres, aber realistisches Vermögen in der Bilanz. In der GuV-Rechnung wird ein Scheingewinn verhindert und damit eine zu hohe Versteuerung bzw. Ausschüttung (Liquiditätsverlust).

6 a) **Berechnung der Anschaffungskosten:**

	120 Sperrholzplatten		100 Tischplatten		100 Spanplatten	
Listenpreis		6513,24		8247,42		3116,88
− Rabatt	6 %	390,79	5 %	412,37	12,5 %	389,61
Zieleinkaufspreis		6122,45		7835,05		2727,27
− Skonto	2 %	122,45	3 %	235,05	1 %	27,27
Bareinkaufspreis		6000,00		7600,00		2700,00
+ Fracht		240,00		400,00		300,00
Bezugspreis		6240,00		8000,00		3000,00
Bezugspreis je Stück = Anschaffungskosten		52,00		80,00		30,00

b) **Bewertung zum Bilanzstichtag:**

	Sperrholzplatten	Tischplatten	Spanplatten
AK je Stück	52,00	80,00	30,00
Tageswert	55,00	85,00	24,00
Wertansatz je Stück	52,00	80,00	24,00
strenges Niederstwertprinzip			

7 a)

	1.	2.
AK	120	120
Tageswert	150	102
Wertansatz	120	102

b) **Begründung des Wertansatzes:**
- ❑ strenges Niederstwertprinzip
- ❑ Höchstwert = Anschaffungskosten

8 Für die Bewertung der Schulden gilt das Höchstwertprinzip. Liegt danach der Kurs am Bilanzstichtag unter dem Anschaffungskurs, ist der Anschaffungskurs zugrunde zu legen. Ist der Kurs dagegen gestiegen, muss der höhere Tageskurs beachtet werden.
Danach ist folgendermaßen zu bewerten:

	a)	b)
Anschaffungskosten	130434,78	130434,78
Tageswert	135135,14	128205,13
Bilanzansatz	135135,14	130434,78

9 1. **Bewertung:**
Da der Devisenkurs am Bilanzstichtag unter dem Anschaffungskurs liegt, ist der Anschaffungskurs (Höchstwertprinzip) zugrunde zu legen. Dies entspricht dem Grundsatz des Gläubigerschutzes. Die Verbindlichkeiten sind also mit 154285,71 EUR anzusetzen.

2. Steigt der Kurs für die Auslandswährung, dann vermehrt sich die Schuld gegenüber dem Lieferer. Bis zum Bilanzstichtag erkennbare Risiken und Verluste müssen bereits berücksichtigt werden. Die Verbindlichkeiten sind also mit 160714,28 EUR zu bewerten.

10 a)

	EUR
Anschaffungspreis der Maschine	190000,00
+ Anschaffungsnebenkosten	7000,00
− Liefererskonto, netto	7880,00
Anschaffungskosten:	189120,00

b)

ER: Listenpreis	200000,00
− 5 % Sonderrabatt	10000,00
	190000,00
+ Transportkosten	2800,00
+ Fundamentierungskosten	2200,00
+ Montage	2000,00
Rechnungsbetrag, netto	197000,00
+ 19 % USt	37430,00
Rechnungsbetrag, brutto	234430,00
− 4 % Skonto	9377,20
Überweisungsbetrag	225052,80

11 a)

	Posten I:	**Posten II:**
Listenpreis	60000,00	40000,00
− Rabatt	6000,00	5000,00
Zieleinkaufspreis (Anschaffungspreis)	54000,00	35000,00
− Skonto	1080,00	1050,00
Bareinkaufspreis	52920,00	33950,00
+ Anschaffungsnebenkosten	1200,00	400,00
= **Anschaffungskosten:**	54120,00	34350,00

Buchung:	**Posten I:**	**Posten II:**
6080	54000,00	35000,00
2600	10260,00	6650,00
an 4400	64260,00	41650,00
6081	1200,00	400,00
2600	228,00	76,00
an 2880	1428,00	476,00
4400	64260,00	41650,00
an 2600	205,20	199,50
an 6082	1080,00	1050,00
an 2800	62974,80	40400,50

b) Der Posten I ist gemäß § 253 Abs. 1 HGB mit den Anschaffungskosten zu bewerten, der Posten II gemäß § 253 Abs. 3 HGB mit dem niedrigeren Wert anzusetzen, also mit 33000,00 EUR zu bewerten. Da die hier auftretende wertmäßige Veränderung des Bestandes als üblich bezeichnet werden kann, wird sie nicht über 6500 Abschreibungen erfasst. Nur unübliche Preisdifferenzen sind über 6500 zu buchen. Die Anschaffungsnebenkosten bzw. Nachlässe sind in den Beständen anteilig zu berücksichtigen.

Posten I:	8010	54120,00	an 2280	54120,00
Posten II:	6080	1350,00	an 2280	1350,00
	8010	33000,00	an 2280	33000,00

12

Listenpreis	72000,00
− 15 % Rabatt	10800,00
Zieleinkaufspreis (= Rechnungspreis)	61200,00
− 3 % Skonto	1836,00
Bareinkaufspreis	59364,00
+ Fracht	542,00
+ Versicherung	489,60
Anschaffungswert	60395,60

13 a)

Anschaffungspreis	68,00
− 12,5 % Rabatt	8,50
Zieleinkaufspreis	59,50
− 2 % Skonto	1,19
Bareinkaufspreis	58,31
Bezugskosten: $\frac{1\,380}{2\,000}$	= 0,69
Anschaffungskosten	59,00

b) Anschaffungswert zum 31. Dezember:
1. Ist der Tageswert auf 56,00 EUR gefallen, muss der niedrigere Wert, also 56,00 EUR, angesetzt werden (strenges Niederstwertprinzip).
2. Ist der Tageswert am Bilanzstichtag auf 62,00 EUR gestiegen, darf wegen des Realisationsprinzips nur höchstens der Anschaffungswert angesetzt werden.

14 Hilfsstoff A

a) **gewogener Durchschnitt:**

4 200 · 7,00 =	29 400,00
6 000 · 8,00 =	48 000,00
6 000 · 9,00 =	54 000,00
8 000 · 8,50 =	68 000,00
8 000 · 8,70 =	69 600,00
32 200 =	269 000,00
1 E =	8,35

Wert zum 31. 12.: 8,35 · 4 000 = 33 400,00 EUR

b) **gleitender gewogener Durchschnitt:**

		EUR
01. 01. AB	4 200 à 7,00 =	29 400,00
15. 02. Abgang	1 500 à 7,00 =	10 500,00
	2 700 à 7,00 =	18 900,00
26. 03. Zugang	6 000 à 8,00 =	48 000,00
	8 700 à 7,69 =	66 900,00
04. 04. Abgang	3 000 à 7,69 =	23 070,00
	5 700 à 7,69 =	43 830,00
09. 05. Abgang	3 400 à 7,69 =	26 146,00
	2 300 à 7,69 =	17 684,00
26. 06. Zugang	6 000 à 9,00 =	54 000,00
	8 300 à 8,64 =	71 684,00
27. 07. Abgang	4 500 à 8,64 =	38 880,00
	3 800 à 8,64 =	32 804,00
28. 08. Zugang	8 000 à 8,50 =	68 000,00
	11 800 à 8,54 =	100 804,00
24. 09. Abgang	5 000 à 8,54 =	42 700,00
	6 800 à 8,54 =	58 104,00
27. 10. Abgang	4 000 à 8,54 =	34 160,00
	2 800 à 8,54 =	23 944,00
27. 11. Zugang	8 000 à 8,70 =	69 600,00
	10 800 à 8,66 =	93 544,00
10. 12. Abgang	6 800 à 8,66 =	58 888,00
31. 12. Endbestand	4 000 à 8,66 =	34 656,00
Wertansatz in der Bilanz (Niederstwertprinzip):	4 000 à 8,60 =	34 400,00
c) **Bewertung nach dem Fifo-Verfahren:**	4 000 à 8,70 =	34 800,00
Wertansatz in der Bilanz:	4 000 à 8,60 =	34 400,00
d) **Bewertung nach dem Lifo-Verfahren:**	4 000 à 7,00 =	28 000,00

Hilfsstoff B

a) **gewogener Durchschnitt:**

650 · 32,00 =	20 800,00
500 · 33,00 =	16 500,00
500 · 34,00 =	17 000,00
700 · 33,50 =	23 450,00
800 · 32,00 =	25 600,00
3 150 =	103 350,00
1 E =	32,81

Wert zum 31. 12.: 550 · 32,81 = 18 045,50 EUR

b) **gleitender gewogener Durchschnitt:**

		EUR
01.01. AB	650 à 32,00 =	20 800,00
03.02. Abgang	380 à 32,00 =	12 160,00
	270 à 32,00 =	8 640,00
27.03. Zugang	500 à 33,00 =	16 500,00
	770 à 32,65 =	25 140,00*
09.04. Abgang	220 à 32,65 =	7 183,00
17.05. Abgang	360 à 32,65 =	11 754,00
	190 à 32,65 =	6 203,00
18.06. Zugang	500 à 34,00 =	17 000,00
	690 à 33,63 =	23 203,00*
29.07. Abgang	490 à 33,63 =	16 478,70
	200 à 33,63 =	6 724,30*
25.08. Zugang	700 à 33,50 =	23 450,00
	900 à 33,53 =	30 174,30*
06.09. Abgang	350 à 33,53 =	11 735,50
13.10. Abgang	400 à 33,53 =	13 412,00
	150 à 33,53 =	5 026,80*
16.11. Zugang	800 à 32,00 =	25 600,00
	950 à 32,24 =	30 626,80*
18.12. Abgang	400 à 32,24 =	12 896,00
31.12. Endbestand	550 à 32,24 =	17 730,80*

* Wertabweichungen sind auf die kfm. Rundung zurückzuführen

Wertansatz in der Bilanz: 550 à 32,24 = 17 730,80

c) **Bewertung nach dem Fifo-Verfahren:** 550 à 32,00 = 17 600,00

d) **Bewertung nach dem Lifo-Verfahren:** 550 à 32,00 = 17 600,00

15 a) 1. **Lifo-Verfahren:** EUR

2 000 à 4,00 = 8 000,00
4 000 à 5,60 = 22 400,00
1 108 à 5,00 = 5 540,00
7 108 35 940,00

2. **Fifo-Verfahren:**

7 108 à 6,20 = 44 069,60

3. **gewogener Durchschnitt:**

2 000 à 4,00 = 8 000,00
4 000 à 5,60 = 22 400,00
3 000 à 5,00 = 15 000,00
11 000 à 6,20 = 68 200,00
20 000 113 600,00
1 E = 5,68

Wertansatz in der Bilanz:
7 108 à 5,68 = 40 373,44

b) Handelsrechtlich sind alle drei Wertansätze zulässig, steuerrechtlich nur nach
Lifo-Verfahren: 35 940,00 EUR
oder
gewogenem Durchschnitt: 40 373,44 EUR
Es ist jedoch sowohl handelsrechtlich als auch steuerrechtlich das Gebot der Bewertungsstetigkeit zu beachten. Der Wertansatz hängt also vom angewandten Bewertungsverfahren im Vorjahr ab. Beide Verfahren kommen nicht zum Zuge, wenn der Tageswert darunter liegt.

16 a) In der Bilanz ist die Verbindlichkeit mit 431 034,48 EUR anzusetzen.

b)

Die erforderlichen Buchungen:	**Soll**		**Haben**	
	Konto	**EUR**	**Konto**	**EUR**
Wareneinkauf	6060	431 034,48	4400	431 034,48
Abschlussbuchungen: Abschluss Verbindlichkeiten	4400	431 034,48	8010	431 034,48

c) Gemäß § 244 HGB ist der Jahresabschluss in deutscher Sprache und in EUR aufzustellen. Grundsätzlich sind Verbindlichkeiten gemäß § 253 Abs. 1 mit ihrem Rückzahlungsbetrag anzusetzen. Nach § 252 Abs. 1 Ziff. 4 HGB ist vorsichtig zu bewerten, d.h. alle Risiken und Verluste, die bis zum Abschlussstichtag entstanden sind, müssen berücksichtigt werden; auch wenn diese erst zwischen dem Abschlussstichtag und dem Tag der Aufstellung des Jahresabschlusses bekannt geworden sind. Steigt also der Kurs für die Fremdwährung, dann muss der höhere Teilwert angesetzt werden. Das entspricht dem Grundsatz des Gläubigerschutzes.

d) Steigt der Kurs für die Auslandswährung, dann erhöht sich effektiv die Schuld gegenüber dem Lieferer. In diesem Falle ist nach dem Höchstwertprinzip die Verbindlichkeit mit 441 176,47 EUR anzusetzen.

17	a) 1.		128 301,89 EUR
	2.		122 522,52 EUR
	b) 1.		150 000,00 EUR
	2.		80 000,00 EUR
	c) 1.	Listenpreis	120 000,00 EUR
		Sonderrabatt (4 %)	4 800,00 EUR
			115 200,00 EUR
		Skonto (2 %)	2 304,00 EUR
			122 896,00 EUR
		Überführung und Zulassung	3 584,00 EUR
		Anschaffungskosten	116 480,00 EUR
	2.	116 480,00 · 0,9 =	104 832,00 EUR
	d) 1.	3 700,00	
	2.	4 000,00	

18 a) 35,80 EUR
b) 80 000,00 EUR
c) 42 909,09 EUR
d) 30 000,00 EUR

19 a) aa) 60 Eimer
ab) 540 Eimer
ac) 25 920,00 EUR
ad) 2 880,00 EUR
b) 2 748,00 EUR

4.3 Hauptabschlussübersicht (Betriebsübersicht)

Lehrbuch Seite 359

Arbeitsauftrag **Ursachen** möglicher Abweichungen zwischen Soll- und Istbeständen können sowohl in der Buchhaltung als auch in der Inventur und in betrieblichen Vorgängen, die noch nicht erfasst sind, begründet sein.

- **Buchhalterische Ursachen:** Doppelbuchungen, Buchungsunterlassungen, falsche Beträge, falsche Buchungen u. a.
- **Inventurfehler:** falsche Zählung, Doppelzählung
- **Betriebliche Ursachen, die noch nicht erfasst sind:** Diebstahl, Verderb, Bruch u. Ä.
- **Folgen für die Buchhaltung:** Die Differenzen zwischen Soll- und Istbeständen müssen untersucht und zur Anpassung der Sollbestände an die Istbestände in der Buchhaltung erfasst werden. Dazu sind eigene Belege zu erstellen. Diese Abstimmung muss vor dem eigentlichen Abschluss erfolgen, damit die Buchhaltung des folgenden Jahres wieder von den tatsächlich vorhandenen Istwerten ausgehen kann.

Lehrbuch Seiten 363, 366 bis 368

1 **Umbuchungen:**

1	2690	900,00	an 5710	900,00
2	6700	4 000,00	an 4890	4 000,00
3	5400	3 200,00	an 4900	3 200,00
4	2900	3 360,00	an 6900	3 360,00
5.1	6520	24 000,00	an 0510	24 000,00
5.2	6520	52 000,00	an 0700	52 000,00
5.3	6520	12 000,00	an 0860	12 000,00
6.1	6930	100,00	an 2880	100,00
6.2	6060	65 000,00	an 2280	65 000,00

Sonstige Umbuchungen:

6080	48 000,00	an 6081	48 000,00
6082	45 000,00	an 6080	45 000,00
5100	58 000,00	an 5101	58 000,00
3000	42 000,00	an 3001	42 000,00
4800	28 060,00	an 2600	28 060,00

Konto	Summenbilanz S	Summenbilanz H	Saldenbilanz I S	Saldenbilanz I H	Umbuchungen S	Umbuchungen H	Saldenbilanz II S	Saldenbilanz II H	Schlussbilanz S	Schlussbilanz H	Erfolgsbilanz S	Erfolgsbilanz H
0510	720000,00		720000,00			24000,00	696000,00		696000,00			
0700	260000,00		260000,00			52000,00	208000,00		208000,00			
0860	80000,00		80000,00			12000,00	68000,00		68000,00			
1600	60000,00		60000,00				60000,00		60000,00			
2280	275000,00		275000,00			65000,00	210000,00		210000,00			
2400	4025000,00	3850600,00	174400,00				174400,00		174400,00			
2600	382660,00	354600,00	28060,00			28060,00						
2690					900,00		900,00		900,00			
2800	4067660,00	3682200,00	385460,00				385460,00		385460,00			
2880	98000,00	95000,00	3000,00			100,00	2900,00		2900,00			
2900					3360,00		3360,00		3360,00			
3000		894520,00		894520,00	42000,00			852520,00		852520,00		
3001	42000,00		42000,00			42000,00						
4400	2356000,00	2530000,00		174000,00				174000,00		174000,00		
4800	715000,00	775000,00		60000,00	28060,00			31940,00		31940,00		
4830/4840	210400,00	263600,00		53200,00				53200,00		53200,00		
4890						4000,00		4000,00		4000,00		
4900						3200,00		3200,00		3200,00		
5100	16500,00	4385000,00		4368500,00	58000,00			4310500,00				4310500,00
5101	58000,00		58000,00			58000,00						
5400		72000,00		72000,00	3200,00			68800,00				68800,00
5710		2700,00		2700,00		900,00		3600,00				3600,00
6080	2419000,00	18000,00	2401000,00		113000,00	45000,00	2469000,00				2469000,00	
6081	48000,00		48000,00			48000,00						
6082		45000,00		45000,00	45000,00							
6160	54000,00		54000,00				54000,00				54000,00	
6200-6400	895600,00		895600,00				895600,00				895600,00	
6520					88000,00		88000,00				88000,00	
6700	44400,00		44400,00		4000,00		48400,00				48400,00	
6900	16000,00		16000,00			3360,00	12640,00				12640,00	
6930	11000,00		11000,00		100,00		11100,00				11100,00	
7000	114000,00		114000,00				114000,00				114000,00	
	16968220,00	16968220,00	5669920,00	5669920,00	453620,00	453620,00	5501760,00	5501760,00	1809020,00	1118860,00	3692740,00	4382900,00
						Gewinn des Geschäftsjahres:				690160,00	690160,00	
									1809020,00	1809020,00	4382900,00	4382900,00

2 Umbuchungen:

1. 2690	2 700,00	an 5710	2 700,00
2. 7510	1 200,00	an 4890	1 200,00
3. 2900	24 000,00	an 6700	24 000,00
4. 7000	18 000,00	an 3800	18 000,00
5. 6520	26 000,00	an 0860	26 000,00
6. 6000	10 000,00	an 2000	10 000,00
7. 2200	8 000,00	an 5200	8 000,00

Sonstige Umbuchungen:

3000	60 000,00	an 3001	60 000,00
4800	20 000,00	an 2600	20 000,00
5000	40 000,00	an 5001	40 000,00
6000	17 600,00	an 6001	17 600,00
6002	17 100,00	an 6000	17 100,00

Konto	Summenbilanz S	Summenbilanz H	Saldenbilanz I S	Saldenbilanz I H	Umbuchungen S	Umbuchungen H	Saldenbilanz II S	Saldenbilanz II H	Schlussbilanz S	Schlussbilanz H	Erfolgsbilanz S	Erfolgsbilanz H
0860	130 000,00		130 000,00			26 000,00	104 000,00		104 000,00			
1600	80 000,00		80 000,00				80 000,00		80 000,00			
2000	60 000,00		60 000,00			10 000,00	50 000,00		50 000,00			
2200	40 000,00		40 000,00		8 000,00		48 000,00		48 000,00			
2600	243 700,00	223 700,00	20 000,00			20 000,00						
2690					2 700,00		2 700,00		2 700,00			
2800/2880	3 780 000,00	3 420 000,00	360 000,00				360 000,00		360 000,00			
2900	9 800,00	9 800,00			24 000,00		24 000,00		24 000,00			
3000		438 500,00		438 500,00	60 000,00			378 500,00		378 500,00		
3001	60 000,00		60 000,00			60 000,00						
3800						18 000,00		18 000,00		18 000,00		
4250		90 000,00		90 000,00				90 000,00		90 000,00		
4800	492 000,00	562 000,00		70 000,00	20 000,00			50 000,00		50 000,00		
4890	3 400,00	3 400,00				1 200,00		1 200,00		1 200,00		
5000	10 000,00	2 900 000,00		2 890 000,00	40 000,00			2 850 000,00				2 850 000,00
5001	40 000,00		40 000,00			40 000,00						
5200						8 000,00		8 000,00				8 000,00
5710		5 400,00		5 400,00		2 700,00		8 100,00				8 100,00
6000	1 620 000,00	6 000,00	1 614 000,00		27 600,00	17 100,00	1 624 500,00				1 624 500,00	
6001	17 600,00		17 600,00			17 600,00						
6002		17 100,00		17 100,00	17 100,00							
6200–6400	914 600,00		914 600,00				914 600,00				914 600,00	
6520					26 000,00		26 000,00				26 000,00	
6700	92 000,00		92 000,00			24 000,00	68 000,00				68 000,00	
7000	78 000,00		78 000,00		18 000,00		96 000,00				96 000,00	
7510	4 800,00		4 800,00		1 200,00		6 000,00				6 000,00	
	7 675 900,00	7 675 900,00	3 511 000,00	3 511 000,00	244 600,00	244 600,00	3 403 800,00	3 403 800,00	668 700,00	537 700,00	2 735 100,00	2 866 100,00
										131 000,00	131 000,00	
									668 700,00	668 700,00	2 866 100,00	2 866 100,00

3 Vorbereitende Abschlussbuchungen:

1.	7000	25000,00	an 3800	25000,00
2.	2900	12000,00	an 6700	12000,00
3.	2690	1800,00	an 5710	1800,00
4.	7510	3600,00	an 4890	3600,00
5.	6520	57000,00	an 0860	57000,00

Sonstige Umbuchungen:

3001	25000,00	an 3000	25000,00
4800	50000,00	an 2600	50000,00
5100	63000,00	an 5101	63000,00
6080	7000,00	an 6081	7000,00
6082	12000,00	an 6080	12000,00
2280	10000,00	an 6080	10000,00

Wareneinsatz	1501000,00
berichtigte Umsatzerlöse	2687000,00
Rohgewinn	1186000,00
Gewinn des Geschäftsjahres	132000,00
Endbestand des Eigenkapitals	597000,00
Eigenkapitalrentabilität	30,00 %
Umsatzsteuerzahllast	30000,00

Konto-Nr.	Summenbilanz		Saldenbilanz I		Umbuchungen			Saldenbilanz II		Vermögensbilanz		Erfolgsbilanz	
	Soll	Haben	Soll	Haben	Gegenkonten	Soll	Haben	Soll	Haben	Aktiva	Passiva	Aufwendg.	Erträge
0860	230000,00		230000,00		5.) 6520		57000,00	173000,00		173000,00			
1600	60000,00		60000,00					60000,00		60000,00			
2280	140000,00		140000,00		6.) 6060	10000,00		150000,00		150000,00			
2600	213780,00	163780,00	50000,00		4800		50000,00						
2690					3.) 5710	900,00		900,00		900,00			
2800/	3488060,00	3140160,00	347900,00					347900,00		347900,00			
2880													
2900	9100,00	9100,00			2.) 6700	12000,00		12000,00		12000,00			
3000		440000,00		440000,00	3001		25000,00		465000,00		465000,00		
3001	50000,00	75000,00		25000,00	3000	25000,00							
4250		90000,00		90000,00					90000,00		90000,00		
3800					1.) 7000		25000,00		25000,00		25000,00		
4800	462000,00	542000,00		80000,00	2600	50000,00			30000,00		30000,00		
4890	5400,00	5400,00			4.) 7510		1800,00		1800,00		1800,00		
5100	50000,00	2800000,00		2750000,00	5101, 5102	63000,00			2687000,00				2687000,00
5101	63000,00		63000,00		5100		63000,00						
5710		4500,00		4500,00	3.) 2900		900,00		5400,00				5400,00
6080	1520000,00	4000,00	1516000,00		6.) 2280; 6061; 6063	7000,00	22000,00	1501000,00				1501000,00	
6081	7000,00		7000,00		6060		7000,00						
6082		12000,00		12000,00	6060	12000,00							
6200/	813200,00		813200,00					813200,00				813200,00	
6400													
6520					5.) 0860	57000,00		57000,00				57000,00	
6700	84000,00		84000,00		2.) 2900		12000,00	72000,00				72000,00	
7000	85000,00		85000,00		1.) 3800	25000,00		110000,00				110000,00	
7510	5400,00		5400,00		4.) 4890	1800,00		7200,00				7200,00	
	7285940,00	7285940,00	3401500,00	3401500,00		263700,00	263700,00	3304200,00	3304200,00	743800,00	611800,00	2560400,00	2692400,00
							Gewinn des Geschäftsjahres:				132000,00	132000,00	
										743800,00	743800,00	2692400,00	2692400,00

4.4 Auswertung des Jahresabschlusses unter Finanzierungsaspekten

4.4.1 Auswertung der Bilanz

Lehrbuch Seiten 368, 369

Arbeitsauftrag Die Bilanz erteilt Auskunft über die Finanz- und Vermögenslage.
Aus der **Passivseite** ist erkennbar, woher das Kapital des Unternehmens kommt und wie lange es zur Verfügung steht. Daraus sind ableitbar

❑ Verschuldung
❑ Tilgungs- und Zinsendienst und daraus resultierende künftige Liquiditätsbelastungen

Aus der **Aktivseite** ist die Vermögenslage zu erkennen, nämlich

❑ das Anlagevermögen als Grundlage der Betriebsbereitschaft
❑ das Umlaufvermögen als Gewinnträger und Quelle liquider Mittel
❑ die liquiden Mittel zur Abschätzung der momentanten Zahlungsfähigkeit

Lehrbuch Seiten 378 bis 382

1 a) Diese Entscheidung widerspricht der goldenen Finanzierungsregel, wonach eine Übereinstimmung bestehen sollte zwischen der Bindung des investierten Kapitals im Vermögensgegenstand und der Dauer, für die das Kapital dem Unternehmer zur Verfügung gestellt wurde. Diese Regel soll gewährleisten, dass das Unternehmen seinen Rückzahlungsverpflichtungen nachkommen kann. Die betriebsgewöhnliche Nutzungsdauer einer Drehbank beträgt 6 bis 8 Jahre, sodass erst nach Ablauf dieser Zeit über den Umsatzprozess das in der Drehbank investierte Kapital voll freigesetzt wurde. Die Rückzahlung des Wechselkredits soll jedoch bereits nach drei Monaten erfolgen.

b) Die Umwandlung des Einzelunternehmens in eine Personengesellschaft kann zur Zuführung von Eigenkapital durch Gesellschafter geführt haben. Dadurch ändert sich die Höhe des langfristig dem Unternehmer zur Verfügung stehenden Kapitals, sodass unter sonst weitgehend gleichen Bedingungen der Deckungsgrad des Anlagevermögens durch langfristiges Kapital sich von 75 % auf 110 % verbesserte.

2 a)

Aktiva	Berichtsjahr		Vorjahr		Veränderung			Berichtsjahr		Vorjahr		Veränderung	
	EUR	%	EUR	%	EUR	%	Passiva	EUR	%	EUR	%	EUR	%
Vermögensstruktur I. Anlagevermögen 1. Sachanlagen 2. Finanzanlagen	150 000,00	25,00	245 000,00	35,00	−95 000,00	−38,78	Kapitalstruktur I. Eigenkapital II. Langfristige Schulden	270 000,00 160 000,00	45,00 26,67	350 000,00 160 000,00	50,00 22,86	−80 000,00 0,00	−22,86 0,00
Summe Anlagevermögen	150 000,00	25,00	245 000,00	35,00	−95 000,00	−38,78	Summe langfristiges Kap.	430 000,00	71,67	510 000,00	72,86	−80 000,00	−15,69
II. Umlaufvermögen 1. Vorräte 2. Kurzfr. Forderungen 3. Liquide Mittel	 209 700,00 115 000,00 125 300,00	 34,95 19,17 20,88	 280 300,00 80 400,00 94 300,00	 40,04 11,49 13,47	0,00 −70 600,00 +34 600,00 +31 000,00	 −25,19 +43,03 +32,87	III. Mittelfristige Schulden IV. Kurzfristige Schulden	 170 000,00	 28,33	 190 000,00	 27,14	 −20 000,00	 −10,53
Summe Umlaufvermögen	450 000,00	75,00	455 000,00	65,00	−5 000,00	−1,10	Summe Schulden	330 000,00	55,00	350 000,00	50,00	−20 000,00	−5,71
Summe Vermögen	600 000,00	100,00	700 000,00	100,00	−100 000,00	−14,29	Summe Kapital	600 000,00	100,00	700 000,00	100,00	−100 000,00	−14,29

b) **Kennziffern zum Vermögensaufbau:**

Anlagevermögensintensität Berichtsjahr: $\frac{\text{Anlagevermögen} \cdot 100}{\text{Gesamtvermögen}} = \frac{150000 \cdot 100}{600000}$	25,00 %	Umlaufvermögensintensität Berichtsjahr: $\frac{\text{Umlaufvermögen} \cdot 100}{\text{Gesamtvermögen}} = \frac{450000 \cdot 100}{600000}$	75 %
Anlagevermögensintensität Vorjahr: $\frac{\text{Anlagevermögen} \cdot 100}{\text{Gesamtvermögen}} = \frac{245000 \cdot 100}{700000}$	35,00 %	Umlaufvermögensintensität Vorjahr: $\frac{\text{Umlaufvermögen} \cdot 100}{\text{Gesamtvermögen}} = \frac{455000 \cdot 100}{700000}$	65 %

Kennziffern zur Finanzierung:

Eigenkapitalintensität Berichtsjahr: $\frac{\text{Eigenkapital} \cdot 100}{\text{Gesamtkapital}} = \frac{270000 \cdot 100}{600000}$	45 %	Fremdkapitalintensität Berichtsjahr: $\frac{\text{Fremdkapital} \cdot 100}{\text{Gesamtkapital}} = \frac{330000 \cdot 100}{600000}$	55 %
Eigenkapitalintensität Vorjahr: $\frac{\text{Eigenkapital} \cdot 100}{\text{Gesamtkapital}} = \frac{350000 \cdot 100}{700000}$	50,00 %	Fremdkapitalintensität Vorjahr: $\frac{\text{Fremdkapital} \cdot 100}{\text{Gesamtkapital}} = \frac{350000 \cdot 100}{700000}$	50 %
Intensität der kurzfr. Schulden Berichtsjahr: $\frac{\text{kurzfr. Schulden} \cdot 100}{\text{Gesamtkapital}} = \frac{170000 \cdot 100}{600000}$	28,33 %	Finanzierung Berichtsjahr: $\frac{\text{Eigenkapital} \cdot 100}{\text{Fremdkapital}} = \frac{270000 \cdot 100}{330000}$	81,82 %
Intensität der kurzfr. Schulden Vorjahr: $\frac{\text{kurzfr. Schulden} \cdot 100}{\text{Gesamtkapital}} = \frac{190000 \cdot 100}{700000}$	27,14 %	Finanzierung Vorjahr: $\frac{\text{Eigenkapital} \cdot 100}{\text{Fremdkapital}} = \frac{350000 \cdot 100}{350000}$	100 %
Verschuldungskoeffizient Berichtsjahr: $\frac{\text{Fremdkapital} \cdot 100}{\text{Eigenkapital}} = \frac{330000 \cdot 100}{270000}$	122,22 %	Verschuldungskoeffizient Vorjahr: $\frac{\text{Fremdkapital} \cdot 100}{\text{Eigenkapital}} = \frac{350000 \cdot 100}{350000}$	100 %

Kennziffern zur Anlagendeckung:

Anlagendeckung I Berichtsjahr: $\frac{\text{Eigenkapital} \cdot 100}{\text{Anlagevermögen}} = \frac{270000 \cdot 100}{150000}$	180,00 %	Anlagendeckung II Berichtsjahr: $\frac{(\text{EK} + \text{langfr. Schulden}) \cdot 100}{\text{Anlagevermögen}} = \frac{430000 \cdot 100}{150000}$	286,67 %
Anlagendeckung I Vorjahr: $\frac{\text{Eigenkapital} \cdot 100}{\text{Anlagevermögen}} = \frac{350000 \cdot 100}{245000}$	142,86 %	Anlagendeckung II Vorjahr: $\frac{(\text{EK} + \text{langfr. Schulden}) \cdot 100}{\text{Anlagevermögen}} = \frac{510000 \cdot 100}{245000}$	208,16 %

Kennziffern zur Liquidität:

Liquidität 1. Grades Berichtsjahr: $\frac{\text{flüssige Mittel} \cdot 100}{\text{kurzfr. Verblkt.}} = \frac{125300 \cdot 100}{170000}$	73,71 %	Liquidität 2. Grades Berichtsjahr: $\frac{(\text{liquide Mittel} + \text{kurzfr. Ford.}) \cdot 100}{\text{kurzfristige Verbindlichkeiten}} = \frac{240300 \cdot 100}{170000}$	141,35 %
Liquidität 1. Grades Vorjahr: $\frac{\text{flüssige Mittel} \cdot 100}{\text{kurzfr. Verblkt.}} = \frac{94300 \cdot 100}{190000}$	49,63 %	Liquidität 2. Grades Vorjahr: $\frac{(\text{liquide Mittel} + \text{kurzfr. Ford.}) \cdot 100}{\text{kurzfristige Verbindlichkeiten}} = \frac{174700 \cdot 100}{190000}$	91,95 %
Liquidität 3. Grades Berichtsjahr: $\frac{\text{Umlaufvermögen} \cdot 100}{\text{kurzfr. Verblkt.}} = \frac{450000 \cdot 100}{170000}$	264,71 %	Liquidität 3. Grades Vorjahr: $\frac{\text{Umlaufvermögen} \cdot 100}{\text{kurzfristige Verbindlichkeiten}} = \frac{455000 \cdot 100}{190000}$	239,47 %

Liquiditätsstatus	Berichtsjahr	Vorjahr
Liquide Mittel – kurzfristige Verbindlichkeiten	125 300,00 170 000,00	94 300,00 190 000,00
Unterdeckung + kurzfristige Forderungen	–44 700,00 115 000,00	–95 700,00 80 400,00
Überdeckung bzw. Unterdeckung + Vorräte	70 300,00 209 700,00	–15 300,00 280 300,00
Überdeckung	280 000,00	265 000,00

c) ❑ **Bericht zur Bilanz:** Das Großhandelsunternehmen zeigt ein unverhältnismäßig großes Umlaufvermögen (75 bzw. 65 % Umlaufvermögensintensität). Eine große Umlaufvermögensintensität ist in der Regel ein Kennzeichen der Handelsbetriebe. Beim Vergleich des Berichts- und des Vorjahres wird erkennbar, dass die Umlaufvermögensintensität trotz der Steigerung des Umlaufvermögens um etwa 10 % insgesamt von 75 auf 65 % gefallen ist. Das Unternehmen hat also stärker im Sachanlagenbereich (Fahrzeuge) investiert.

Erfreulich ist die feststellbare Steigerung der Eigenkapitalintensität von 45 auf 50 % aufgrund einer Eigenkapitalsteigerung von etwa 30 %. Entsprechend ist die Fremdkapitalintensität trotz eines um etwa 6 % gestiegenen Fremdkapitaleinsatzes von 55 auf 50 % gefallen. Das erhöht die Sicherheit und Unabhängigkeit des Unternehmens. Der Verschuldungskoeffizient hat sich von 122 % auf 100 % verbessert und entspricht damit der Idealkennziffer, d.h. die Gläubiger sind gut abgesichert durch Vermögensteile, die mit Fremdkapital und Eigenkapital beschafft wurden. Das fördert die weitere Kreditwürdigkeit des Unternehmens. Die Intensität der kurzfristigen Schulden hat sich trotz eines Anstiegs der kurzfristigen Schulden um etwa 12 % von 170 000,00 auf 190 000,00 EUR von etwa 28 % auf 27 % verringert.

Die Anlagendeckung I (180 % bzw. etwa 143 %) kann als sehr gut bezeichnet werden, sodass die Berechnung der Anlagendeckung II nicht durchgeführt werden müsste. Hier wirkt sich das unverhältnismäßig geringe Anlagevermögen günstig in der Kennziffer aus. Die Anlagendeckung sagt aus, dass dieser Betrieb bei seinen Investitionen den Grundsatz beachten konnte, langfristige Investitionen mit langfristigem Kapital zu finanzieren.

Die Liquidität 1. Grades reicht nicht aus, um die kurzfristigen Verbindlichkeiten zum Stichtag bar einzulösen. Eine solche Liquidität von 100 % wäre auch wirtschaftlich unsinnig. Die hier berechnete Liquidität kann noch als Überliquidität bezeichnet werden. In den flüssigen Mitteln können Kapitalien gebunden sein, die möglicherweise keine Verzinsung erbringen. Die Liquidität muss ausreichen, um die täglich anfallenden Ausgabenströme abzudecken und eine Zahlungsunfähigkeit zu vermeiden. Es ist also keineswegs sehr gesund, wenn dieses Unternehmen im Liquiditätsstatus letztlich eine Überdeckung von 280 000,00 bzw. 265 000,00 EUR erzielt.

d)

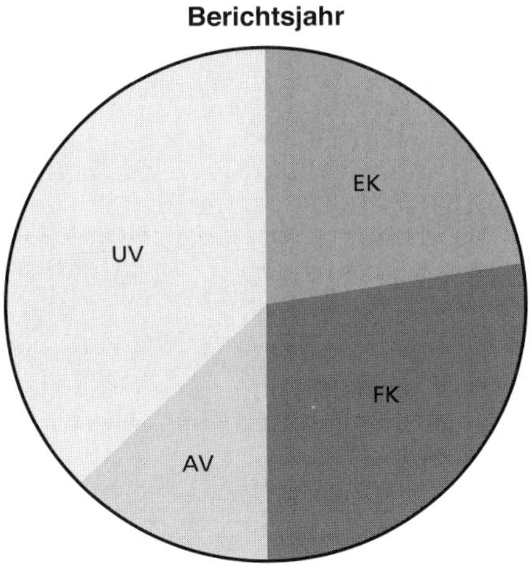

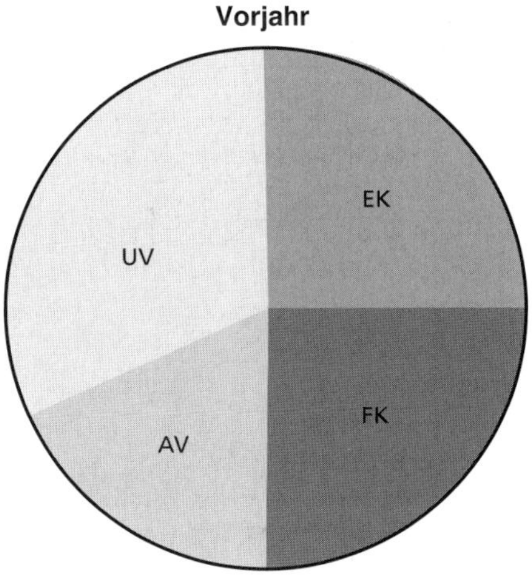

3 a)

Aktiva		Bilanz der Firma ... zum 31. Dezember ..	Passiva
A. Anlagevermögen:		**A. Eigenkapital**	4408
I. Sachanlagen:		**B. Rückstellungen**	
1. Grundstücke und Gebäude	2840	1. Pensionsrückstellungen	220
2. Fuhrpark	1934	2. Andere Rückstellungen	160
3. Betriebs- und Geschäftsausst.	400	**C. Verbindlichkeiten**	
B. Umlaufvermögen:		1. Anleihen	870
I. Fertige Erzeugnisse, Handelswaren	594	2. Darlehen über 5 Jahre	300
II. Forderungen und sonstige Vermögensgegenstände		3. Verbindlichkeiten a. LL	300
1. Forderungen a. LL	50	4. Sonstige Verbindlichkeiten	60
2. Sonstige kurzfristige Forderungen	48	**D. Rechnungsabgrenzungsposten**	16
III. Bankguthaben	460		
C. Rechnungsabgrenzungsposten	8		
	6334		6334

b)

Aktiva	**TEUR**	**%**	**Passiva**	**TEUR**	**%**
Vermögensstruktur			**Kapitalstruktur**		
I. Anlagevermögen 1. Sachanlagen 2. Finanzanlagen	5174	81,7	I. Eigenkapital II. Langfristige Schulden	4408 1390	69,6 21,9
Summe Anlagevermögen	5174	81,7	Summe langfristiges Kapital	5798	91,5
II. Umlaufvermögen 1. Waren 2. Kurzfristige Forderungen 3. Liquide Mittel	594 106 460	9,4 1,7 7,2	IV. Kurzfristige Schulden	536	8,5
Summe Umlaufvermögen	1160	18,3	Summe Schulden	1926	30,4
Summe Vermögen	**6334**	**100,00**	**Summe Kapital**	**6334**	**100,00**

c) **Anlagevermögensintensität** $= \frac{5174 \cdot 100}{6334} = 81{,}7\,\%$

Umlaufvermögensintensität $= \frac{1160 \cdot 100}{6334} = 18{,}3\,\%$

Eigenkapitalintensität $= \frac{4408 \cdot 100}{6334} = 69{,}6\,\%$

Fremdkapitalintensität $= \frac{1926 \cdot 100}{6334} = 30{,}4\,\%$

Intensität der kurzfristige Schulden $= \frac{536 \cdot 100}{6334} = 8{,}5\,\%$

Verschuldungskoeffizient $= \frac{1926 \cdot 100}{4408} = 43{,}7\,\%$

Anlagendeckung I $= \frac{4408 \cdot 100}{5174} = 85{,}2\,\%$

Anlagendeckung II $= \frac{5798 \cdot 100}{5174} = 112{,}1\,\%$

Liquidität 1. Grades $= \frac{460 \cdot 100}{536} = 85{,}8\,\%$

Liquidität 2. Grades $= \frac{566 \cdot 100}{536} = 105{,}6\,\%$

d) **Liquiditätsstatus:**

	Liquide Mittel	460
–	Kurzfristige Verbindlichkeiten	536
	Unterdeckung	– 76
+	Kurzfristige Forderungen	106
	Überdeckung	30
+	Vorräte	594
	Überdeckung	624

e) ❑ **Anlagevermögensintensität:** Die Anlagevermögensintensität von 81,7 % drückt aus, dass es sich hierbei um einen sehr anlageintensiven Betrieb handelt. In dieser hohen Intensität zeigt sich eine erhebliche langfristige Kapitalbindung. Sie verursacht relativ viele fixe Kosten (Abschreibungen, Zinsen, Reparaturen), die auch bei zurückgehender Beschäftigung weitgehend unverändert anfallen und somit die Liquidität des Unternehmens beeinflussen können. Eine hohe Anlagevermögensintensität lässt zumeist auf eine wettbewerbsfähige Absatzbereitschaft schließen.

❑ **Umlaufvermögensintensität:** Ob das Umlaufvermögen ausreicht, um den täglichen Absatzprozess durchzuführen, lässt sich nicht aus dieser Kennzahl allein ableiten. Vergleichszahlen des Vorjahres und vergleichbarer Betriebe und Kennzahlen zum Umsatz sind ergänzend heranzuziehen.

❑ **Eigenkapitalintensität:** 69,6 % des Gesamtkapitals bestehen aus unkündbarem Kapital mit unbegrenzter Überlassungsfrist. Das kann als sehr gut bezeichnet werden. Hierdurch steigt auch die Kreditwürdigkeit, weil den Gläubigern genügend Haftungskapital zur Verfügung steht.

❑ **Fremdkapitalintensität:** Mit ca. 30 % ist der Anteil des Fremdkapitals am Gesamtkapital als niedrig zu bezeichnen. Das hat den großen Vorteil, dass dieses Unternehmen nicht so stark von Gläubigern abhängig ist, die Liquidität belastende Zins- und Tilgungszahlungen gering sind und eventuelle Kapitalquellen für weitere Investitionen noch in Anspruch genommen werden könnten.

❑ **Intensität der kurzfristigen Schulden:** Mit 8,5 % des Gesamtkapitals sind die kurzfristigen Schulden gering. Unter Beachtung der Liquidität kann ausgesagt werden, dass es dem Unternehmer leicht möglich sein wird, die kurzfristigen Schulden auszugleichen oder unter Beachtung der Fremdkapitalintensität durch Kredit abzulösen.

❑ **Verschuldungskoeffizient:** Einem Eigenkapital von 100,00 EUR stehen nur 43,70 EUR Fremdkapital gegenüber. Das ist eine sehr geringe Verschuldung. Hier wird die hohe Kreditwürdigkeit des Unternehmens und die geringe Zins- und Tilgungsbelastung deutlich. Nicht zuletzt kann das Unternehmen durch Fremdkapitalkündigung gefährdet werden.

❑ **Anlagendeckung I:** Die Anlagendeckung I verdeutlicht, dass das unkündbare Eigenkapital nicht ganz (nur 85,2 %) ausreicht, das Anlagevermögen zu finanzieren. Es muss die Anlagendeckung II berechnet werden, um feststellen zu können, ob das Anlagevermögen langfristig finanziert werden könnte; denn den Kapitalbindungsfristen sollten die Kapitalüberlassungsfristen entsprechen.

❑ **Anlagendeckung II:** Mit 112,1 % Anlagendeckung II wird die langfristige Finanzierung des Anlagevermögens bestätigt. Die Betriebsbereitschaft ist somit langfristig gesichert.

❑ **Liquidität 1. Grades:** Das Unternehmen ist in der Lage, 85,8 % seiner kurzfristigen Verbindlichkeiten bar einzulösen. Das ist als sehr gut zu bezeichnen; denn in keinem Falle werden sämtliche kurzfristigen Verbindlichkeiten zu einem Stichtag fällig, sodass eine 100 %ige Deckung nicht notwendig ist (eventuelle unwirtschaftliche Überliquidität).

❑ **Liquidität 2. Grades:** Sie bestätigt die Aussagen, die zur Liquidität I gemacht wurden. Es besteht zur Zeit keine Gefahr der Zahlungsunfähigkeit des Unternehmens.

4 a) und b)

Aktiva	**TEUR**	**%**	**Passiva**	**TEUR**	**%**
Vermögensstruktur			**Kapitalstruktur**		
I. Anlagevermögen 1. Sachanlagen 2. Finanzanlagen	2000	50	I. Eigenkapital II. Langfristige Schulden	2200 600	55 15
Summe Anlagevermögen	2000	50	Summe langfristiges Kapital	2800	70
II. Umlaufvermögen 1. Roh-, Hilfs- und Betriebsstoffe 2. Unfertige und fertige Erzeugnisse 3. Kurzfristige Forderungen 4. Liquide Mittel	600 330 847 223	15 8,25 21,18 5,57	III. Mittelfristige Schulden IV. Kurzfristige Schulden	1200	30
Summe Umlaufvermögen	2000	50	Summe Schulden	1800	45
Summe Vermögen	4000	100,00	Summe Kapital	4000	100,00

c) 1. Konstitution = $\frac{2\,000 \cdot 100}{2\,000} = 100\,\%$

2. Anlagevermögensintensität = $\frac{2\,000 \cdot 100}{4\,000} = 50\,\%$

Umlaufvermögensintensität = $\frac{2\,000 \cdot 100}{4\,000} = 50\,\%$

3. Eigenkapitalintensität = $\frac{2\,200 \cdot 100}{4\,000} = 55\,\%$

Fremdkapitalintensität = $\frac{1\,800 \cdot 100}{4\,000} = 45\,\%$

Finanzierung = $\frac{2\,200 \cdot 100}{1\,800} = 122{,}2\,\%$

Anlagendeckung I = $\frac{2\,200 \cdot 100}{2\,000} = 110\,\%$

Anlagendeckung II = $\frac{2\,800 \cdot 100}{2\,000} = 140\,\%$

Liquidität 1. Grades = $\frac{223 \cdot 100}{1\,200} = 18{,}6\,\%$

Liquidität 2. Grades = $\frac{1\,070 \cdot 100}{1\,200} = 89{,}2\,\%$

Liquidität 3. Grades = $\frac{2\,000 \cdot 100}{1\,200} = 166{,}7\,\%$

5 a) Die Eigenkapitalintensität beträgt 57,5 % (Vorjahr 63,0 %), die Fremdkapitalintensität 42,5 % (Vorjahr 37 %). Sie hat sich damit etwas verschlechtert. Sie kann noch als günstig bezeichnet werden, weil das Fremdkapital mehr als eineinhalbfach durch Vermögensteile gesichert ist. Eine Sicherungsfunktion üben die mit Fremdkapital beschafften Wirtschaftsgüter und als zusätzliche Sicherung die mit Eigenkapital beschafften Güter aus. Die Kennziffer der Finanzierung, die sich von 170,4 % auf 135,3 % verringerte, verdeutlicht diese Deckung des Fremdkapitals. Bei einer Liquidation der mit Fremdkapital beschafften Wirtschaftsgüter zwecks Rückzahlung des Fremdkapitals könnte also im Falle von Mindererlösen auf die mit Eigenkapital beschafften Wirtschaftsgüter zurückgegriffen werden.

b) ❑ **Tilgung von Schulden:** Voraussetzung ist allerdings, dass der Betrieb über dazu verwendbare flüssige Mittel verfügt oder durch Umfinanzierung beispielsweise Bestände an Waren oder Forderungen verflüssigen kann.

❑ **Zuführung von Eigenkapital:**
Einzelunternehmer: Einlagen aus dem Privatvermögen, Aufnahme eines stillen Gesellschafters
Personengesellschaft: Aufnahme neuer Gesellschafter, Aufnahme eines stillen Gesellschafters
Einbettung von Gewinnen (z. B. Rücklagenbildung)

c) ❑ Verluste wegen Umsatzrückgang und/oder Kostensteigerungen
❑ Privatentnahmen mindern das Eigenkapital
❑ Aufnahme von Fremdkapital zur Finanzierung von großen Investitionen

d) Das ist eine durchaus realistische Finanzierungskennziffer. Die Idealkennziffer von 100 %, bei der der Gläubiger doppelt abgesichert ist, und zwar durch die mit seinem Gesamtkapital erworbenen Vermögensgegenstände sowie durch die gleiche Menge von Vermögensgegenständen, die mit Eigenkapital beschafft wurden, ist kaum in einem Großhandelsbetrieb zu erwarten. Eine Finanzierung von 75 % sagt aus, dass 100 Teilen Fremdkapital 75 Teile Eigenkapital gegenüberstehen. Der Gläubiger ist also durch dieses im Notfalle angreifbare Eigenkapitalpolster noch recht gut gesichert. Das Unternehmen ist noch kreditwürdig.

e) Der Vermögensaufbau wird auch in der Relation Anlagevermögen zum Umlaufvermögen ausgedrückt. In diesem Falle ist das Anlagevermögen absolut und relativ um 37 % gegenüber dem Umlaufvermögen gestiegen. Die Steigerung kann das Sach- und Finanzanlagevermögen betreffen. Große Nettoinvestitionen im Rahmen der Betriebsmittel (Immobilien, Betriebs- und Geschäftsausstattung, Maschinen, Fahrzeuge) oder der Erwerb neuer Beteiligungen könnten die Entwicklung verursacht haben. Hinter dem Erwerb einer Beteiligung könnte die Absicht stehen, Beschaffungswege oder Absatzwege für die Waren zu sichern. Der Erwerb von Betriebsmitteln könnte eine Maßnahme sein, die Anlagen zur Gewährleistung der vorhandenen Kapazität zu modernisieren oder die Voraussetzungen für eine Erweiterung der Kapazität zu schaffen.

6 a) Typische Funktionen des Handels sind **Lager-** und **Kreditfunktion:** Warenvorräte sind die Voraussetzung für eine ständige Absatzbereitschaft. Um diese zu erhalten, muss das Lager Raum-, Zeit-, Sortiments-, Veredelungs-, Preisausgleichsfunktion u.a. übernehmen.
Viele Handelsbetriebe verkaufen ihre Waren auf Ziel.

b) Aus dem Vermögensaufbau kann auf die Art des Betriebes geschlossen werden: Ein großes Anlagevermögen ist in Betrieben der Grundstoffindustrie, in Verkehrsbetrieben, aber auch grundsätzlich in weiterverarbeitenden Industriebetrieben üblich. Das Umlaufvermögen überwiegt meist in Handelsbetrieben.

7 a) Diese Entscheidung widerspricht der goldenen Finanzierungsregel, wonach eine Übereinstimmung bestehen sollte zwischen der Bindung des investierten Kapitals im Vermögensgegenstand und der Dauer, für die das Kapital dem Unternehmer zur Verfügung gestellt wurde. Diese Regel soll gewährleisten, dass das Unternehmen seinen Rückzahlungsverpflichtungen nachkommen kann. Die betriebsgewöhnliche Nutzungsdauer eines Lkw beträgt vier bis fünf Jahre, sodass erst nach Ablauf dieser Zeit über den Umsatzprozess das in den Lkw investierte Kapital voll freigesetzt wurde. Die Rückzahlung des kurzfristigen Kredits soll jedoch bereits nach drei Monaten erfolgen.

8 a) Die Bilanz zeigt die Liquidität eines Unternehmens am Bilanzstichtag. Zahlungen nach dem Bilanzstichtag können das Bild schnell und wesentlich verändern.
b) Fälligkeitsdaten der Schulden, Alter der Anlagegüter, Höhe der Löhne, Höhe des Umsatzes usw.
c) Eintreibung der Forderungen (Zahlungsanreiz durch Skonto), Steigerung des Umsatzes.

9 a)

Sachanlagen	Grundstück, Gebäude, Maschinen, Fuhrpark, Betriebs- und Geschäftsausstattung
Finanzanlagen	Beteiligungen, Wertpapiere des Anlagevermögens, Ausleihungen mit einer Restlaufzeit über fünf Jahre
Vorräte	Roh-, Hilfs- und Betriebsstoffe, unfertige und fertige Erzeugnisse, Handelswaren
Forderungen	Forderungen aus Lieferungen und Leistungen, Sonstige Forderungen, Aktive Posten der Rechnungsabgrenzung
Liquide Mittel	Schecks, Kassenbestand, Bundesbankguthaben, Guthaben bei Kreditinstituten
Eigenkapital	Grundkapital, offene Rücklagen, einbehaltene Gewinne
Langfristiges Fremdkapital	Pensionsrückstellungen, Verbindlichkeiten mit einer Restlaufzeit von mehr als fünf Jahren
Kurzfristiges Fremdkapital	Verbindlichkeiten a. LL, Sonstige Verbindlichkeiten mit einer Restlaufzeit bis zu einem Jahr, Wechselverbindlichkeiten, Passive Posten der Rechnungsabgrenzung

b)

	Vorjahr		**Berichtsjahr**	
Intensitätskennziffern	**Mio. EUR**	**%**	**Mio. EUR**	**%**
Sachanlagen Finanzanlagen	600 120	50 10	700 70	50 5
Anlagevermögen	720	60	770	55
Vorräte Forderungen Liquide Mittel	220 140 120	18,3 11,7 10	315 210 105	22,5 15 7,5
Umlaufvermögen	480	40	630	45
Vermögen	1200	100	1400	100
Eigenkapital	600	50	600	42,9
Langfristiges Fremdkapital Kurzfristiges Fremdkapital	375 225	31,2 18,8	520 280	37,1 20
Fremdkapital	600	50	800	57,1
Kapital	1200	100	1400	100

c)

Positionen	Veränderungen in %-Punkten im Vergleich z. Vorjahr	Veränderungen in % zur Position des Vorjahres	Mögliche Ursachen	Mögliche Folgen
Sachanlagen	—	+ 16,7	Erweiterung der Kapazität, Kauf von Reservegrundstücken, Änderung der Absatz- u. Verwaltungsorganisation	❏ langfristige Bindung von Kapital ❏ Erhöhung des Anlagerisikos ❏ Folgekosten sind Reparaturen, Abschreibungen
Finanzanlagen	− 5	− 41,7	Aufgabe einer Beteiligung, Verkauf von Wertpapieren, betriebs- und machtpolitische Gründe	Liquide Mittel, Änderungen im Beschaffungs- und Absatzbereich
Vorräte	+ 4,2	+ 43,2	Preissteigerungen Umsatzsteigerung	Kostensteigerungen Zunahme des Lagerrisikos
Forderungen	+ 3,3	+ 50	Änderung der Zahlungsbedingungen (Verlängerung des Zahlungsziels), Finanzierungshilfen	Erhöhung des Ausfallrisikos
Liquide Mittel	− 2,5	− 12,5	Finanzierung von Anlagen und Waren	Verschlechterung der Zahlungsbereitschaft
Langfrist. Fremdkapital	+ 4,9	+ 38,7	Finanzierung von Anlagen und Waren	Zins-, Tilgungszahlungen, Verschlechterung der Kreditwürdigkeit, Liquidität usw.
Kurzfristiges Fremdkapital	+ 1,2	+ 24,4	Finanzierung von Waren, Forderungen	Zins- und Tilgungszahlungen, Verschlechterung der Kreditwürdigkeit, Liquidität usw.

d)

	Vorjahr	Berichtsjahr
Verschuldungskoeffizient	$\frac{600 \cdot 100}{600} = 100\,\%$	$\frac{800 \cdot 100}{600} = 133{,}3\,\%$
Anlagendeckung I	$\frac{600 \cdot 100}{720} = 83{,}3\,\%$	$\frac{600 \cdot 100}{770} = 77{,}9\,\%$
Anlagendeckung II	$\frac{975 \cdot 100}{720} = 135{,}4\,\%$	$\frac{1\,120 \cdot 100}{770} = 145{,}5\,\%$
Liquidität 1. Grades	$\frac{120 \cdot 100}{225} = 53{,}3$	$\frac{105 \cdot 100}{280} = 37{,}5$
Liquidität 2. Grades	$\frac{260 \cdot 100}{225} = 115{,}6$	$\frac{315 \cdot 100}{280} = 112{,}5$
Liquidität 3. Grades	$\frac{480 \cdot 100}{225} = 213{,}3$	$\frac{630 \cdot 100}{280} = 225$

10 a) 1. AV-Anteil $= \frac{1\,080\,000 \cdot 100}{2\,400\,000} = 45\,\%$

2. UV-Anteil $= \frac{1\,320\,000 \cdot 100}{2\,400\,000} = 55\,\%$

b) 1. EK-Anteil $= \frac{960\,000 \cdot 100}{2\,400\,000} = 40\,\%$

2. FK-Anteil $= \frac{1\,440\,000 \cdot 100}{2\,400\,000} = 60\,\%$

c) Aktiva — Aufbereitete Bilanz — Passiva

Aktiva	EUR	%	Passiva	EUR	%
Gebäude	720 000,00	30,00	Eigenkapital	960 000,00	40,00
Maschinen	264 000,00	11,00			
Fuhrpark	96 000,00	4,00	Darlehensschulden	784 800,00	32,70
Anlagevermögen	1 080 000,00	45,00	Verbindlichk. a. LL	588 000,00	24,50
Roh-, Hilfs- und Betriebsstoffe	884 000,00	36,83	Umsatzsteuer	55 200,00	2,30
Forderungen a. LL	100 000,00	4,17	noch abzuführende Abgaben	12 000,00	0,50
Bank	332 400,00	13,85			
Kasse	3 600,00	0,15			
Umlaufvermögen	1 320 000,00	55,00	Fremdkapital	1 440 000,00	60,00
Gesamtvermögen	2 400 000,00	100,00	Gesamtkapital	2 400 000,00	100,00

4.4.2 Auswertung der Gewinn- und Verlustrechnung

Lehrbuch Seiten 382, 383

Arbeitsauftrag Aus der Bilanz konnte der Kreditsachbearbeiter den Erfolg entnehmen, im Beispiel den Gewinn von 48 750,00 EUR.
Aus der GuV-Rechnung sind zusätzlich die Quellen des Erfolges und deren Entwicklung im Vergleich zum Vorjahr erkennbar.
Informationen über den Erfolg sind sicherlich sehr wichtig, ist dieser doch die Quelle der Mittel, die zur Tilgung von Krediten und Zinszahlung eingesetzt werden.

Lehrbuch Seiten 391 bis 394

1 a)

S — 8020 GuV Betrieb I — H

S		H	
6000	19 695,00	5000	68 125,00
6050	3 235,00	5700	555,00
6100	1 765,00		
6200	5 880,00		
6300	14 115,00		
6400	7 055,00		
6500	6 940,00		
6800	2 350,00		
6900	1 175,00		
7000	455,00		
7500	62,00		
7700	73,00		
3000	5 880,00		
	68 680,00		68 680,00

S — 8020 GuV Betrieb II — H

S		H	
6000	14 825,00	5000	61 965,00
6050	3 175,00	5700	100,00
6100	1 500,00		
6200	3 620,00		
6300	9 225,00		
6400	4 220,00		
6500	9 875,00		
6800	4 635,00		
6900	1 680,00		
7000	400,00		
7500	575,00		
7700	26,00		
3000	8 309,00		
	62 065,00		62 065,00

	Betrieb I	**Betrieb II**
Umsatzerlöse für Erzeugnisse	68 125	61 965
Gesamtleistung:	68 125	61 965
Aufwand für Rohstoffe	19 695	14 825
Aufwand für Energie	3 235	3 175
Aufwendungen für bezogene Leistungen	1 765	1 500
Rohergebnis:	43 430	42 465
Personalaufwand:		
Löhne	5 880	3 620
Gehälter	14 115	9 225
Soziale Abgaben	7 055	4 220
Abschreibungen	6 940	9 875
Sonstige betriebliche Aufwendungen	3 525	6 315
	5 915	9 210

Zinsen und ähnliche Erträge	555	100
Zinsen und ähnliche Aufwendungen	62	575
Finanzergebnis:	493	−475
Ergebnis der gewöhnlichen Geschäftstätigkeit:	6 408	8 735
Steuern vom Einkommen und vom Ertrag	73	26
Sonstige Steuern	455	400
Jahresergebnis: Jahresüberschuss	5 880	8 309

b)

	Betrieb I	Betrieb II
Rohstoffaufwandsintensität	$= \frac{19\,695 \cdot 100}{62\,800} = 31{,}4\,\%$	$\frac{14\,825 \cdot 100}{53\,756} = 27{,}6\,\%$
Personalaufwandsintensität	$= \frac{27\,050 \cdot 100}{62\,800} = 43{,}1\,\%$	$\frac{17\,065 \cdot 100}{53\,756} = 31{,}7\,\%$
Abschreibungsintensität	$= \frac{6\,940 \cdot 100}{62\,800} = 11{,}1\,\%$	$\frac{9\,875 \cdot 100}{53\,756} = 18{,}4\,\%$
Anteil der Rohstoffaufwendungen am Umsatz	$= \frac{19\,695 \cdot 100}{68\,125} = 28{,}9\,\%$	$\frac{14\,825 \cdot 100}{61\,965} = 23.9\,\%$
Anteil der Personalaufwendungen am Umsatz	$= \frac{27\,050 \cdot 100}{68\,125} = 39{,}7\,\%$	$\frac{17\,065 \cdot 100}{61\,965} = 27{,}5\,\%$
Anteil der Abschreibungen am Umsatz	$= \frac{6\,940 \cdot 100}{68\,125} = 10{,}2\,\%$	$\frac{9\,875 \cdot 100}{61\,965} = 15{,}9\,\%$
Anteil des Gewinns am Umsatz	$= \frac{5\,880 \cdot 100}{68\,125} = 8{,}6\,\%$	$\frac{8\,309 \cdot 100}{61\,965} = 13{,}4\,\%$

2 a) aa) Eigenkapitalrentabilität: $\frac{366 \cdot 100}{3000} =$ 12,2 %

ab) Eigenkapital am Jahresende: 3366 TEUR

b) ba) 8020 an 3000 366 TEUR

bb) 3000 an 8010 3366 TEUR

3 a) **Intensitätskennziffern:**

Anteil der Aufwandsarten und des Gewinns am Umsatz	**Intensitätskennziffern**				**Veränderungen zum Vorjahr**		
	Vorjahr		**Berichtsjahr**				
	EUR	**%**	**EUR**	**%**	**in Mio EUR**	**in %-Punkten**	**in %**
Aufwand für Roh-, Hilfs- und Betriebsstoffe	410	34,17	515	34,33	105	0,2	25,61
Personalaufwand	228	19,00	120	8,00	−108	−11,0	−47,37
Abschreibungen	280	23,33	380	25,33	100	2,0	35,71
sonst. betr. Aufw.	150	12,50	140	9,33	−10	−3,2	−6,67
Steuern	60	5,00	45	3,00	−15	−2,0	−25,00
Gewinn	72	6,00	300	20,00	228	14,0	316,67
Umsatzerlöse für Erzeugnisse	1 200	100,00	1 500	99,99	300		25,00

b) Der Gewinn betrug in Relation zum Umsatz im Berichtsjahr 20 % gegenüber dem Vorjahr mit 6 %. Diese günstige Entwicklung wurde ermöglicht, weil der relative Anteil der Kosten an den Umsatzerlösen vermindert werden konnte. Die Selbstkosten betragen im Berichtsjahr 80 % und im Vorjahr 94 % der Umsatzerlöse. Die Aufwandsstruktur zeigt, dass der Personalaufwand um 47 %, die Steuern um 25 % und die sonstigen betrieblichen Aufwendungen um etwa 7 % trotz des um 25 % gestiegenen Umsatzes verringert werden konnten. Einen gegenüber dem Umsatzerlös (25 % Anstieg) stärker gestiegenen Wert zeigen die Abschreibungen mit etwa 36 % Zunahme.

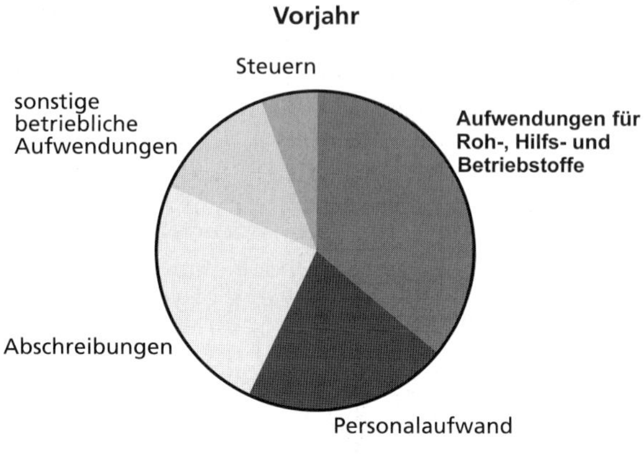

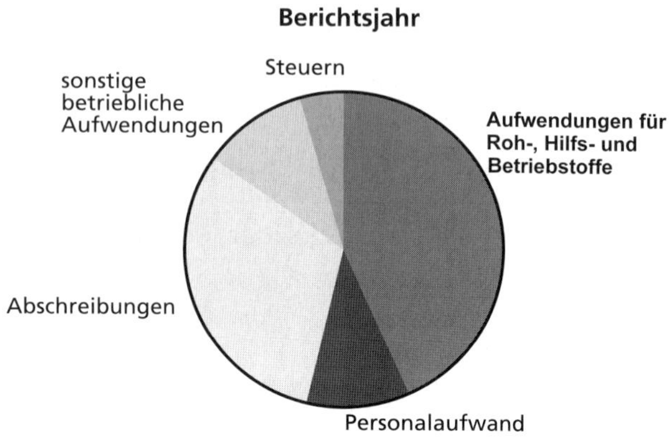

c) **Gründe für die Aufwandsstrukturveränderung:**

Aufwand für Roh-, Hilfs- und Betriebsstoffe	Die Steigerung um 25,61 % stimmt weitgehend mit der eingetretenen Umsatzsteigerung von 25 % überein, sodass die Zunahme des Rohstoffaufwandes durch eine Beschäftigungsveränderung verursacht wurde.
Personalaufwand **Abschreibungen**	Der Personalaufwand ist trotz des Beschäftigungsanstiegs stark gefallen. Betrachtet man zugleich die Aufwandsart Abschreibungen, dann erscheint als Grund einleuchtend, dass das Unternehmen durch Rationalisierung Arbeitskräfte eingespart hat und stattdessen verstärkt Betriebsmittel einsetzte. Diese Rationalisierungsinvestitionen konnten die Wirtschaftlichkeit des Unternehmens verbessern.
sonst. betriebl. Aufw.	Es ist beachtlich, dass trotz der Umsatzsteigerung die Aufwendungen um etwa 7 % verringert werden konnten. Sicherlich ist denkbar, dass in diesen Aufwendungen auch betriebsfremde Aufwendungen enthalten waren, die in dieser Rechnungsperiode abgebaut werden konnten. Es kann sich selbstverständlich auch um Aufwandseinsparungen im Verwaltungsbereich handeln, die sich in dieser Aufwandsart besonders zeigen.
Steuern	Die um 25 % gefallenen Steuern sind nur dadurch zu erklären, dass aufgrund steuerrechtlicher Bestimmungen Vergünstigungen für Unternehmen eingetreten sind, die in diesem Geschäftsjahr zur Auswirkung kamen. Es ist auch denkbar, dass in der vergangenen Periode erhebliche Steuernachzahlungen durchgeführt wurden.

4 a)

Rentabilität und Cashflow	**1**	**2**
Eigenkapitalrentabilität	10,00	6,67
Gesamtkapitalrentabilität:	10,00	7,50
Umsatzrentabilität:	3,60	2,00
Cashflow-Eigenkapitalrentabilität:	24,44	20,00
Cashflow-Umsatzrate:	8,80	6,00

b)
- ❑ **Eigenkapitalrentabilität:** Da die Gewinne bei gestiegenem Umsatz und verringerten Abschreibungen sich erheblich vermindert haben (von 18 auf 12 Mio. EUR), müssen starke Aufwandssteigerungen in den Personal- oder Warenaufwendungen bzw. in den sonstigen betrieblichen Aufwendungen sowie in den Finanzaufwendungen (12 auf 15 Mio. EUR) oder auch in den außerordentlichen Aufwendungen vorgelegen haben. Das könnte verursacht sein durch höhere Preise für diese Kostengüter bzw. durch unwirtschaftlichere Arbeitsweise oder schließlich auch durch zufällige und unerwartete Vorfälle.
- ❑ **Gesamtkapitalrentabilität:** Die Verringerung der Gewinne und der Anstieg des Fremdkapitals führten auch hier zu einer beachtlichen Verschlechterung der Gesamtkapitalrentabilität, sodass mit dem Gesamtkapital bei einem angenommenen Fremdkapitalzins von 8 1/3 % (wie im Beispiel) das Unternehmen aus dem mit diesem Kapital erwirtschafteten Ertrag von 7,5 % die Fremdkapitalzinsen nicht zahlen könnte. Folglich würde die Fremdkapitalaufnahme die Eigenkapitalrentabilität zusätzlich belasten.
- ❑ **Umsatzrentabilität:** Die Erhöhung der Aufwendungen und die dadurch erfolgte Verringerung des Gewinns wird auch in der Umsatzrentabilität (von 3,6 % auf 2 %) deutlich. Die Umsatzsteigerung hat zwar die Marktposition des Unternehmens verbessert, jedoch nicht zu einer günstigeren Gewinnsituation geführt.
- ❑ **Cashflow-Eigenkapitalrentabilität:** Die Verschlechterung der Cashflow-Eigenkapitalrentabilität von 24 % auf 20 % ist ebenfalls die Folge der Verringerung des Gewinns und der über die Umsatzerlöse zurückfließenden Abschreibungen. Beide Werte haben sich vermindert, sodass das Unternehmen bei 100 EUR Eigenkapital nur noch 20 EUR an Werten erwirtschaftet, die für mögliche Investitionen, Schuldentilgung oder Gewinnausschüttung zur Verfügung stehen.
- ❑ **Cashflow-Umsatzrate:** Die Cashflow-Umsatzrate hat sich folgerichtig ebenfalls verschlechtert, sodass das Unternehmen von 100 EUR Umsatzerlösen nur noch 6 EUR als Cashflow für mögliche Investitionen, Schuldentilgungen und Gewinnausschüttungen zur Verfügung hat.

5 a)

∅ **Bestand:** $\frac{43\,800 + 44\,400}{2} = 44\,100{,}00$	**Umschlagshäufigkeit:** $\frac{359\,675}{44\,100} = 8{,}16$ mal
∅ **Lagerdauer:** $\frac{360}{8{,}14} = 44{,}2$ Tage $= 44$ Tage	

b)

∅ **Debitoren-bestand:** $\frac{63\,000 + 57\,000}{2} = 60\,000{,}00$	**Debitorenumschlag:** $\frac{769\,000}{60\,000} = 12{,}82$ mal
∅ **Debitoren-laufzeit:** $\frac{360}{12{,}82} = 28{,}1$ Tage $= 28$ Tage	

c)

∅ **Kreditoren-bestand:** $\frac{85\,000 + 94\,000}{2} = 89\,500{,}00$	**Kreditorenumschlag:** $\frac{558\,000}{89\,500} = 6{,}23$ mal
∅ **Debitoren-laufzeit:** $\frac{360}{6{,}23} = 57{,}8$ Tage $= 58$ Tage	

6 a) ❑ **Eigenkapital:**
Es ist das Kapital, das als Saldo aus Vermögen und Schulden verbleibt. Es umfasst in der Regel:
- das vom Unternehmer (Einzelunternehmer) oder den Gesellschaftern eingezahlte Kapital (gezeichnetes Kapital),
- die erwirtschafteten und einbehaltenen Gewinne, die den Gewinnrücklagen zugeführt wurden bzw. als Gewinnrest aus einer durchgeführten Gewinnverteilung in der Position Gewinnvortrag in Erscheinung treten.

b) ❑ **Rücklagen:**
Rücklagen rechnen zum Eigenkapital des Unternehmens. Es gibt stille und offene Rücklagen. Stille Rücklagen entstehen durch die Unterbewertung von Vermögenswerten und durch die Überbewertung von Schulden. Die Bildung solcher stiller Rücklagen ist eine Maßnahme der Eigenfinanzierung im Wege der Selbstfinanzierung.

c) ❑ **Rückstellungen:**
Rückstellungen sind Belastungen, die der Höhe und/oder Fälligkeit nach am Bilanzstichtag noch nicht feststehen. Sie werden gebildet:
- aufgrund rechtlicher Verpflichtungen, wie Rückstellungen für drohende Verluste, Steuerrückstellungen, Pensions- und Garantierückstellungen,
- aufgrund wirtschaftlicher Verpflichtungen, wie Kulanzrückstellungen,
- aufgrund noch nicht erfasster Aufwendungen, wie Jahresabschlusskosten, unterlassene Reparaturen usw.

Sie werden gebildet wegen des Vorsichtsprinzips, weil Belastungen bereits zum Zeitpunkt ihrer Erkennbarkeit zu erfassen sind und auch wegen des Periodisierungsgrundsatzes (§ 252 Abs. 1 Ziffer 5 HGB), nach dem Aufwendungen unabhängig vom Zeitpunkt ihrer Zahlung im Jahresabschluss berücksichtigt werden müssen.
Die Bildung von Rückstellungen, die möglichst genau den späteren Zahlungen entsprechen, ist eine Maßnahme der internen Fremdfinanzierung. Die Bildung zu hoher Rückstellungen bewirkt zugleich eine Zurückbehaltung von Gewinnen und stellt damit eine Maßnahme der Eigenfinanzierung im Wege der Innenfinanzierung dar.

d) ❑ **Verbindlichkeiten:**
Verbindlichkeiten sind alle am Bilanzstichtag der Höhe und Fälligkeit nach feststehende Schulden des Unternehmens. Nach dem Bilanzschema gehören zu den Verbindlichkeiten
- die Anleihen,
- die Verbindlichkeiten gegenüber Kreditinstituten,
- die erhaltenen Anzahlungen auf Bestellungen,
- die Verbindlichkeiten aus Lieferungen und Leistungen,
- die Verbindlichkeiten aus der Annahme gezogener Wechsel und der Ausstellung eigener Wechsel,
- die Verbindlichkeiten gegenüber verbundenen Unternehmen,
- die Verbindlichkeiten gegenüber Unternehmen, mit denen ein Beteiligungsverhältnis besteht sowie
- die sonstigen Verbindlichkeiten gegenüber der Finanzbehörde und den Sozialversicherungen.

In der Bilanz oder im Anhang (Verbindlichkeitenspiegel) sind bei den Verbindlichkeiten die jeweiligen Restlaufzeiten anzugeben. Damit wird bei den Verbindlichkeiten erkennbar, ob es sich um langfristige (über 5 Jahre Restlaufzeit), mittelfristige (1 bis 5 Jahre Restlaufzeit) oder kurzfristige (bis zu 1 Jahr Restlaufzeit) handelt.

e) ❑ **Sachanlagen:**
Zu den Sachanlagen gehören in erster Linie körperliche Gegenstände, die dazu bestimmt sind, dauernd dem Geschäftsbetrieb zu dienen (§ 247 II und § 266 II HGB). Dazu gehören:

- Grundstücke und Gebäude,
- technische Anlagen und Maschinen,
- Betriebs- und Geschäftsausstattung,
- geleistete Anzahlungen und Anlagen im Bau.

f) ❑ **Vorräte:**
Der Großhandelsbetrieb kennt nur Warenvorräte und Anzahlungen auf Wareneinkäufe.

g) ❑ **Finanzanlagen:**
Sie stellen Kapital des Unternehmens dar, das langfristig außerhalb des Unternehmens eingesetzt ist. Es sind insbesondere Kapitalanlagen bei anderen Personen- und/oder Kapitalgesellschaften. Es gehören dazu
- Anteile an verbundenen Unternehmen (Mutter-Tochter-Verhältnis),
- Ausleihungen (langfristige Darlehen) an verbundene Unternehmen,
- Beteiligungen,
- Ausleihungen an Unternehmen, mit denen ein Beteiligungsverhältnis besteht,
- Wertpapiere des Anlagevermögens sowie
- sonstige Ausleihungen (langfristige Darlehen an Kunden oder Mitarbeiter).

7 a) **AV** $= \frac{140000 \cdot 100}{250000} = 56\,\%$

b) **EK** $= \frac{120000 \cdot 100}{250000} = 48\,\%$

c) **Anlagendeckung I** $= \frac{120000 \cdot 100}{140000} = 85{,}71\,\%$

8 a) ∅ **Lagerbestand** $= \frac{81900}{13} = 6300$

b) **UH** $= \frac{50400}{6300}$ = 8mal

c) ∅ **Lagerdauer** $= \frac{360}{8}$ = 45 Tage

d) ∅ **Tagesverbrauch** $= \frac{50400}{21 \cdot 12}$ = 200 Stück

9 a) Eigenkapital 990 TEUR
b) Anlagevermögen 1030 TEUR
c) Fremdkapital 430 TEUR
d) Umlaufvermögen 390 TEUR
e) Rohgewinn = 1200 − 800 = 400 TEUR
f) Kalkulationszuschlagssatz $= \frac{400 \cdot 100}{800} = 50\,\%$
g) Reingewinn 100 TEUR

10

	Menge kg	AK EUR	Sollbestand kg	Sollbestand EUR	durchn. AK in EUR
Anfangsbestand	245	1666,00	245	1666,00	6,80
Einkäufe 15.01.	600	4110,00	845	5776,00	6,84
17.02.	1000	6600,00	1845	12376,00	6,71
19.04.	1500	9600,00	3345	21976,00	6,57
20.06.	2000	12400,00	5345	34376,00	6,43
18.07.	3000	18600,00	8345	52976,00	6,35
25.10.	1500	9600,00	9845	62576,00	6,36
14.12.	1000	6600,00	10845	69176,00	6,38
Endbestand			480	3062,40	
Aufwendungen für Waren			10365	66113,60	6,38
Summe AB + Eink.	10845	69176,00			

Geplanter Stundenverlauf zu Abschnitt 4.1.1: Posten der Rechnungsabgrenzung

Unterrichtsverlauf mit Hinweisen auf entscheidende Anweisungen, Fragen, Impulse u. a.	Methodisch-mediale Hinweise (Beispiele)
Einführung Vorstellung der Handlungssituation Beleganalyse und Formulierung des Arbeitsauftrages durch die Schüler	fragend-entwickelnd Belege: Bankkontoauszug mit Lastschrift und Gutschrift
Erarbeitung Erarbeitung der Buchungen zur Lastschrift	Partnerarbeit Buch S. 331 f.
Sicherung der Ergebnisse Darstellung der Ergebnisse durch die Schüler am Overheadprojektor 1. Buchung der Ausgabe 2. Umbuchung zur zeitlichen Abgrenzung 3. Buchungen zum Jahresabschluss 4. Buchung zur Eröffnung im folgenden Geschäftsjahr 5. Auflösung der ARA	Schülervorträge, Unterrichtsgespräch Tafel/Folie: ❑ Veranschaulichung der zeitlichen Abgrenzung am Zeitstrahl ❑ Buchungen ❑ Bedeutung der Posten der Rechnungsabgrenzung
Übung **Anwendung/Hausaufgabe** Erarbeitung der Buchungen zur Gutschrift (Passive Rechnungsabgrenzung)	**Einzelarbeit** Buch S. 334, Nr. 1 und 2 Analogie Einzelarbeit Buch S. 335 f.

Konto	Kontoauszug			Auszug	Blatt
360058796	SPARKASSE DUISBURG	BLZ 350 500 00		230	1

Buch.-Tag	Wert	PN	Erläuterung/Verwendungszweck	Umsätze
30.10.	30.10.	0680	DOMA-FEUERVERSICHERUNGS- PRAEMIE FUER BETRIEBSGEBAEUDE ..-11-01 bis ..-10-31	12 720,00 S
30.10.	30.10.	0940	BEKA-KUECHENSTUDIO VIERTELJAHRES- MIETE AUSSTELLUNGSHALLE NOV-JAN V. ..-05-30	14 280,00 H

KREDITZUSAGE EUR 80 000,00

IHR AKTUELLER KONTOSTAND UM 13:30 UHR EUR 130 103,95 H

BS	Letzter Auszug	Auszugsdatum	Alter Kontostand	Neuer Kontostand
44	..-10-30	..-10-31	EUR 128 543,95 H	EUR 130 103,95 H

PRIMUS KG, KOLONIESTRASSE 2-4, 47057 DUISBURG

Geplanter Stundenverlauf zu Abschnitt 4.4.1: Unternehmensbeurteilung anhand von Bilanzkennzahlen in einem Bericht

Die Stunde setzt die Kenntnis der Bilanzaufbereitung und Bilanzkennziffern voraus.

Unterrichtsverlauf mit Hinweisen auf entscheidende Anweisungen, Fragen, Impulse u. a.	Methodisch-mediale Hinweise (Beispiele)
Einführung Der Lehrer legt den Schülern die beiden letzten Bilanzen des Einzelhandelsunternehmens Josef Possen vor, von dem die Primus KG einen Auftrag über Büromöbel im Werte von 280000,00 EUR erhalten hat (Anlage 1). Die Schüler analysieren die Situation und formulieren den Arbeitsauftrag (Anlage 2).	Frontalunterricht, fragend-entwickelnd-entdeckend
Erarbeitung ❑ Die Schüler bereiten die Bilanzen auf, indem sie Posten zusammenfassen und prozentuale Anteile errechnen. ❑ Die Schüler berechnen die gewünschten Kennzahlen. ❑ Die Schüler stellen die Ergebnisse in einem Bericht zusammen.	Einzelarbeit/Partnerarbeit Lehrbuch S. 368f.
Sicherung/Hausaufgabe Transfer: Unternehmensvergleich	Lehrbuch S. 379/380, Aufgabe Nr. 2

Anlage 1

Die Primus KG hat von dem Einzelhandelsunternehmen Josef Possen einen Erstauftrag im Werte von 280000,00 EUR erhalten. Zur Beurteilung der Vermögens- und Finanzlage hat die Primus KG um Vorlage der beiden letzten Bilanzen gebeten:

Aktiva	1	2	Passiva	1	2
I. Anlagevermögen			**I. Eigenkapital**	810000,00	1050000,00
1. Grundstücke	60000,00	60000,00	**II. Fremdkapital**		
2. Gebäude	75000,00	72000,00	1. Hypothekenschulden	120000,00	120000,00
3. Fuhrpark	225000,00	525000,00	2. Darlehensschulden	360000,00	360000,00
4. Geschäftsausst.	90000,00	78000,00	3. Verbindlichkeiten a. LL	510000,00	570000,00
II. Umlaufvermögen					
1. Waren	629100,00	840900,00			
2. Forderungen a. LL	421800,00	288300,00			
3. Kasse	27900,00	18600,00			
4. Bank	271200,00	217200,00			
	1800000,00	2100000,00		1800000,00	2100000,00

Anlage 2

Arbeitsauftrag

1. Bereiten Sie die Bilanzen auf.
2. Ermitteln Sie für beide Jahre die Kennzahlen
   2.1. zum Vermögensaufbau
   a) Anlagevermögensintensität
   b) Umlaufvermögensintensität
   2.2. zur Finanzierung
   a) Eigenkapitalintensität
   b) Fremdkapitalintensität
   c) Intensität der kurzfristigen Schulden
   d) Finanzierung
   e) Verschuldungskoeffizient
   2.3. zur Anlagendeckung
   a) Anlagendeckung I
   b) Anlagendeckung II
   2.4. zur Liquidität
   a) Liquidität 1. Grades
   b) Liquidität 2. Grades
   c) Liquidität 3. Grades
   d) Liquiditätsstatus
3. Beurteilen Sie die Entwicklung des Unternehmens anhand der Kennzahlen in einem Bericht zur Bilanz.

5 Kosten- und Leistungsrechnung der Industriebetriebe

5.1 Kosten- und Leistungsrechnung als Vollkostenrechnung

5.1.1 Aufgaben und Stufen der Kosten- und Leistungsrechnung

Lehrbuch Seite 395

Arbeitsauftrag

GuV ..							
	Abrechnungsjahr	Vorjahr	Abweichungen		Abrechnungsjahr	Vorjahr	Abweichungen
6000 Aufwendungen für Rohstoffe	1 351 250,00	1 208 200,00	+ 143 050,00	5000 Umsatzerlöse für Erzeugnisse	2 184 583,25	2 125 500,00	+ 59 083,25
6020 Aufwendungen für Hilfsstoffe	47 500,00	42 500,00	+ 5 000,00	5100 Umsatzerlöse für Handelswaren	1 157 520,00	987 550,00	+ 169 970,00
6050 Aufwendungen für Energie	90 003,00	76 000,00	+ 14 003,00	5400 Mieterträge	31 500,00	30 000,00	+ 1 500,00
6080 Aufwendungen für Handelswaren	537 500,00	547 600,00	− 10 100,00	5460 Erträge aus Vermögensabgängen	22 500,00	37 000,00	− 14 500,00
6160 Fremdinstandsetzung	129 762,75	20 800,00	+ 108 962,75				
6200 Löhne	465 000,00	445 000,00	+ 20 000,00				
6300 Gehälter	377 500,00	400 000,00	− 22 500,00				
6500 Abschreibungen	63 000,00	60 000,00	+ 3 000,00				
6800 Aufwendungen für Kommunikation (Büromaterial, Post, Werbung)	147 125,00	117 000,00	+ 30 125,00				
6960 Aufwendungen aus Vermögensabgängen	76 000,00	7 650,00	+ 68 350,00				
7000 Betriebliche Steuern	40 607,50	30 500,00	+ 10 107,50				
7510 Zinsaufwendungen	22 105,00	18 550,00	+ 3 555,00				
3000 Jahresüberschuss (Gewinn)	48 750,00	206 250,00	− 157 500,00				
	3 396 103,25	3 180 050,00	216 053,25		3 396 103,25	3 180 050,00	216 053,25

Ursachen der Abweichungen:

6000 Mehrverbrauch, Preissteigerungen
6020 Mehrverbrauch, Preissteigerungen
6050 Mehrverbrauch, Preissteigerungen
6080 Mehreinsatz, Warenverteuerung, unregelmäßiger Verbrauch (Verderb, Diebstahl) ist gestiegen.
6160 Reparaturen wegen besonderer Schadensfälle
6200 Lohnerhöhung, Neueinstellung
6300 Entlassung von Angestellten, Umstellung des Vertriebssystems
6500 Erhöhte Abschreibung auf Neuanlagen
6800 Besondere Werbemaßnahmen
6960 Besondere Schadensfälle, Verkäufe von Anlagen unter Buchwert
7000 Anhebung der Kfz-Steuer, Investition in Gründstücke und Gebäude und damit Erhöhung der Grundsteuer
7510 Zusätzliche Fremdkapitalaufnahme
8020 Umsatz, Kosten, Marktentwicklung u. a.
5000 Umsatzsteigerung, Preiserhöhung
5400 Mieterhöhung
5460 weniger Verkäufe über Buchwert

Lehrbuch Seite 397

1

Stufen der KLR	Aufgaben
❏ Kostenartenrechnung	Erfassung und Gliederung der Kosten
❏ Kostenstellenrechnung	Verteilung der Kosten auf die Kostenstellen des Betriebes, in denen sie verursacht wurden
❏ Kostenträgerrechnung	Verteilung der Kosten auf die Kostenträger (Artikel, Zeiträume)

2 Die GuV-Rechnung liefert Informationen über die Erfolgsquellen und den Erfolg der Unternehmung. Sie erteilt jedoch keine Auskunft über die Wirtschaftlichkeit des Betriebes, weil ein Teil der Aufwendungen und Erträge nicht durch das Sachziel „Vertrieb von Bürobedarfsartikeln" verursacht worden ist. Darüber hinaus liefert die GuV-Rechnung keine Informationen über die Wirtschaftlichkeit einzelner betrieblicher Teilbereiche (Abteilungen, Arbeitsplätze) und einzelner Warengruppen oder Artikel, weil dazu eine entsprechende Aufgliederung der Aufwendungen notwendig ist, die in einer Summe ausgewiesen werden.

5.1.2 Grundkosten und neutraler Aufwand, Leistungen und neutrale Erträge

Lehrbuch Seite 398

Arbeitsauftrag Das Ergebnis der Finanzbuchhaltung enthält betriebsfremde und betrieblich außerordentliche Aufwendungen und Erträge. Soll die Beurteilung der eigentlichen Betriebstätigkeit nicht verfälscht werden, müssen diese von den Zweckaufwendungen (Grundkosten) abgegrenzt werden.

Lehrbuch Seiten 402, 403

1 a)

Summe der Kosten	TEUR	TEUR	**Summe der Leistungen**	TEUR
Rohstoffeinsatz (1.)	3390		Umsatzerlöse aus dem Verkauf eigener Erzeugnisse	10240
Miete (3.)	600			
Lohnzahlungen (4.)	1900			
Energie (6.)	460			
Gehaltszahlungen (7.)	1240			
Beiträge zur Berufsgenossenschaft (9.)	180			
Ausgangsfrachten (10.)	71			
Aufwendungen für Werbung und Reise (11.)	270			
Anteilige Abschreibungen auf Anlagen (12.)	740			
Energie (15.)	355			
Soziale Abgaben (Arbeitgeberanteil) (16.)	435	9641		

b) **Summe der betriebsfremden Aufwendungen** –

c) **Summe der betrieblich außerordentlichen Aufwendungen**

Rohstoffverderb (2.)	60	
Totalschaden eines Pkw (5.)	80	
Schaden an einer Abfüllanlage (8.)	205	
Kassenfehlbetrag (13.)	5	
Verzugszinsen (14.)	90	440

d) **Summe der neutralen Aufwendungen**

Summe der betriebsfremden Aufwendungen	–	
Summe der betrieblich außerordentlichen Aufwendungen	440	440

2 a) Das Betriebsergebnis und damit die Grundlage der Wirtschaftlichkeitsbeurteilung würde verfälscht.
b) Die Preise würden sprunghaft ansteigen, der Wettbewerb würde erschwert.

3 a) Das Industrieunternehmen verfolgt den Zweck, über die Produktion und den Absatz von Erzeugnissen Gewinne zu erzielen. Die Tätigkeiten der Produktion und des Absatzes sind nur möglich durch die durchdachte und planvolle Kombination der an diesen Prozessen beteiligten Produktionsfaktoren (menschliche Arbeitsleistung, Betriebsmittel und Werkstoffe). Dabei entsteht ein weitgehend feststellbarer Verbrauch dieser Produktionsfaktoren (z. B. die Zeit, in der ein Arbeiter tätig wurde), der mit einem Preis (z. B. Stundenlohn) bewertet werden kann. Diese Größe bezeichnet man als Kosten: **Verzehr an Produktionsfaktoren** im Rahmen der Produktionsprozesse, die **in einer Rechnungsperiode zur Verfolgung** des **Betriebszwecks** stattfanden.
b) Das Vorhandensein eines Unternehmens und die von ihm vorgenommenen Tätigkeiten zur Verfolgung unterschiedlicher Zielsetzung bedingen einen Werteeinsatz, der das Eigenkapital mindert und als Aufwand bezeichnet wird. Dieser freiwillige oder erzwungene, gezielt geplante oder mehr willkürlich aufgetretene Werteverzehr entspricht nicht ohne weiteres dem Begriff der Kosten. Nur wenn die Aufwendungen im Zusammenhang mit der Verfolgung des eigentlichen Betriebszwecks entstanden, sind sie betriebliche Aufwendungen und können als solche nach einer weiteren Prüfung als Kosten bezeichnet werden. Nur die betrieblichen Aufwendungen sind deckungsgleich mit dem Begriff Kosten, die in dem betreffenden Unternehmen bei der Verfolgung seines Betriebszwecks als normaler und typischer bewerteter mengenmäßiger Verzehr an Produktionsfaktoren in der abzurechnenden Rechnungsperiode angefallen sind. Diese Aufwendungen, die mit den Kosten deckungsgleich sind, werden als Zweckaufwand bezeichnet. Aufwendungen, die in keinem Zusammenhang mit dem eigentlichen Betriebszweck stehen, sind betriebsfremde Aufwendungen und keine Kosten. Sie sind abzublocken von den Kosten und zählen zu den Neutralen Aufwendungen. Betriebliche Aufwendungen, die nicht die betreffende Rechnungsperiode betreffen (periodenfremde Aufwendungen), und Aufwendungen, die nach Art und Höhe untypisch für den normalerweise ablaufenden Produktionsprozess sind, können ebenfalls nicht als Kosten bezeichnet werden und sind daher als außerordentliche und Neutrale Aufwendungen ebenfalls von den Kosten abzublocken.

c) Wird unter Wirtschaftlichkeit des Betriebes der Quotient aus Leistungen und Kosten verstanden, dann ist es verständlich, dass die falsche Erfassung der Kosten durch ihre ungenügende Abgrenzung zu den neutralen Aufwendungen den Aussagewert dieser Kennziffer erheblich beeinflussen kann, sodass eine Beurteilung der Wirtschaftlichkeit des Betriebes unmöglich wird.

d) Der bewertete mengenmäßige Verzehr an Produktionsfaktoren im Rahmen der Produktionsprozesse, der in einer Rechnungsperiode zur Verfolgung des Betriebszwecks (z. B. Produktion und Verkauf von Obst- und Gemüsekonserven eines Konservenherstellers) stattfand, wurde als Kosten bezeichnet. Dieser Rechengröße für den Werteverzehr steht als Rechengröße für die Ergebnisse dieser Tätigkeiten der Leistungsbegriff gegenüber. Ist das Werteschaffen das Ergebnis der Verwirklichung des eigentlichen Betriebszwecks (Wert der erstellten und/oder verkauften Obst- u. Gemüsekonserven) innerhalb einer Rechnungsperiode, dann werden diese geschaffenen Werte als Leistung bezeichnet.

4

	Geschäftsfälle	a	b	c	d
1.	Verkauf von Tischen	×			
2.	Mieteinnahmen				×
3.	Verkauf eines Pkw über Buchwert		×		
4.	Rückerstattung zu viel bezahlter Gewerbesteuer			×	
5.	Zinsen für ein einem Kunden gewährtes Darlehen		×		
6.	Verkauf verschiedener Artikel (Handelswaren) zur Möbelbehandlung (Wachs, Lack u. Ä.)	×			
7.	Eine Gewährleistungsrückstellung erübrigt sich; sie wird aufgelöst			×	
8.	Verkauf eines gebrauchten PC über Buchwert		×		

5 a) 3. Quartal 146 900,00 EUR Gewinn
4. Quartal 80 200,00 EUR Verlust

b)

6000	+ 9,9 %	5000	− 3,3 %
6100	+ 13 %	5010	− 13,8 %
6200	− 1,2 %	5400	+ 20,8 %
6300	− 0,8 %	Erträge insgesamt	− 6,9 %
6400	− 0,4 %		
6500	+ 4,1 %		
6700	+ 14 %		
6800	+ 26 %		
6900	− 11 %		
7000	0		
7500	0		
Aufwendungen insgesamt	+ 4,6 %		

c)

Aufwandsart	mögliche Gründe für Abweichungen
6000	Preissteigerungen der Rohstoffe.
6100	Es können recht verschiedene Ursachen vorliegen, die betrieblicher, betriebsfremder oder betrieblich außerordentlicher Natur sind. So könnten beispielsweise verstärkt Reparaturen aufgrund von Schadensfällen eingetreten sein (betrieblich außerordentlicher Aufwand).
6200–6400	Die Personalkosten gingen geringfügig (etwa 2,4 %) zurück. Vermutlich konnte der Einsatz von Arbeitskräften (z. B. Überstunden) gering abgebaut werden, um eine Anpassung an die veränderte Erlössituation (−6,9 %) zu ermöglichen.
6500	Die geringfügig erhöhten Abschreibungen könnten durch kleinere Nettoinvestitionen im Sachanlagevermögen verursacht worden sein.
6700	Es wäre denkbar, dass sich die Kostengüterpreise beispielsweise bei Miete und Beratungskosten erhöht haben.
6800	Um weitere Erlösrückgänge zu verhindern, könnten im Rahmen einer antizyklischen Werbeaktion die Aufwendungen dieser Aufwandsart angestiegen sein.
6900	Es ist möglich, dass im vorherigen Quartal höhere Versicherungsbeiträge als im vierten Quartal geleistet wurden.
7000–7500	keine Veränderungen
	Die Verringerung der Erträge (−6,9 %) bei steigenden Aufwendungen (+4,6 %) bewirkt eine Verschlechterung der Wirtschaftlichkeit dieses Unternehmens, wobei zu beachten ist, dass nicht alle aufgeführten Aufwendungen perioden- und sachzielbezogen sind.

c)

Aufwandsart	mögliche Gründe für Abweichungen
5000	Bei der Sortimentsgruppe Mixer zeigt sich ein leichter Umsatzrückgang von 3,3 %, der sowohl auf Preissenkungen als auch auf einen Absatzrückgang zurückgeführt werden könnte.
5010	Der Rückgang von 13,8 % bei der Sortimentsgruppe Elektromesser zeigt möglicherweise an, dass sich einzelne Artikel in der Degenerationsphase befinden und unter Umständen eine Produktelimination sinnvoll wird.
5400	Die Steigerung der sonstigen betrieblichen Erträge um 20,8 % kann aus betriebsfremden Quellen (vermietete Betriebsgebäude) oder aus betrieblich außerordentlichen Ursachen (Verkäufe von Anlagevermögen über Buchwert) verursacht sein.

d) Den Erträgen aus einzelnen Warengruppen stehen sämtliche Aufwendungen, d.h. also auch betriebsfremde und betrieblich außerordentliche Aufwendungen gegenüber. Außerdem sind die in den Aufwendungen der Finanzbuchhaltung enthaltenen sachzielbezogenen Aufwendungen (Zweckaufwendungen) den Warengruppen zuzuordnen, sodass die Wirtschaftlichkeit einzelner Warengruppen nicht feststellbar ist.

e) ❑ Abgrenzung der betriebsfremden und betrieblich außerordentlichen Aufwendungen
❑ Zuordnung der dann verbleibenden Kosten zu den Kostenträgern (Warengruppen) mittels der KLR.

5.1.3 Statistische Ermittlung des Betriebsergebnisses durch eine Abgrenzungsrechnung

Lehrbuch Seite 404

Arbeitsauftrag In dieser Aufstellung sind
- ❑ betriebsfremde und
- ❑ betrieblich außerordentliche

Aufwendungen und Erträge aus dem Ergebnis der Finanzbuchhaltung herauszufiltern und jeweils getrennt auszuweisen. Danach verbleibt das Betriebsergebnis (vgl. Lehrbuch S. 404 ff.).

Lehrbuch Seiten 407 bis 410

1

Abgrenzungsrechnung / Aufwands- und Ertragspositionen		I Werte der Finanzbuchführung		II Unternehmensbezogene Abgrenzungsrechnung	
		1	2	3	4
Konto	Bezeichnung	Aufwendg.	Erträge	Aufwendg.	Erträge
5000	Umsatzerlöse für Erzeugnisse	–	15400000,00	–	–
5400	Mieterträge	–	115500,00	–	115500,00
5710	Zinserträge	–	148500,00	–	148500,00
6000	Aufwendungen für Rohstoffe	6765000,00	–	33000,00	–
6140	Ausgangsfrachten und Fremdlager	583000,00	–	–	–
6150	Vertriebsprovisionen	445500,00	–	–	–
6160	Fremdinstandsetzungen	404250,00	–	46750,00	–
62-64	Personalaufwendungen	4730000,00	–	–	–
6520	Abschreibungen auf Sachanlagen	495000,00	–	16500,00	–
67	Aufw. für Rechte und Dienste	225500,00	–	–	–
68	Aufwendungen für Kommunikation	624250,00	–	2750,00	–
6900	Versicherungsbeiträge	123750,00	–	9350,00	–
70	Betriebliche Steuern	550000,00	–	4950,00	–
7510	Zinsaufwendungen	93500,00	–	11550,00	–
		15039750,00 624250,00	15664000,00	124850,00 139150,00	264000,00
		15664000,00	15664000,00	264000,00	264000,00

	Gesamtergebnis des Unternehmens	624250,00 EUR
–	Ergebnis unternehmensbezogener Abgrenzungsrechnung (Pos. Saldo der betriebsfremden Aufwendungen und Erträge)	139150,00 EUR
	Vorläufiges Betriebsergebnis	485100,00 EUR

2

Abgrenzungsrechnung / Aufwands- und Ertragspositionen		I Werte der Finanzbuchführung		II Unternehmensbezogene Abgrenzungsrechnung	
		1	2	3	4
Konto	**Bezeichnung**	**Aufwendg.**	**Erträge**	**Aufwendg.**	**Erträge**
5000	Umsatzerlöse für Erzeugnisse	–	3 087 500,00	–	–
5400	Mieterträge	–	136 500,00	–	136 500,00
5710	Zinserträge	–	234 000,00	–	234 000,00
6000	Aufwendungen für Rohstoffe	910 000,00	–	34 600,00	–
6160	Fremdinstandsetzungen	299 000,00	–	8 125,00	–
62/63	Löhne/Gehälter	1 108 000,00	–	–	–
64	Soziale Abgaben	275 000,00	–	–	–
6520	Abschreibungen auf Sachanlagen	308 000,00	–	6 500,00	–
6800	Aufwendungen für Kommunikation	123 500,00	–	390,00	–
6900	Versicherungsbeiträge	403 000,00	–	1 200,00	–
7000	Betriebliche Steuern	113 000,00	–	1 800,00	–
7510	Zinsaufwendungen	39 000,00	–	2 600,00	–
		3 578 500,00	3 458 000,00 120 500,00	55 215,00 315 285,00	370 500,00
		3 578 500,00	3 578 500,00	370 500,00	370 500,00

Gesamtergebnis des Unternehmens	– 120 500,00 EUR
+ Ergebnis unternehmensbezogener Abgrenzungsrechnung	+ 315 285,00 EUR
Vorläufiges Betriebsergebnis	194 785,00 EUR

3

Abgrenzungsrechnung / Aufwands- u. Ertragspositionen		I Werte der Finanzbuchführung		II Unternehmensbezogene Abgrenzungsrechnung		III Betriebsbezogene Abgrenzungsrechnung		IV Kosten- und Leistungsarten	
		1	2	3	4	5	6	7	8
Konto	**Bezeichnung**	**Aufwendungen**	**Erträge**	**Aufwendungen**	**Erträge**	**Aufwendungen**	**Erträge**	**Kosten**	**Leistungen**
5000	Umsatzerlöse für Erzeugnisse	–	4 200 000,00	–	–	–	–	–	4 200 000,00
5400	Mieterträge	–	180 000,00	–	180 000,00	–	–		
5710	Zinserträge	–	1 000,00	–		–	1 000,00	–	–
6000	Aufwendungen für Rohstoffe	1 450 000,00	–		–	21 000,00	–	1 429 000,00	–
62-64	Personalaufwand	1 300 000,00	–	–	–	–	–	1 300 000,00	–
6520	Abschreibungen auf Sachanlagen	250 000,00	–	12 000,00	–	–	–	238 000,00	–
66-69	Sonstige betr. Aufwendungen	910 000,00	–	–	–	–	–	910 000,00	–
6960	Verluste aus Vermögensabgängen	75000,00	–	–	–	75 000,00	–	–	–
7000	Betriebliche Steuern	90 000,00	–	2 500,00	–	15 000,00	–	72 500,00	–
7510	Zinsaufwendungen	35 000,00	–	–	–	–	–	35 000,00	–
		4 110 000,00 271 000,00	4 381 000,00	14 500,00 165 500,00	180 000,00 –	111 000,00 –	1 000,00 110 000,00	3 984 500,00 215 500,00	4 200 000,00 –
		4 381 000,00	4 381 000,00	180 000,00	180 000,00	111 000,00	111 000,00	4 200 000,00	4 200 000,00

Abstimmung der Ergebnisse:

	EUR
Betriebsergebnis	215 500,00
– Ergebnis aus betriebsbezogener Abgrenzungsrechnung	110 000,00
= Vorläufiges Ergebnis	105 500,00
+ Ergebnis aus unternehmensbezogener Abgrenzungsrechnung (aus dem Unternehmensergebnis abgefilterter betriebsfremder Gewinn)	165 500,00
= Unternehmensergebnis (Gesamtergebnis des Unternehmens)	271 000,00

4 a) betrieblich außerordentlicher Aufwand; nicht geeignet;
b) betrieblich außerordentlicher Aufwand; nicht geeignet;
c) betriebsfremd; nicht geeignet;
d) periodenfremd, damit betrieblich außerordentlich; nicht geeignet;
e) betrieblich; geeignet;
f) betriebsfremd; nicht geeignet;
g) betrieblich außerordentlich, nicht geeignet; stattdessen Fremdversicherungsprämie.

5.1.4 Kostenrechnerische Korrekturen durch Erfassen von Zusatzkosten

Lehrbuch Seite 410

Arbeitsauftrag Würde man die betrieblich außerordentlichen Aufwendungen in der Rechnungsperiode ihrer Entstehung nach in die Preise einkalkulieren, könnte das zu Wettbewerbsnachteilen führen, will man nicht – zumindest kurzfristig – auf Gewinneinbußen verzichten.
Sinnvoll ist es, für solche Risiken aufgrund von Erfahrungswerten einen gleich bleibenden Durchschnittsbetrag anzusetzen, also in die Kostenrechnung einen anderen Aufwand einzubeziehen, als er in Wirklichkeit entstanden ist.

Lehrbuch Seiten 419 bis 421

1 Die Finanzbuchhaltung darf Anlagegüter höchstens zu Anschaffungskosten bewerten. Die AfA darf somit höchstens die Anschaffungskosten über die Jahre der Nutzung verteilen.
Bei der Wahl der Abschreibungsmethode spielen steuerliche und liquiditätspolitische Gesichtspunkte die größte Rolle.
Die KLR verfolgt das Ziel der Substanzerhaltung und der Wettbewerbsfähigkeit. Abschreibungen sind hier als Kosten anzusetzen, die in die Preise eingehen, über die die Anschaffungswerte somit nach und nach in den Betrieb zurückfließen.
Wegen erwarteter Preissteigerungen bzw. wegen Kaufkraftschwund muss die kalkulatorische Abschreibung vom gestiegenen Wiederbeschaffungspreis berechnet werden, damit das Unternehmen keinen Substanzverlust erleidet.

2

Maschine	bilanzmäßige Abschreibung	kalkulatorische Abschreibung
AK bzw. WK Abschreibungsrate 1	600 000,00 60 000,00	800 000,00 80 000,00
Buchwert 1 Abschreibungsrate 2	540 000,00 60 000,00	720 000,00 80 000,00
Buchwert 2 Abschreibungsrate 3	480 000,00 60 000,00	640 000,00 80 000,00
Buchwert 3	420 000,00	560 000,00

3 a) **Berechnung der kalkulatorischen Zinsen:**

	EUR	EUR
Betriebsnotwendiges Anlagevermögen	3 000 000,00	
Betriebsnotwendiges Umlaufvermögen	3 000 000,00	
Betriebsnotwendiges Vermögen:		6 000 000,00
– **Abzugskapital:** Verbindlichkeiten a. LL	900 000,00	
Anzahlungen von Kunden	300 000,00	1 200 000,00
Betriebsnotwendiges Kapital:		4 800 000,00
Kalkulatorische Zinsen bei einem Zinssatz von 10 %		480 000,00

Da die Zinsaufwendungen 270 000,00 EUR betragen, belaufen sich die echten Zusatzkosten auf 210 000,00 EUR.

b) **Begründung für den Ansatz kalkulatorischer Zinsen:**
Die Kostenrechnung versucht, den mit der Leistungserstellung und Leistungsverwertung im Zusammenhang stehenden Güterverzehr zu erfassen. Der Erlös für die abgesetzten Leistungen muss eine Verzinsung des im Betrieb für die Leistungserstellung gebundenen Kapitals ermöglichen. Ein Teil dieser über kostendeckende Erlöse hereinfließenden Verzinsung für das betriebsnotwendige Kapital geht als Fremdkapitalzins an die Kreditgeber. Der verbleibende Rest verbleibt als Zins für im Unternehmen gebundenes Eigenkapital dem Unternehmer. Vergütet der Markt über die Erlöse nicht den Einsatz des Eigenkapitals, dann wäre es doch sehr sinnvoll, dieses Eigenkapital in anderen zinsgünstigen Projekten anzulegen.

4 a) 2,8 e) 6,7
b) 1,7 f) 2,4
c) 1,5 g) 1,5
d) 1,3 h) 6,7

5 a) und c)

Konto	Finanzbuchhaltung		als Kosten verrechnet
	Aufwand	Ertrag	
6030 6160 6900 7020 kalk. Miete	18000,00 54000,00 4800,00 12000,00		 36000,00
	88800,00		36000,00

↑ Abgrenzung in der betriebsbezogenen Abgrenzungsrechnung

↑ Verrechnung der kalkulatorischen Miete

b) **Inhalt und Bedeutung der kalkulatorischen Miete**
Das Beispiel zeigt, dass die Aufwendungen der Finanzbuchhaltung in der angefallenen Höhe nicht für die Zwecke der Kostenrechnung geeignet sind, weil sie nicht den normalerweise anfallenden Verzehr dieses Produktionsfaktors vollständig erfassen. So sind beispielsweise die Reparaturaufwendungen in dieser Höhe für die Kostenrechnung nicht ansetzbar und bedürfen einer anteilmäßigen Berücksichtigung in der kalkulatorischen Miete. Die kalkulatorische Miete will den tatsächlichen Verzehr, der durch die Nutzung der betriebsnotwendigen Grundstücke und Gebäude für die Leistungserstellung und die Leistungsverwertung anfällt, vollständig und gleichmäßig erfassen. Damit ermöglicht sie vergleichbare Kostenauswertungen und von erheblichen Schwankungen unbeeinflusste Kalkulationen.

6 50 Beschäftigte – 40 Mio. EUR Umsatz — 210000,00 EUR Unternehmerlohn
20 Beschäftigte – 18 Mio. EUR Umsatz — x EUR Unternehmerlohn

$$x = \frac{210000 \cdot 20 \cdot 18}{50 \cdot 40} = 37800{,}00 \text{ EUR}$$

7

Abgrenzungsrechnung / Aufwands- u. Ertragspositionen		I Werte der Finanzbuchführung		II Unternehmensbezogene Abgrenzungsrechnung		III Betriebsbezogene Abgrenzungsrechnung		IV Kosten- und Leistungsarten	
		1	2	3	4	5	6	7	8
Konto	**Bezeichnung**	**Aufwendungen**	**Erträge**	**Aufwendungen**	**Erträge**	**Aufwendungen**	**Erträge**	**Kosten**	**Leistungen**
5000	Umsatzerlöse für Erzeugnisse	–	9 300 000,00	–	–	–	–	–	9 300 000,00
5400	Mieterträge	–	240 000,00	–	240 000,00	–	–	–	–
5710	Zinserträge	–	3 200,00	–	–	–	3 200,00	–	–
6000	Aufwendungen für Rohstoffe	2 470 000,00	–	–	–	132 000,00	–	2 338 000,00	–
62–64	Personalaufwand	3 900 000,00	–	–	–	–	–	3 900 000,00	–
6520	Abschreibungen auf Sachanlagen	480 000,00	–	17 500,00	–	462 500,00	–	–	–
66–69	Sonstige betr. Aufwendungen	1 670 000,00	–	–	–	–	–	1 670 000,00	–
6960	Verluste aus Vermögensabgängen	182 000,00	–	182 000,00	–	–	–	–	–
7000	Betriebliche Steuern	260 000,00	–	6 200,00	–	42 000,00	–	211 800,00	–
7510	Zinsaufwendungen	64 000,00	–	–	–	64 000,00	–	–	–
	Kalkulatorische Abschreibungen	–	–	–	–	–	265 000,00	265 000,00	–
	Kalkulatorische Zinsen	–	–	–	–	–	117 000,00	117 000,00	–
	Kalkulatorische Wagnisse	–	–	–	–	–	48 000,00	48 000,00	–
		9 026 000,00	9 543 200,00	205 700,00	240 000,00	700 500,00	433 200,00	8 549 800,00	9 300 000,00
		517 200,00		34 300,00	–	–	267 300,00	750 200,00	–
		9 543 200,00	9 543 200,00	240 000,00	240 000,00	882 500,00	882 500,00	9 300 000,00	9 300 000,00

Abstimmung der Ergebnisse

	EUR
Betriebsergebnis	750 200,00
– Ergebnis aus betriebsbezogener Abgrenzungsrechnung	267 300,00
= Vorläufiges Ergebnis	482 900,00
+ Ergebnis aus unternehmensbezogener Abgrenzungsrechnung (aus dem Unternehmensergebnis abgefilterter betriebsfremder Gewinn)	34 300,00
= Unternehmensergebnis (Gesamtergebnis des Unternehmens)	517 200,00

5.1.5 Gliederung der Kosten nach ihrer Zurechenbarkeit

Lehrbuch Seite 422

Arbeitsauftrag Ursachen dieser Entwicklung können kosten- oder umsatz- bzw marktbedingt sein: Kosten der Produktionsfaktoren, Fertigungsverfahren (Organisation und Typ), Marktpreise, Konkurrenz usw.
Die Wirtschaftlichkeit der einzelnen Produkte muss laufend beobachtet werden.
Dazu sind den Umsatzerlösen jedes Produktes dessen Kosten gegenüberzustellen.
Die Kosten sind jedoch nur teilweise direkt und damit exakt zurechenbar, nämlich die Einzelkosten.
Die Zurechnung von Gemeinkosten bereitet Schwierigkeiten.

Lehrbuch Seiten 424, 425

1

1. a	3. b	5. b	7. b	9. b	11. a
2. b	4. b	6. a	8. a	10. b	

2

Kosten / Aufwendungen	Einzelkosten	Gemeinkosten
6000	×	
6020		×
6040		×
6050		×
6080	×	
6150	×	
6160		×
6200		×
6300		×
6400		×
6500		×
6700		×
6730		×
6750		×
6800		×
6820		×
6870		×
7000		×
7030		×

3

Fälle	Einzel-kosten	Gemein-kosten
1. Wert des Holzeinsatzes zur Tischherstellung	×	
2. Stromverbrauch lt. Zähler		×
3. Kfz-Steuer für den Betrieb-Lkw		×
4. Prämie für Unfallversicherung		×
5. Gehälter für die Büroangestellten		×
6. Werbeanzeigekosten für Sonderangebote	×	×
7. Vertreterprovision lt. aufgeschlüsselter Abrechnung über den Verkauf von Möbeln	×	
8. Spezialverpackung für verkaufte Schränke	×	
9. Gewerbesteuervorauszahlung		×
10. Steuerberatungskosten		×
11. Reinigungsmaterial für die Büroräume		×
12. Arbeitslohn für Facharbeiter		×
13. Ausgleich der Stromrechnung durch Banküberweisung		×

5.2 Kostenstellenrechnung

Lehrbuch Seite 425

Arbeitsauftrag Um die Gemeinkosten beeinflussen zu können, muss der Unternehmer wissen,
- ❑ **wo** sie entstanden sind und
- ❑ **wer** sie zu verantworten hat.

Dazu ist der Betrieb in Kostenstellen nach Verantwortungs- oder Funktionsbereichen zu gliedern. Die Gemeinkosten sind dann den Kostenstellen zuzurechnen.

Lehrbuch Seiten 432 bis 434

1

Gemeinkostenart	Betrag	Kostenstellen			
		Material I	Fertigung II	Verwaltung III	Vertrieb IV
GKM	480 000,00	12 000,00	456 000,00	2 000,00	10 000,00
Brennstoffe, Energien	160 000,00	4 480,00	118 400,00	35 200,00	1 920,00
Wasser	12 000,00	750,00	9 000,00	2 000,00	250,00
Löhne: Hilfslöhne	120 000,00	12 000,00	108 000,00	–	–
Gehälter	540 000,00	56 000,00	102 000,00	324 000,00	58 000,00
Sozialabgaben	220 000,00	10 000,00	120 000,00	80 000,00	10 000,00
Fremdinstandsetzung	100 000,00	6 000,00	70 000,00	4 000,00	20 000,00
Versicherungsprämien	38 000,00	1 000,00	8 000,00	1 000,00	28 000,00
Versch. Aufwend.	380 000,00	25 000,00	75 000,00	230 000,00	50 000,00
Abschreibungen	500 000,00	20 000,00	280 000,00	50 000,00	150 000,00
Zinsaufwendungen	150 000,00	40 000,00	48 000,00	24 000,00	38 000,00
	2 700 000,00	187 230,00	1 394 400,00	752 200,00	366 170,00

2

Gemeinkostenart	Betrag	Kostenstellen			
		Material I	Fertigung II	Verwaltung III	Vertrieb IV
GKM	12 000,00	500,00	10 600,00	–	900,00
Energie, Wasser	2 870,00	280,00	1 768,00	365,00	457,00
Gehälter	56 000,00	15 000,00	3 600,00	30 000,00	7 400,00
Sozialabgaben	10 900,00	4 400,00	900,00	4 100,00	1 500,00
Fremdinstandsetzung	4 600,00	300,00	3 100,00	700,00	500,00
Versicherungsprämien	1 700,00	200,00	1 000,00	400,00	100,00
Versch. Aufwend.	16 700,00	800,00	3 400,00	10 500,00	2 000,00
Abschreibungen	9 000,00	–	5 400,00	3 600,00	–
	113 770,00	21 480,00	29 768,00	49 665,00	12 857,00

3 Der BAB enthält Spalten für einzelne Kostenstellen oder Kostenverursachungsbereiche, auf die die Gemeinkosten verursachungsgerecht verteilt werden. Für Haushalte können die Kostenspalten nach Funktionsbereichen benannt werden:

Wohnzimmer	Küche	Schlafzimmer	Kinderzimmer

Sinnvoll ist auch eine Unterteilung **nach Güterkategorien bzw. Verwendungsformen**, wie Essen, Kleidung, Bildung, Freizeit/Urlaub, Sonstiges, oder nach Personen, wie Vater, Mutter, Kinder. In jedem Falle ergeben sich spezifische Zuordnungsprobleme.

4 a) Bei einer Kostenstellenbildung nach den Funktionen Beschaffung, Produktion, Absatz und Verwaltung werden die Gemeinkosten diesen vier Funktionsbereichen zugeordnet. In kleineren Betrieben reicht diese Kostenstellenbildung völlig aus, weil damit dort häufig eine Übereinstimmung mit den Verantwortungsbereichen erzielt wird.
In Großbetrieben ist eine weitere Gliederung und dazu die Bildung von allgemeinen Kostenstellen notwendig. In der Primus KG bedingt das eine Zuordnung der allgemeinen Verwaltungskosten der Geschäftsleitung und des Sekretariats.

b) Eine Kostenstellenbildung nach Gruppenleitern hat den Vorteil, dass ein direkter Zusammenhang zwischen verantwortlichen Personen und Gemeinkosten hergestellt wird. Somit wird auch eine direkte Beeinflussung der Kosten über die verantwortlichen Personen möglich. Probleme der tieferen personenbezogenen Kostenstellengliederung liegen in der Festlegung geeigneter verursachungsgerechter Verteilungsschlüssel auf 21 Stellen lt. Organigramm der Primus KG.
Bei einer Kostenstellenbildung nach Hauptfunktionsbereichen oder Abteilungen wird die Schlüsselfindung vereinfacht.

c) Gemeinkosten sollen möglichst Kostenstellen zugeordnet werden, die mit Verantwortungsbereichen übereinstimmen. Dadurch wird eine direkte Beeinflussbarkeit der Kosten ermöglicht. Dies ist für Kostenkontrollen und Kostenvorgaben von großer Bedeutung.

d) In einem Kostenstellenplan werden die Kostenstellen und die für den jeweiligen Bereich verantwortlichen Personen festgelegt.
Durch Vergleich der Kostenstellen untereinander wird dann die Verantwortung der einzelnen Kostenstellen für die Gesamtkosten verdeutlicht. Durch Vergleich der Ergebnisse von Rechnungsperiode zu Rechnungsperiode kann die Entwicklung jeder Kostenstelle beobachtet werden.

5 a) **Aufgaben der Kostenartenrechnung**
- Abgrenzung der betriebsfremden und betrieblich a. o. Aufwendungen und Erträge und Erfassung der Grundkosten und Leistungen
- Ansatz kalkulatorischer Kosten für betriebliche Aufwendungen, die nicht für die KLR geeignet sind (Kalk. Abschreibungen, kalk. Zinsen, kalk. Wagnisse)
- Ansatz kalkulatorischer Kosten für Werteverzehr, dem kein Aufwand in der Fibu gegenübersteht (kalk. Unternehmerlohn)
- Gliederung der Kostenarten für Zwecke der Weiterverrechnung (fixe und variable, Einzel- und Gemeinkosten u. a.)

Aufgaben der Kostenstellenrechnung
- Verteilung der Gemeinkosten auf die Gemeinkostenstellen
- Überwachung der Gemeinkosten jeder Kostenstelle
- Beobachtung der Kostenentwicklung der einzelnen Kostenstellen von Jahr zu Jahr
- Ermittlung von Zuschlagssätzen für die Gemeinkosten jeder Kostenstelle

b)
- Die Gemeinkosten betreffen teilweise mehrere Kostenstellen oder den ganzen Betrieb.
- Mithilfe von Schlüsseln werden sie daher verteilt.
- Die Schlüssel geben nicht das Verhältnis oder kaum das Verhältnis der Kostenverursachung wieder.
- Kostenstellenleiter müssen deshalb oft Kosten verantworten, die ihre Stelle nicht verursacht hat.

6

Kostenart	Betrag	EDV	Einkauf	Lager	Verwaltung	Vertrieb	Gruppe A	Gruppe B	Gruppe C
6050	28009,00	5250,00	4200,00	9250,00	1350,00	6150,00	650,00	600,00	559,00
6140	35000,00	—	—	—	—	19000,00	10000,00	3600,00	2400,00
6160	17500,00	800,00	1600,00	10000,00	1100,00	4000,00	—	—	—
63/64	171000,00	9000,00	21000,00	36000,00	27000,00	45000,00	18000,00	9000,00	6000,00
6800	139995,00	8235,00	24705,00	41175,00	16470,00	49410,00	—	—	—
6850	14000,00	—	—	—	—	10000,00	2500,00	1000,00	500,00
6870	42000,00	—	—	—	6000,00	24000,00	4000,00	6000,00	2000,00
70	20987,00	1354,00	3385,00	6093,00	4739,00	5416,00	–	—	—
Kalk. Abschr.	126005,00	21361,00	14510,00	28482,00	15541,00	39824,00	2450,00	1400,00	2437,00
Kalk. Miete	105504,00	6000,00	3600,00	36000,00	10800,00	37200,00	2400,00	5400,00	4104,00
	700000,00	52000,00	73000,00	167000,00	83000,00	240000,00	40000,00	27000,00	18000,00
Vert. EDV			7200,00	12000,00	18000,00	8000,00	2800,00	1600,00	2400,00
Zwischensumme			80200,00	179000,00	101000,00	248000,00	42800,00	28600,00	20400,00
Vert. Einkauf 3 : 4 : 1							30075,00	40100,00	10025,00
Vert. Lager 11 : 5 : 4							98450,00	44750,00	35800,00
Vert. Verwaltung 3 : 1 : 1							60600,00	20200,00	20200,00
Vert. Vertrieb 3 : 5 : 2							74400,00	124000,00	49600,00
							306325,00	257650,00	136025,00

5.3 Kostenträgerrechnung als Vollkostenrechnung

Lehrbuch Seite 434

Arbeitsaufträge

- Nur so können artikelbezogene Entscheidungen getroffen werden: Förderung durch Werbung, Sortimentserweiterung oder -bereinigung u. a.
- Die Erfolgsermittlung einzelner Produkt- oder Warengruppen setzt voraus, dass den Umsatzerlösen jedes Produkts oder jeder Produktgruppe die durch sie verursachten Selbstkosten gegenübergestellt werden. Die Gemeinkosten, die im BAB nach den Funktionsbereichen gegliedert werden, können jetzt im Verhältnis zu dem Wareneinsatz (Einzelkosten) mithilfe von Zuschlagssätzen verteilt werden.

Lehrbuch Seiten 441, 442

1 a)–b)

Kostenträgerzeitrechnung	Insgesamt EUR	%	Erzeugnis A EUR	Erzeugnis B EUR
Fertigungsmaterial	297 000,00		231 000,00	66 000,00
Materialgemeinkosten lt. BAB	74 250,00	25	57 750,00	16 500,00
Materialkosten	371 250,00		288 750,00	82 500,00
Fertigungslöhne	731 500,00		577 500,00	154 000,00
Fertigungsgemeinkosten lt. BAB	877 800,00	120	693 000,00	184 800,00
Fertigungskosten	1 609 300,00		1 270 500,00	338 800,00
Herstellung der Fertigung und des Umsatzes	1 980 550,00		1 559 250,00	421 300,00
Verwaltungsgemeinkosten lt. BAB	158 444,00	8	124 740,00	33 704,00
Vertriebsgemeinkosten lt. BAB	99 027,50	5	77 962,50	21 065,00
Selbstkosten des Umsatzes	2 238 021,50		1 761 952,50	476 069,00
Umsatzerlöse	2 649 933,00		2 114 343,00	535 590,00
Betriebsergebnis: (Gewinn)	411 911,50		352 390,50	59 521,00

c)

Anteil der Erzeugnisse am Gesamtergebnis		
	Erzeugnisanteil in EUR	Erzeugnisanteil in %
A	352 390,50	85,6
B	59 521,00	14,4
Gesamtergebnis	411 911,50	100,0

d)

	Produkt A	Produkt B
Herstellkosten je Erzeugniseinheit	$\frac{1\,559\,250}{11\,550} = 135{,}00$ EUR	$\frac{421\,300}{2\,200} = 191{,}50$ EUR
Selbstkosten je Erzeugniseinheit	$\frac{1\,761\,952{,}50}{11\,550} = 152{,}55$ EUR	$\frac{476\,069}{2\,200} = 216{,}40$ EUR
Umsatzerlöse je Erzeugniseinheit	$\frac{2\,114\,343}{11\,550} = 183{,}06$ EUR	$\frac{535\,590}{2\,200} = 243{,}45$ EUR

e)

Wirtschaftlichkeit	insgesamt	Produkt A	Produkt B
$\frac{\text{Umsatzerlöse}}{\text{Selbstkosten des Umsatzes}}$	$\frac{2\,649\,933}{2\,238\,021{,}50} = 1{,}18$	$\frac{2\,114\,343}{1\,761\,952{,}50} = 1{,}20$	$\frac{535\,590}{476\,069} = 1{,}13$

2

Kostenträgerzeitrechnung	Vorjahr EUR	%	Berichtsjahr EUR	%	Veränderungen EUR	%
Fertigungsmaterial	525 000,00		396 000,00		– 129 000,00	– 24,57
Materialgemeinkosten lt. BAB	63 000,00	12	49 500,00	12,5	– 13 500,00	– 21,43
Materialkosten	588 000,00		445 500,00		– 142 500,00	– 24,23
Fertigungslöhne	350 000,00		264 000,00		– 86 000,00	– 24,57
Fertigungsgemeinkosten lt. BAB	326 900,00	93,4	260 568,00	98,7	– 66 332,00	– 20,29
Fertigungskosten	676 900,00		524 568,00		– 152 332,00	– 22,50
Herstellung der Fertigung und des Umsatzes	1 264 900,00		970 068,00		– 294 832,00	– 23,31
Verwaltungsgemeinkosten lt. BAB	239 066,10	18,9	179 462,58	18,5	– 59 603,52	– 24,93
Vertriebsgemeinkosten lt. BAB	63 245,00	5	53 353,74	5,5	– 9 891,26	– 15,64
Selbstkosten des Umsatzes	1 567 211,10		1 202 884,32		– 364 326,78	– 23,25
Umsatzerlöse	1 943 375,00		1 465 860,00		– 477 515,00	–24,57
Betriebsergebnis: (Gewinn)	376 163,90		262 975,68		– 113 188,22	– 30,09

ac)

	Vorjahr	Berichtsjahr
Herstellkosten je Erzeugniseinheit	$\frac{1\,264\,900}{8\,750} = 144{,}56$ EUR	$\frac{970\,068}{6\,600} = 146{,}98$ EUR
Selbstkosten je Erzeugniseinheit	$\frac{1\,567\,211{,}10}{8\,750} = 179{,}11$ EUR	$\frac{1\,202\,884{,}32}{6\,600} = 182{,}26$ EUR
Umsatzerlöse je Erzeugniseinheit	$\frac{1\,943\,375}{8\,750} = 222{,}10$ EUR	$\frac{1\,465\,860}{6\,600} = 222{,}10$ EUR
ad) Wirtschaftlichkeit: $\frac{\text{Umsatzerlöse}}{\text{Selbstkosten des Umsatzes}}$	$\frac{1\,943\,375}{1\,567\,211{,}10} = 1{,}24$	$\frac{1\,465\,860}{1\,202\,884{,}32} = 1{,}22$

b) Der Vergleich zeigt, dass die Produktionsmenge von 8 750 auf 6 600 zurückgegangen ist. Dies kommt auch im Umsatz zum Ausdruck, der um 477 515,00 EUR oder 24,57 % gefallen ist. Das Betriebsergebnis ist um 30 % gefallen, obwohl die Kosten durchweg über 20 % gesenkt werden konnten.

3 a) **Errechnung der Zuschlagssätze** (TEUR)

	FM	800	
55 %	MGK	440	
	MK		1 240
	FL	200	
380 %	FGK	760	
	FK		960
	HStK		2 200
45 %	VwGK		990
9 %	VtGK		198
	Selbstkosten		3 388

b) **Selbstkosten des Produktes** (EUR)

FM	1 000,00	
MGK	550,00	
MK		1 550,00
FL	400,00	
FGK	1 520,00	
FK		1 920,00
HStK		3 470,00
VwGK		1 561,50
VtGK		312,30
Selbstkosten		5 343,80

4 a)

Fertigungsmaterial	100 %	
MGK-Satz	60 %	
Materialkosten	160 %	= 320,00 EUR

$\frac{320 \cdot 100}{160} = 200{,}00$ EUR

b)

Fertigungsmaterial		200,00 EUR	
Materialgemeinkosten	60 %	120,00 EUR	
Materialkosten			320,00 EUR
Fertigungslöhne	100 %	180,00 EUR	
Fertigungsgemeinkosten	? %	120,00 EUR	
Fertigungskosten			300,00 EUR
Herstellungskosten			620,00 EUR

FGK-Satz: $\frac{120 \cdot 100}{180} = 66\,2/3\,\%$

c) Herstellkosten

Herstellkosten		620,00 EUR
Verwaltungs- und Vertriebsgemeinkosten	40 %	248,00 EUR
Selbstkosten	100 %	868,00 EUR
Gewinn	? %	130,20 EUR
Verkaufspreis		998,20 EUR

Gewinnzuschlag: $\frac{130{,}20 \cdot 100}{868} = 15\,\%$

5 a) aa) **Herstellkosten je Pflug**

Fertigungsmaterial	320,00	
MGK-Satz 30 %	96,00	
Materialkosten		416,00
Fertigungslöhne	240,00	
FGK-Satz 35 %	84,00	
Fertigungskosten		324,00
Herstellkosten		740,00

ab) **Selbstkosten je Pflug**

Herstellkosten		740,00
Verwaltungsgemeinkosten	40 %	296,00
Vertriebsgemeinkosten	20 %	148,00
Selbstkosten		1 184,00

b) **Gewinnzuschlagsatz**

Selbstkosten	1 184,00	100 %
Gewinn	296,00	? %
Verkaufspreis	1 480,00	

Gewinnzuschlagsatz: $\frac{296 \cdot 100}{1\,184} = 25\,\%$

5.4 Kosten- und Leistungsrechnung als Teilkostenrechnung

5.4.1 Markt- statt Kostenorientierung in der Kostenrechnung

Lehrbuch Seite 443

Arbeitsauftrag Die Primus KG hat das Angebot des Computertisches an die Stadtverwaltung Duisburg mit den Zuschlagssätzen gemäß Kostenträgerzeitrechnung kalkuliert, und zwar ohne Rücksicht auf Konkurrenten.
Da die Primus KG bereits Gewinne erzielte und somit alle fixen Kosten gedeckt werden, hätte sie bei ihrem Angebot darauf verzichten können, fixe Kosten einzukalkulieren, zumindest teilweise. Das setzt allerdings voraus, dass die Gemeinkosten in fixe und variable Bestandteile aufgelöst werden.

Lehrbuch Seiten 449, 450

1 a) Aufwendungen für Rohstoffe, Vertreterprovision, Transportverpackung
b) Aufwendungen für Rohstoffe bei gestaffelten Mengenrabatten, Werbekosten, Vertriebskosten
c) Überstundenzuschläge, Steigerung der Benzin- oder Reparaturkosten oder Abschreibung infolge überdurchschnittlicher Beanspruchung
d) Miete, Kfz-Steuer, Kfz-Versicherung, Pförtnerlohn, Abschreibungen

2 a) Berechnung der fixen Kosten

$K_g = K_f + (\text{Ausbringungsmenge} \cdot k_v)$	$650000 = K_f + (400000 \cdot 1)$
$K_g = K_f + K_v$	$650000 = K_f + 400000$
$K_f = K_g - K_v$	$650000 - 400000$
	$250000 = K_f$

b)

Ausbringung in T-Einheiten	K_f In T-EUR	K_v In T-EUR	K_g In T-EUR
0	250	0	250
100	250	100	350
200	250	200	450
300	250	300	550
400	250	400	650
500	250	500	750
600	250	600	850

Ausbringung in T-Einheiten	k_f in EUR	k_v in EUR	k_g in EUR
0			
100	2,50	1,00	3,50
200	1,25	1,00	2,25
300	0,83	1,00	1,83
400	0,63	1,00	1,63
500	0,50	1,00	1,50
600	0,42	1,00	1,42

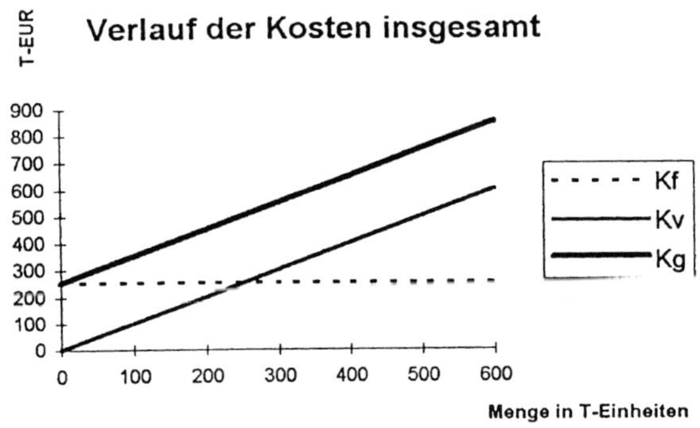

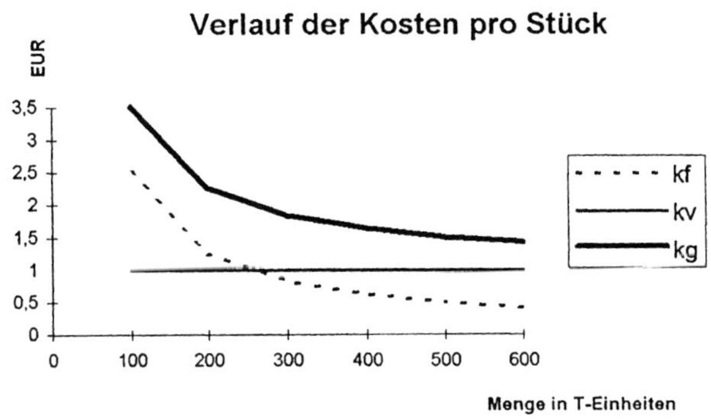

c) siehe 2 a)!

3 1. a, c　2. b, d　3. b, d　4. b, d　5. b, d　6. a, c　7. b, d　8. b, d　9. b, d　10. b, d

4 a)

Jahr	Ausbringung	K_g	K_v	K_f	k_g
Vorjahr	80 000 m^2	500 000	320 000	180 000	6,25
Berichtsjahr	100 000 m^2	580 000	400 000	180 000	5,80

b) Die Produktionssteigerung konnte ohne Kapazitätserweiterung erzielt werden; dadurch bleiben die fixen Kosten gleich, die sich somit auf eine größere Ausbringung verteilen (s. Tabelle unter K_g!)

c) $x = \frac{60 \cdot 100\,000}{80\,000} = 75\,\%$ Beschäftigungsgrad

d) $x = \frac{100\,000 \cdot 100}{75} = 133\,333$ Stück

5 a)

	Jahr	Monat
Steuer	180,00	15,00
Versicherungsprämie	480,00	40,00
Garage	480,00	40,00
Abschreibungen	6 000,00	500,00
Reparaturen	600,00	50,00
K_f	7 740,00	645,00

	für 48 000 km	für 100 km
Benzinverbrauch	5 600,00	11,67
Ölverbrauch	384,00	0,80
K_v	5 984,00	12,47

K_f für 1 Jahr	7 740,00
K_v für 48 000 km	5 984,00
K_g für 48 000 km	13 724,00 : 48 000 = 28,59 Cent/km

b) K_f für 1 Jahr 7740,00
K_v für 60000 km (12,47 · 600) 7482,00

K_g für 1 km 15222,00 : 60000 = 25,37 Cent/km

Die K_f von 7740,00 EUR im Jahr wurden im 1. Fall auf eine Fahrleistung von 48000 km, im 2. Fall auf eine Fahrleistung von 60000 km umgelegt.
Da nicht exakt feststeht, wie viel km der Wagen tatsächlich genutzt wird, kann eine km-Pauschale, die den Selbstkosten entspricht, nicht ermittelt werden. Steigt die Fahrleistung über 60000 km, fallen die Selbstkosten unter die errechnete Pauschale (Vorteil für den Unternehmer), fällt sie dagegen unter 60000 km, steigt die Pauschale (Vorteil für den Reisenden).

5.4.2 Lösung mithilfe der Deckungsbeitragsrechnung

Lehrbuch Seite 445

Arbeitsauftrag Fixe Kosten sind dem einzelnen Artikel/Produkt oder der einzelnen Waren-/Produktgruppe nicht direkt zurechenbar; sie entstehen auch, wenn der eine oder andere Artikel nicht verkauft wird.
Auf ihre Einrechnung in den Preis kann zumindest kurzfristig verzichtet werden, weil sie größtenteils nicht sofort über den Preis hereingeholt werden müssen, um weiter verkaufen zu können.
Da der Betrieb sich bereits in der Gewinnzone befindet, somit schon alle fixen Kosten gedeckt sind, kann bei weiteren Aufträgen im Rahmen der gegebenen Kapazität auf die Kalkulation weiter K_f-Anteile verzichtet werden.

Lehrbuch Seiten 453 bis 456

1 a)

	Verkaufspreis	= 3,20
−	k_v (55 000 : 50 000)	= 1,10
=	Deckungsbeitrag je Stück	= 2,10

	Umsatz	160 000,00
−	K_v	55 000,00
	D_B	105 000,00
−	K_f	84 000,00
	Gewinn	21 000,00

b) 40 000 Stück
c) 128 000,00 EUR

2 a)

KT-Blatt	Gerät I	Gerät II	Gerät III
Fertigungsmaterial Materialgemeinkosten lt. BAB	9 000,00 900,00	12 000,00 1 200,00	15 000,00 1 500,00
Materialkosten	9 900,00	13 200,00	16 500,00
Fertigungslöhne Fertigungsgemeinkosten lt. BAB	6 000,00 6 000,00	7 000,00 7 000,00	8 000,00 8 000,00
Fertigungskosten	12 000,00	14 000,00	16 000,00
Herstellungskosten d. RP Verwaltungsgemeinkosten Vertriebsgemeinkosten	21 900,00 10 950,00 4 380,00	27 200,00 13 600,00 5 440,00	32 500,00 16 250,00 6 500,00
Selbstkosten Erlöse	37 230,00 58 000,00	46 240,00 68 000,00	55 250,00 48 000,00
Erfolg	20 770,00	21 760,00	− 7 250,00
Gesamterfolg:		**35 280,00**	

b) Über den Vertrieb der Geräte I und II lassen sich Gewinne erzielen. Das Gerät III führt zu einem Verlust, der das Gesamtbetriebsergebnis negativ beeinflusst.
Auf der Grundlage der Vollkostenrechnung könnte man zu der Entscheidung kommen, das Gerät III herauszunehmen, um das Gesamtergebnis des Unternehmens zu verbessern.
Bei dieser Gerätelimitation würde man jedoch nicht beachten, dass die Herausnahme des Gerätes keine Kostenminderung in der Höhe der Gesamtselbstkosten dieses Gerätes herbeiführen kann.
Es gibt genügend fixe Kosten des Gesamtunternehmens, die auch dann anfallen, wenn das Gerät III aus dem Produktionsprogramm eliminiert wird.

c) Gemeinkosten 81 720
fixe Kosten 44 520
variable Gemeinkosten 37 200

KT-Blatt	Gerät I	Gerät II	Gerät III
Erlöse Gemeinkosten, variable Einzelkosten, variable	58,00 8,50 15,00	68,00 12,40 19,00	48,00 16,30 23,00
d_B D_B	34,50 34 500,00	36,60 36 600,00	8,70 8 700,00

Gesamtdeckungsbeitrag 79 800,00
fixe Kosten 44 520,00
Erfolg 35 280,00

d) Die Deckungsbeitragsrechnung zeigt deutlich, dass das Gerät III einen positiven Deckungsbeitrag erzielt. Eine Prdouktelimination würde bedeuten, dass fixe Kosten, die das Gerät III mit 8 700,00 EUR abdecken hilft, zusätzlich von den beiden anderen Geräten gedeckt werden müssten, so dass der Gesamterfolg verringert würde.

3 a) **Ermittlung des Betriebsergebnisses**

	I	II	III	insgesamt
Verkaufserlöse – K_V	38 400,00 40 800,00	63 800,00 59 400,00	295 000,00 210 000,00	397 200,00 310 200,00
Deckungsbeitrag – fixe Kosten	– 2 400,00	4 400,00	85 000,00	87 000,00 45 000,00
= Betriebsergebnis (= Gewinn)				42 000,00

Ermittlung der Deckungsbeiträge je Stück und Typ

	I	II	III
Verkaufspreis – k_v	32,00 34,00	58,00 54,00	118,00 84,00
Deckungsbeitrag	– 2,00	4,00	34,00

b) Das Gerät I ist aus der Produktion zu nehmen, da es einen negativen Deckungsbeitrag hat, d. h., dass der Verkaufspreis nicht einmal die variablen Kosten deckt. Kurzfristig wird die Liquidität mit jeder Einheit um 2,00 EUR belastet. Von einer Produktionseinstellung ist abzusehen, wenn die variablen Kosten um mehr als 2,00 EUR je Stück gesenkt werden können.

4 a)

	Verkaufspreis 3,00 EUR	Verkaufspreis 2,10 EUR
Umsatz – variable Kosten	6 000 000,00 3 600 000,00	4 200 000,00 3 600 000,00
D_B – K_f	2 400 000,00 480 000,00	600 000,00 480 000,00
Gewinn	1 920 000,00	120 000,00

b)

Verkaufspreis	3,00	2,10
– kv	1,80	1,80
dB	1,20	0,30

c)

Break-even-point	Vorher	Nachher
ca) Absatz- bzw. Produktionsmenge	$\frac{480\,000}{1{,}20} = 400\,000$ Stück	$\frac{480\,000}{0{,}30} = 1\,600\,000$ Stück
cb) Beschäftigungsgrad	$\frac{400\,000 \cdot 100}{2\,500\,000} = 16\,\%$	$\frac{1\,600\,000 \cdot 100}{2\,500\,000} = 64\,\%$
cc) Umsatz	1 200 000,00	3 360 000,00
K_v $+ K_f$ $= K_g$	720 000,00 480 000,00 1 200 000,00	2 880 000,00 480 000,00 3 360 000,00

d) 300 %

e) 6 000 000 Stück bei gleich bleibender K_f. Die Kapazität ist aber bereits bei einer Produktion von 2 500 000 Stück voll ausgelastet, so dass die Menge noch größer sein muss.

5 a) Beschäftigungsgrad $= \frac{9\,600 \cdot 100}{12\,000} = 80\,\%$

b) Gewinnschwelle $= \frac{84\,000}{14} = 6\,000$ Stück

Verkaufspreis	90,00
$- k_v$	76,00
$= d_B$	14,00

c)

Umsatz	9 600 · 90 =	864 000,00
K_v	9 600 · 76 =	729 600,00
Deckungsbeitrag	9 600 · 14 =	134 400,00
$- K_f$		84 000,00
Gewinn je Monat		50 400,00
Gewinn je Jahr: 12 · 50 400,00	=	604 800,00

d)

	1. Alternative	2. Alternative
Umsatz wie bei c) + Umsatz Direkte Kosten	864 000,00 120 000,00 — 984 000,00 843 600,00	864 000,00 100 800,00 — 964 800,00 729 600,00 75 600,00 — 805 200,00
Deckungsbeitrag K_f	140 400,00 84 000,00	159 600,00 96 000,00
Gewinn Entscheidung: Lösung b) Beschäftigungsgrad	56 400,00 92,5 % ↓ einziger Vorteil gegenüber Lösung b)	63 600,00 = solideres Sortiment = langfristig höherer Gewinn 87,5 %

6 a) **Kapazität** $= \frac{50000 \cdot 100}{62{,}5} = 80000$ Stück könnten insgesamt abgesetzt werden.

Beschäftigungsgrad $= \frac{60000 \cdot 100}{80000} = 75\,\%$

b) 1. $k_f = \frac{40000}{50000} = 0{,}80$ EUR

2. $k_v = \frac{65000}{50000} = 1{,}30$ EUR

3. $k_g = \frac{105000}{50000} = 2{,}10$ EUR

4. $e = \frac{125000}{50000} = 2{,}50$ EUR Gewinn = 0,40 EUR/St.

c) Der Auftrag müsste abgelehnt werden, da die Kosten 2,10 EUR betragen, der Erlös jedoch nur 1,90 EUR. Diese Kalkulation ist falsch, da sie ein proportionales Verhalten der fixen Kosten unterstellt. Da durch den Auftrag die Ausbringung vergrößert wird und zusätzlich von der bisherigen Kapazität erledigt werden kann, fallen die anteiligen k_f von 0,80 auf 0,67 EUR.

d) Annahme des Auftrages, obwohl die Stückkosten 1,97 EUR betragen und somit nicht durch den Verkaufspreis gedeckt werden. Sie entlasten jedoch je Stück die bisherige Absatzmenge um einen Fixkostenteil von 0,60 EUR und erhöhen somit den Gewinn, wie folgende Gegenüberstellung zeigt:

	50000	**60000**	
Umsatz	125000,00	125000,00 + 19000,00	144000,00
$- K_v$	65000,00		78000,00
D_B $- K_f$	60000,00 40000,00		66000,00 40000,00
Gewinn	20000,00		26000,00

7 a) **Geschätzte Absatzmenge** $= \frac{1200 \cdot 75}{100} = 900$ Einheiten

Ermittlung des Verkaufspreises je Einheit:

k_v	= 40,00 EUR
$k_f = \frac{36000}{900}$	= 40,00 EUR
Selbstkosten	= 80,00 EUR
+ Gewinn (15 %)	= 12,00 EUR
Verkaufspreis (Erlös je E)	= 92,00 EUR

Erwarteter Gewinn:

Umsatzerlös: 900 · 92 = 82800,00 EUR

Verrechnete Kosten
K_v: 900 · 40 = 36000,00
K_f: 900 · 40 = 36000,00 72000,00 EUR

Erwarteter Gewinn = 10800,00 EUR

b)

Erfolg	**bei 60 %**		**bei 90 %**	
Umsatz	720 · 92	= 66240,00	1080 · 92	= 99360,00
eingetretene Kosten				
K_v	28800,00		43200,00	
K_f	36000,00	= 64800,00	36000,00	= 79200,00
Gewinn		1440,00		20160,00
Kalkulierte Kosten	720 · 80	= 57600,00	1080 · 80	= 86400,00
Kostenabweichung	Kostenunterdeckung	7200,00	Kostenüberdeckung	7200,00

c)

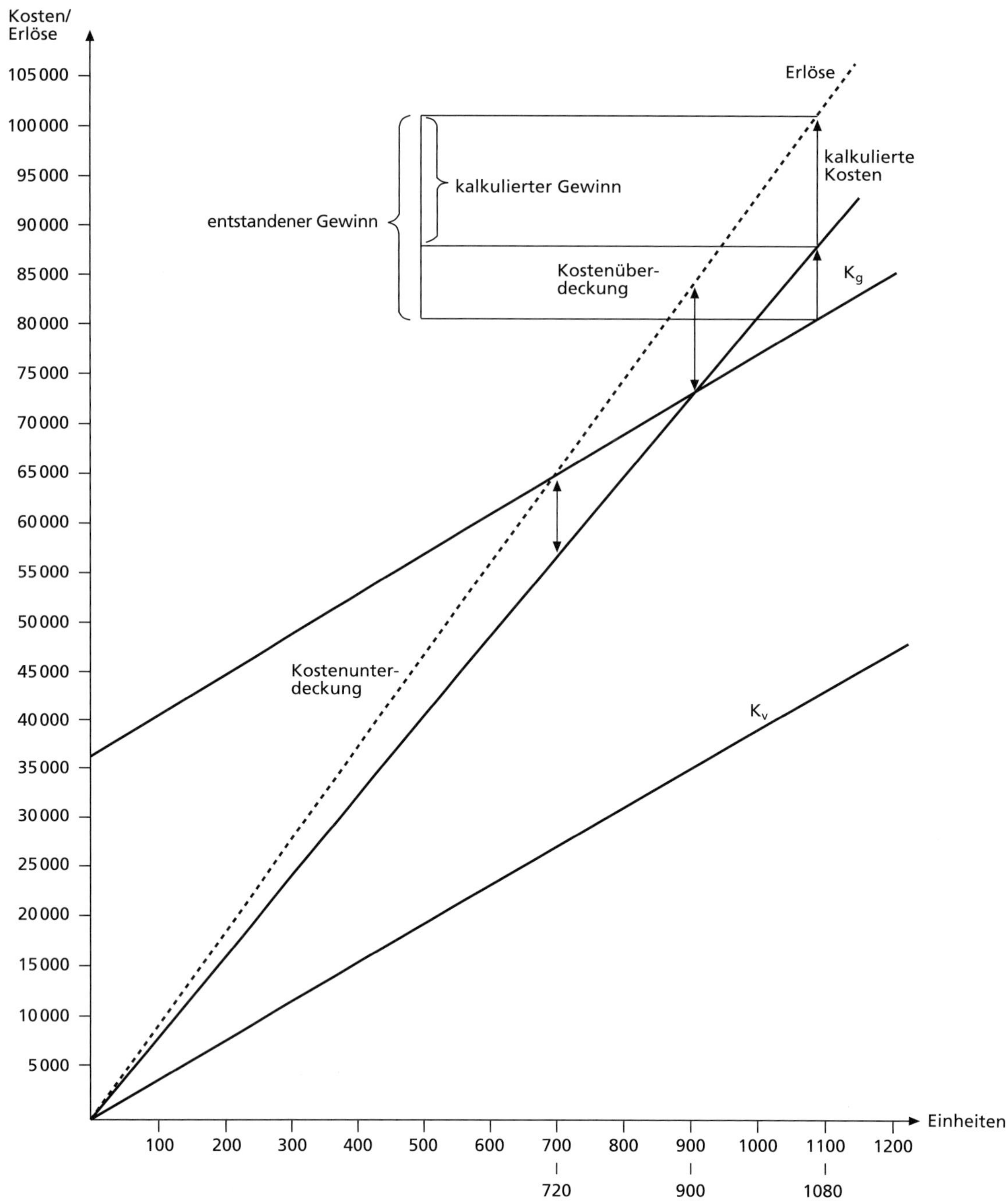

d) Verkaufspreis 92,00
k_v 40,00
d_B 52,00

	60 %	75 %	90 %
D_B K_f	37440,00 36000,00	46800,00 36000,00	56160,00 36000,00
Gewinn	1440,00	10800,00	20160,00

e) $\frac{36000}{52}$ = 692,3, also 693 Stück

f)

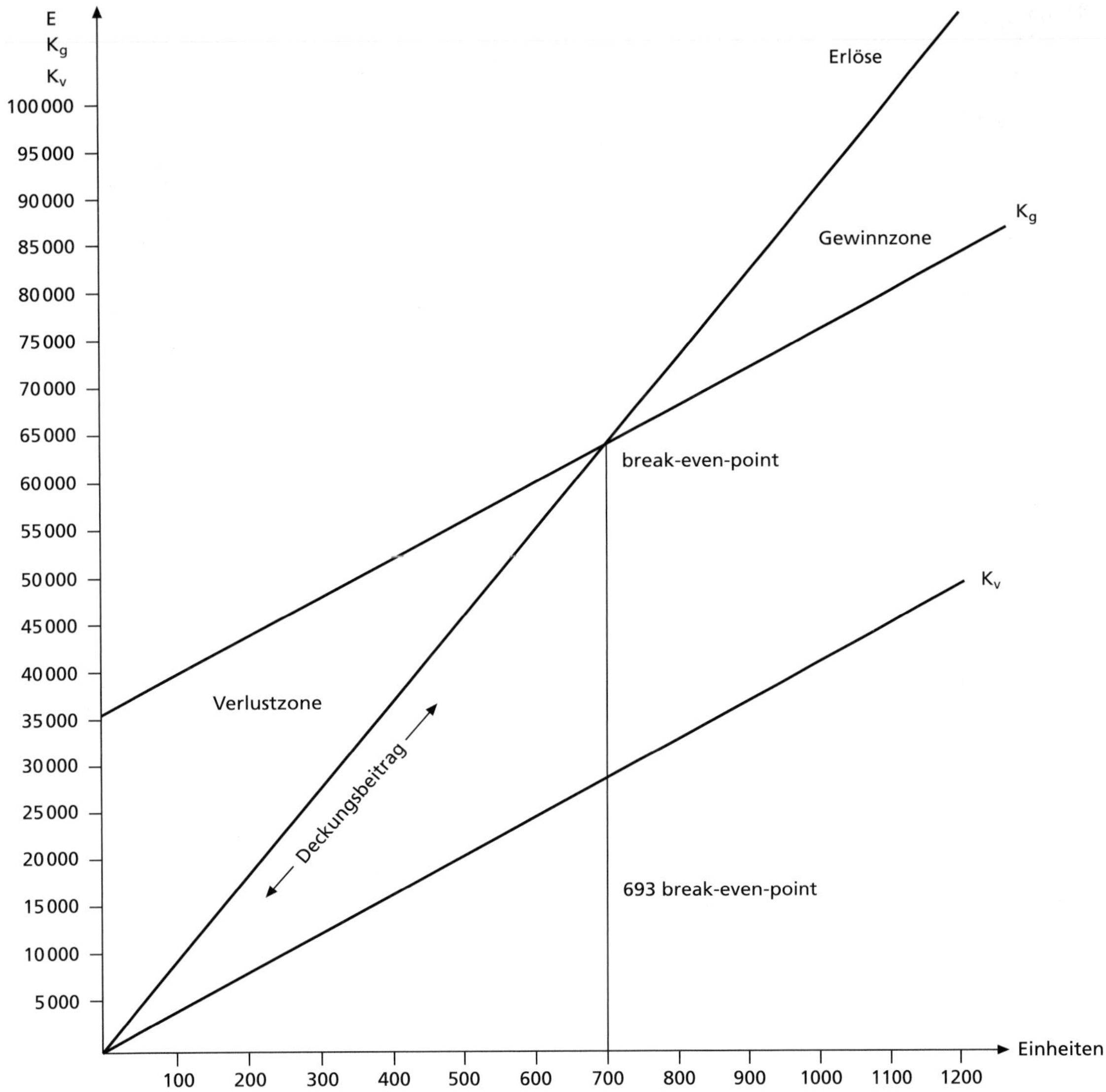
E
Kg
Kv
100000
95000
90000
85000
80000
75000
70000
65000
60000
55000
50000
45000
40000
35000
30000
25000
20000
15000
10000
5000
Erlöse
Gewinnzone
Kg
break-even-point
Kv
Verlustzone
Deckungsbeitrag
693 break-even-point
Einheiten
100
200
300
400
500
600
700
800
900
1000
1100
1200

8 a)

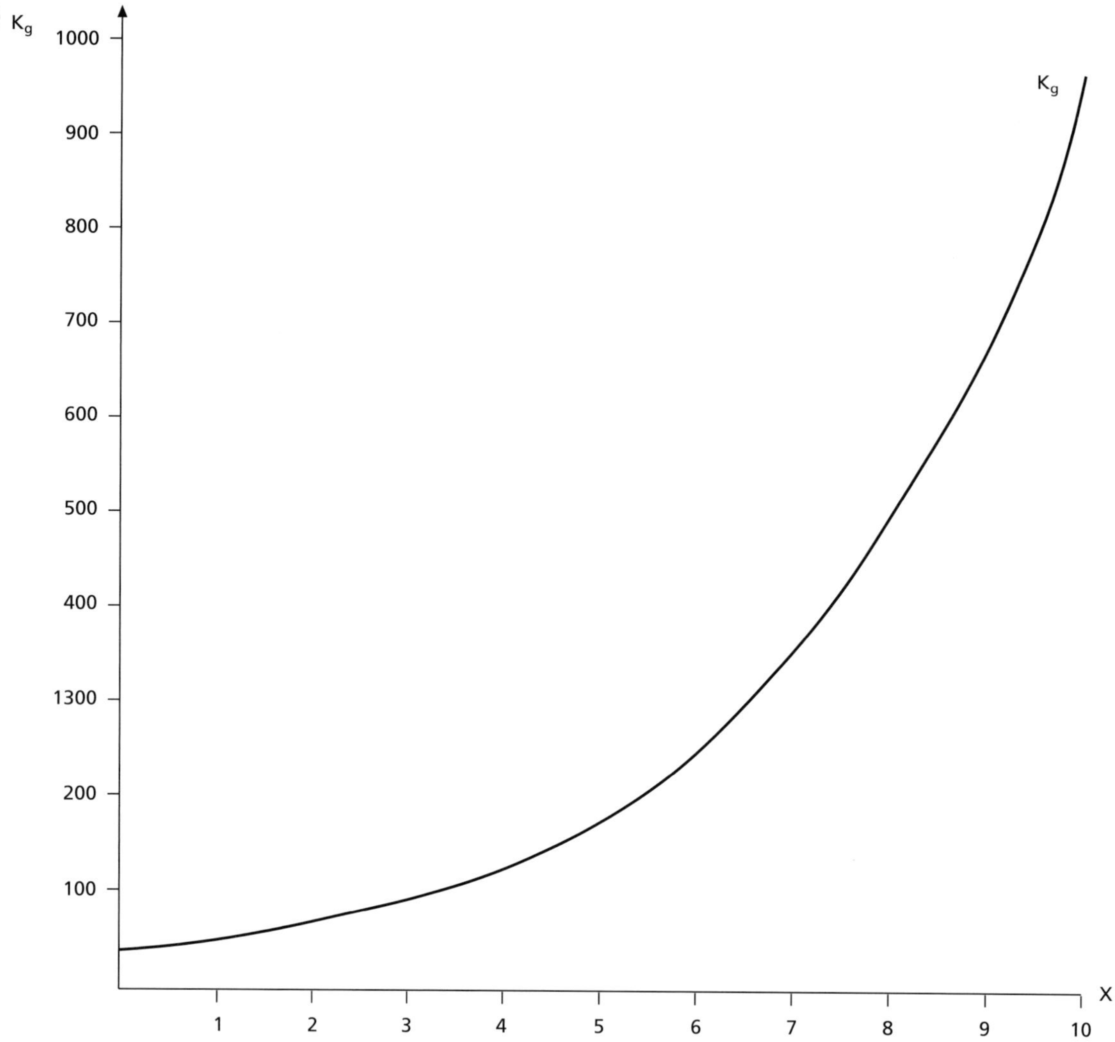

b) 1. und 2.

Absatzmenge	K_g	k_g	K_v	k_v
0	40	—	—	—
1	51	51	11	11
2	64	32	24	12
3	85	28,3	45	15
4	120	30	80	20
5	175	35	135	27
6	256	42,7	216	36
7	369	52,7	329	47
8	520	65	480	60
9	715	79,4	675	75
10	960	96	920	92

c)

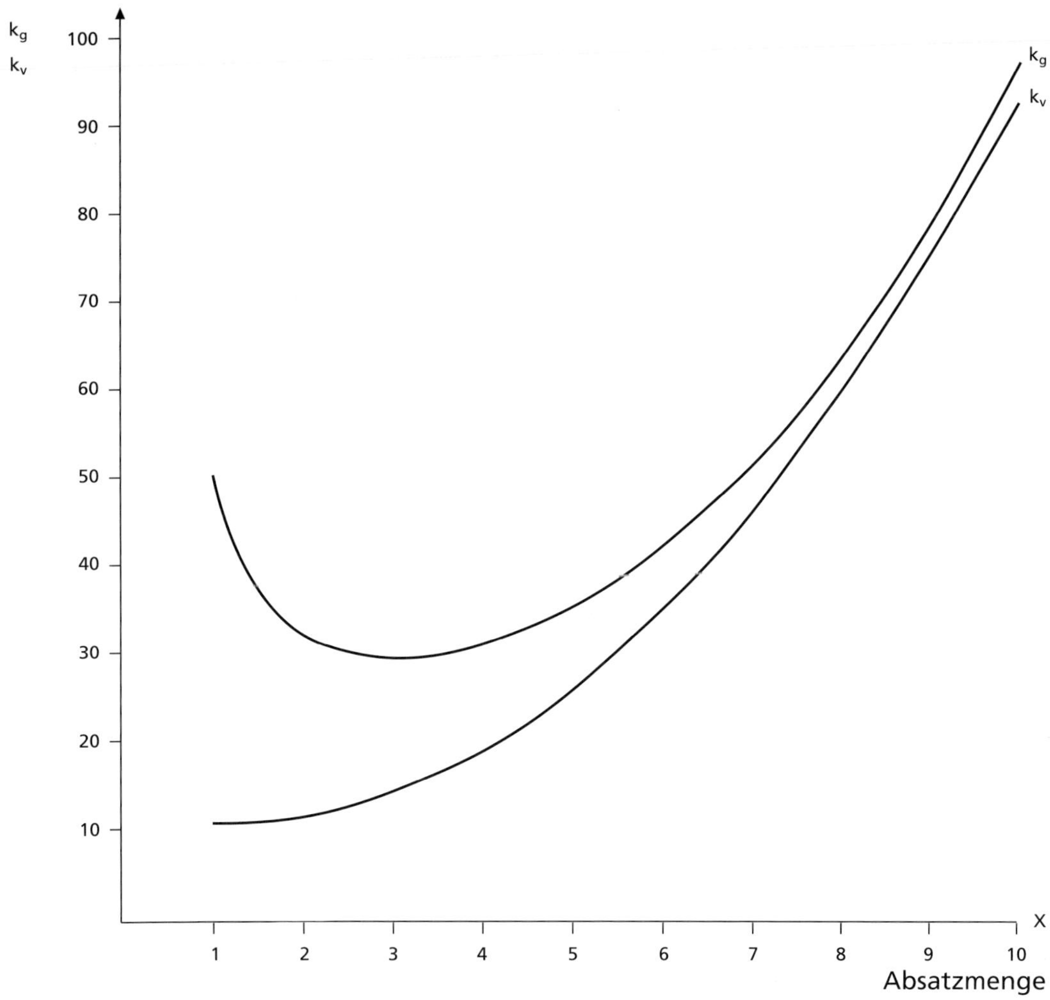

9

	Nettoumsatz	935 364,00 EUR
	– Wareneinsatz	450 100,00 EUR
a)	Deckungsbeitrag	485 264,00 EUR
	– fixe Kosten	281 300,00 EUR
b)	Gewinn	203 964,00 EUR

5.4.3 Teilkostenrechnung als Entscheidungsinstrument bei der Produktions- und Absatzplanung

Lehrbuch Seite 456

Arbeitsauftrag

Im Rahmen freier Kapazitäten kann jeder Auftrag angenommen werden, bei dem ein Verkaufspreis erzielt wird, der über den variablen Stückkosten liegt. Dadurch wird ein positiver Deckungsbeitrag erzielt, wodurch das gesamte bisherige Produktionsprogramm um fixe Kosten entlastet und die Gesamtsituation des Betriebes verbessert wird.

Lehrbuch Seiten 460 bis 463

1 a) Da die fixen Kosten im Rahmen der gesamten Kapazität gleich bleiben, müssen die durch Beschäftigungsschwankungen verursachten Kosten variabel sein.

$$k_v = \frac{\text{Veränderung der Kosten Januar–März}}{\text{Veränderung der Produktionsmenge}} = \frac{17\,640}{420} = \underline{\underline{42{,}00 \text{ EUR}}}$$

b) $K_f = 166\,600 - 2\,100 \cdot 42 = \underline{\underline{78\,400{,}00 \text{ EUR}}}$

c) $189\,000 : 2\,100 = \underline{\underline{90{,}00 \text{ EUR}}}$

d) $d_B = 90 - 42 = \underline{\underline{48{,}00 \text{ EUR}}}$

e) $\text{BEP} = \frac{78\,400}{48} = \underline{\underline{1\,633\ 1/3}}$

f) Umsatzerlöse 2 800 · 90 = 252 000,00
K_v 2 800 · 42 = 117 600,00
K_f = 78 400,00

Gewinn (maximal) 56 000,00

g) Januar: $\frac{22\,400 \cdot 100}{166\,600} = 13{,}45\,\%$

Februar: $\frac{2\,240 \cdot 100}{148\,960} = 1{,}5\,\%$

März: $\frac{42\,560 \cdot 100}{184\,240} = 23{,}1\,\%$

h) 2 240 Stück: k_v 42,00 EUR
k_f 35,00 EUR

Langfristige Preisuntergrenze 77,00 EUR

i) 42,00 EUR k_v bilden die kurzfristige Preisuntergrenze, weil sie bei der Herstellung einer jeden Einheit ersetzt werden müssen. Kurzfristig kann auf solche Kostendeckung verzichtet werden, die langfristig vorfinanziert sind (z. B. Abschreibungen, Jahresmiete, Werbekosten, Versicherungsprämien).

2 a) Kapazitätsbedarf:

$\frac{8\,000 \cdot 12 + 4\,000 \cdot 30 + 6\,000 \cdot 15 + 12\,000 \cdot 10}{60}$ = 7 100 Std.

Kapazitätsbestand = 6 800 Std.

Kapazitätsfehlbedarf 300 Std.

b)

Produkte	Bezugspreis	k_v	Kostenersparnis	Fertigungszeit je St. in Min.	Kostenersparnis je Engpassstunde	Rangfolge
A	30,00	20,00	10,00	12	50,00	1
B	48,00	40,00	8,00	30	16,00	3
C	28,00	25,00	3,00	15	12,00	4
D	19,00	15,00	4,00	10	24,00	2

Das Produkt mit der geringsten Kostenersparnis je Engpassstunde ist zu beziehen.

c) **Produktionsprogramm:**

Produkte	Eigenfertigungsmenge	Fremdbezugsmenge	Fertigungszeit in Std.	Freie Kapazität in Std.
A	8 000	–	1 600	5 200
D	12 000	–	2 000	3 200
B	4 000	–	2 000	1 200
C	4 800	1 200	1 200	0

Vom Produkt C sind also 1 200 Stück von außen zu beziehen. Eine Kapazitätserweiterung um eine Maschine (7 100 Stunden) ist nicht zu empfehlen, weil deren Kapazität nur zu ca. 18 % ausgelastet wäre und damit sprungfixe Kosten entstehen würden, die die übrigen Produkte dann teilweise belasten würden.

3 a) **Gesamterfolg und Maschinenbelegung**

Erzeugnisse	Erzeugnis I	Erzeugnis II	Erzeugnis III
Marktpreis	20,00	50,00	52,00
Zurechenbare Kosten (k_v)	22,00	40,00	40,00
Deckungsbeitrag je Einheit (d_B)	– 2,00	10,00	12,00
Deckungsbeitrag insgesamt (D_B)	– 6 120,00	15 300,00	118 320,00

Summe Deckungsbeitrag	127 500,00
– fixe Kosten (K_f)	97 500,00
Gewinn der Planperiode	30 000,00

Erzeugnisse	Erzeugnis I	Erzeugnis II	Erzeugnis III
Deckungsbeitrag je Engpassstunde (relativer oder spezifischer) Deckungsbeitrag	$\frac{60}{8} \cdot -2 = -15$	$\frac{60}{12} \cdot 10 = 50$	$\frac{60}{6} \cdot 12 = 120$

b) **Reihenfolge der Maschinenbelegung:** Erst Erzeugnis III, dann Erzeugnis II
Eine Belegung der Maschine im Engpassbereich zuerst mit dem Erzeugnis III ist unter dem Gesichtspunkt der Gewinnmaximierung zu empfehlen, da jede Stunde Maschineneinsatz Produkte mit einem Deckungsbeitrag je Stunde von 120,00 EUR erbringen würde und somit bei dieser Entscheidung der größte Zuwachs an Gesamtdeckungsbeitrag und an Gewinn (fixe Kosten sind ja bereits gedeckt) erzielt würde.

c) **Theoretisch denkbarer Gesamterfolg**
Berechnung der maximalen Kapazität:

$$\frac{3\,060 \cdot 8}{60} + \frac{1\,530 \cdot 12}{60} + \frac{9\,860 \cdot 6}{60} = 1\,700 \text{ Maschinenstunden}$$

Maximaler Erfolg:

1 700 · 120 = Deckungsbeitrag (D_B) =	204 000,00 EUR
− fixe Kosten (K_f)	97 500,00 EUR
Gewinn	106 500,00 EUR

Die Fertigung und der Absatz von Erzeugnis III würde zu einem theoretisch möglichen Gesamtgewinn von 106 500,00 EUR führen.
Eine solche Entscheidung wäre aus absatzpolitischer Sicht problematisch, weil die Breite des Sortiments möglicherweise die Voraussetzung für den verhältnismäßig hohen Absatzanteil von Erzeugnis III ist. Die Begrenzung auf das Erzeugnis III erhöht die Abhängigkeit des Unternehmens von der Nachfragesituation bei nur einem Erzeugnis.

d)

Erzeugnis	I	II	II
Break-even-point Kapazitätsauslastung	nicht vorhanden	$\frac{97\,500}{10} = 9\,750$ Stück es könnten aber im Rahmen der Kapazität nur 8 500 Stück $\left(\frac{1\,700 \cdot 60}{12}\right)$ gefertigt werden.	$\frac{97\,500}{12} = 8\,125$ Stück oder 47,8 % Beschäftigungsgrad $\left(\frac{8\,125 \cdot 1\,000}{17\,000}\right)$ gefertigt werden.

4 a)

			A	B	C	Gesamt
Produktions- u. Absatzmenge Erlös	m e	St./RP EUR/St.	2 000 22,50	5 000 13,40	4 000 43,00	
Gesamterlös Gesamtkosten	E K_g	EUR/RP EUR/RP	45 000,00	67 000,00	172 000,00	284 000,00 256 000,00
Mengenabhängige Kosten	k_v K_v	EUR/St. EUR/RP	17,00 34 000,00	5,60 28 000,00	28,00 112 000,00	 174 000,00
 Deckungsbeitrag	d_B D_B	EUR/St. EUR/RP	5,50 11 000,00	7,80 39 000,00	15,00 60 000,00	 110 000,00
Zeitabhängige Kosten	K_f	EUR/RP				**82 000,00**
Gewinn		EUR/RP				**28 000,00**
Deckungsgrad		%	24	58	35	
Deckungsbeitrag Fertigungszeit	d_B T	EUR/St. Min./St.	+ 5,50 12	+ 7,80 30	+ 15,00 45	
Deckungsbeitrag je Engpassfertigungsstd.		EUR/h	+ 27,50	+ 15,60	+ 20,00	

$$\text{Beschäftigungsgrad:} \frac{\text{Ausgenutzte Kapazität} \cdot 100}{\text{Verfügbare Kapazität}}$$

	Produktions-menge	Auftragszeit Min./St.	Ausgenutzte Kapazität Min./RP	Ausgenutzte Kapazität h/RP	d_B je Stunde
A	2 000	23	24 000	400	+ 27,50
B	5 000	30	150 000	2 500	+ 15,60
C	4 000	45	180 000	3 000	+ 20,00

Ausgenutzte Kapazität in Stunden/RP 5 900
Verfügbare Kapazität in Stunden/RP 7 375
Beschäftigungsgrad 80 %

b) Das Unternehmen wird versuchen, die verfügbare Kapazität durch Steigerung der Produktion und des Absatzes der Erzeugnisse in der Reihenfolge Erzeugnis A (höchster dB je Fertigungsstunde), dann Erzeugnis C und dann erst Erzeugnis B stärker auszunutzen; denn in diesem Beispielfall führt jede weitere Produktions- und Absatzsteigerung zu einer Erhöhung des Gewinns. Der Deckungsbeitrag wird nicht mehr benötigt zur Abdeckung der fixen Kosten.

5 a) aa)

	A	B
Umsatzerlöse K_v	1 792 800,00 1 030 400,00	784 000,00 404 000,00
D_B K_f	762 400,00 807 040,00	380 000,00
Gewinn	335 360,00	

ab)

	A	B
Umsatzerlöse K_v	1 792 800,00 1 030 400,00	784 000,00 404 000,00
D_B I Erzeugnis-K_f	762 400,00 256 760,00	380 000,00 104 720,00
D_B II Unternehmungs-K_f	505 640,00 445 560,00	275 280,00
Gewinn	335 360,00	

b) Der Gesamtgewinn von 335 360,00 EUR könnte zur Preissenkung von A genutzt werden, d. h. um

$$\frac{335\,360}{800} = 419{,}20 \text{ EUR}$$

Somit liegt die langfristige Preisuntergrenze dann bei
2 241 − 419,20 = 1 821,80 EUR

6 a)

	A	B	C
Verkaufspreis/100 St. k_v/100 St.	400,00 200,00	200,00 128,00	300,00 210,00
D_B absolut D_B relativ	200,00 500,00	72,00 240,00	90,00 450,00

Sorte A ist am ehesten zu fördern.

b)

Rang-folge	Produktions-programm Menge je Stück	Zeit/100 st. in Minuten	Inanspruchnahme der Kapazität in Minuten	freie Kapazität in Minuten (600)
A	1 000	24	240	360
C	2 000	12	240	120
B	600	18	108	12

7 a)

	VKR (gesamt)			TKR (variabel)		
	%	EUR A	EUR B	%	EUR A	EUR B
GM		20,00	40,00		20,00	40,00
MGK		4,00	8,00		2,00	4,00
FL	20	10,00	30,00	10	10,00	30,00
FGK	100	10,00	30,00	50	5,00	15,00
HStK		44,00	108,00		37,00	89,00
VwGK	25	11,00	27,00	5	1,85	4,45
VtGK	25	11,00	27,00	5	1,85	4,45
Selbstkosten		66,00	162,00		40,70	97,90

b)

	A	B
Verkaufspreis	62,00	203,00
– Selbstkosten	66,00	162,00
Stückerfolg	4,00 (Verlust)	41,00 (Gewinn)

Produkt A:	12 000 · 4 =	48 000,00 EUR Verlust
Produkt B:	6 000 · 41 =	246 000,00 EUR Gewinn
Gesamterfolg		198 000,00 EUR Gewinn

c)

Ermittlung der Deckungsbeiträge	A		B	
	St.	gesamt	St.	gesamt
Verkaufspreis	62,00	744 000,00	203,00	1 218 000,00
– Variable Kosten	40,70	488 400,00	97,90	587 400,00
Deckungsbeitrag	21,30	255 600,00	105,10	630 600,00

Deckungsbeitrag A:	+ 255 600,00 EUR
Deckungsbeitrag B:	+ 630 600,00 EUR
Deckungsbeitrag gesamt	+ 886 200,00 EUR
K_f	688 200,00 EUR
Gewinn	198 000,00 EUR

Geplanter Stundenverlauf zu Abschnitt 5.1.1: Aufgaben und Stufen der KLR

Unterrichtsverlauf mit Hinweisen auf entscheidende Anweisungen, Fragen, Impulse u. a.	Methodisch-mediale Hinweise (Beispiele)
Einführung Der Lehrer legt den Schülern die GuV-Rechnungen des Vorjahres und des Abrechnungsjahres der Primus KG vor mit zusätzlichen Hinweisen (Anlage 1). Die Schüler beschreiben die regelmäßig wiederkehrende Situation und formulieren den Arbeitsauftrag (Anlage 2).	Frontalunterricht (fragend-entwickelnd-entdeckend) GuV-Rechnungen der Primus KG (Lehrbuch S. 395 ff.) Arbeitsauftrag wird auf Folie festgehalten (Anlage 2)
Erarbeitung Die Schüler werten die GuV-Rechnungen i. S. des Arbeitsauftrages aus, indem sie 1. den Anteil der Aufwandsarten, den Anteil der Ertragsarten, die prozentuale Veränderung von Aufwands- und Ertragsarten und Erfolg errechnen, 2. die besonders auffälligen Veränderungen gegenüber dem Vorjahr und mögliche Gründe hierfür herausstellen, 3. mögliche Maßnahmen zur Verbesserung des Ergebnisses zusammenstellen, 4. Informationsmängel der GuV-Rechnungen herausstellen und den Informationsbedarf für Entscheidungen, die Nicole fordert, erläutern.	Gruppenarbeit Lehrbuch S. 395 ff. Lehrbuch S. 395 ff.
Sicherung Gruppensprecher/innen stellen die Lösungen der Gruppen vor, die Schüler ergänzen oder korrigieren die Lösungen der einzelnen Gruppen. Die Ergebnisse werden thematisiert und strukturiert festgehalten: ❑ Informationen und Informationsmängel der GuV-Rechnungen ❑ Aufgaben und Stufen der KLR	Schülervorträge Unterrichtsgespräch Tafelbild/Folie (Lehrbuch S. 395 ff.)
Übung/Hausaufgabe	Lehrbuch ❑ S. 397, Aufgaben Nr. 1 und 2 ❑ S. 403 f., Aufgabe Nr. 5

Anlage 1

Unternehmungsintern wird in allen Abteilungen über die Ursachen dieser Entwicklung diskutiert. Auch Nicole Höver äußert da ihre Auffassung:
„Man sollte einzelne Abteilungen, die nur Kosten verursachen, schließen und die unwirtschaftlichen Artikel aus dem Sortiment herausnehmen."

Anlage 2

1. Die beiden GuV-Rechnungen sind miteinander zu vergleichen:
   - ❑ die einzelnen Aufwandsarten (Anteil am Gesamtaufwand und prozentuale Veränderung)
   - ❑ die einzelnen Ertragsarten (Anteil am Gesamtertrag und prozentuale Veränderung)
   - ❑ die Ergebnisse (prozentuale Veränderung)
2. Die besonders auffälligen Veränderungen gegenüber dem Vorjahr und mögliche Gründe hierfür sind herauszustellen.
3. Mögliche Maßnahmen zur Verbesserung des Ergebnisses sind zusammenzustellen.
4. Beurteilen Sie Nicoles Vorschlag.
   Überprüfen Sie, ob die GuV-Rechnungen genügend Informationen hergeben, um ihren Vorschlag zu stützen.
   Stellen Sie dar, welche Informationen die Betriebsleitung dazu über die GuV-Rechnungen hinaus benötigt.

Geplanter Stundenverlauf zu Abschnitt 5.4: Entscheidung über Zusatzaufträge mithilfe der Deckungsbeitragsrechnung und mithilfe der Vollkostenrechnung

Unterrichtsverlauf mit Hinweisen auf entscheidende Anweisungen, Fragen, Impulse u. a.	Methodisch-mediale Hinweise (Beispiele)
Einführung Den Schülern wird das Problem der Primus KG lt. Handlungssituation im Lehrbuch vorgestellt. Die Schüler analysieren das Problem und formulieren die Bedingungen für die Annahme des Zusatzauftrages. Diese werden auf Folie oder an der Tafel festgehalten (Anlage 2)	Lehrbuch S. 443 oder Folie (Anlage 1) Einzelarbeit/Partnerarbeit
Erarbeitung 1. **Entscheidung mithilfe der Deckungsbeitragsrechnung** Die Schüler berechnen mithilfe der Angaben in der Handlungssituation 1. die maximale Kapazität, 2. den Beschäftigungsgrad bei Annahme des Zusatzauftrages, 3. den Deckungsbeitrag je Auftragseinheit, 4. die Auswirkung einer Auftragsannahme auf den Erfolg. Schüler treffen eine begründete Entscheidung 2. **Entscheidung mithilfe der Vollkostenrechnung**	Einzelarbeit/Partnerarbeit Lehrbuch S. 443, 447 f. Lehrbuch S. 437 ff.
Sicherung Transfer auf andere Situationen	Lehrbuch S. 449 f., Aufgaben Nr. 4 und 6

Anlage 1

Handlungssituation
Lehrbuch S. 443 i. V. mit S. 447 f.

Anlage 2

Bedingungen für die Annahme des Zusatzauftrages:
1. Die vorhandene Kapazität muss ausreichen
2. Es muss ein positiver Deckungsbeitrag je Auftragseinheit erzielt werden
3. Es muss eine Verbesserung des Erfolges eintreten

6 Controlling

Lehrbuch Seite 464

Arbeitsauftrag

- ❑ Soll-Ist-Vergleiche
- ❑ Zeitvergleiche
- ❑ Wirtschaftlichkeitskontrolle
  - des Sortiments
  - der Lagerhaltung
- ❑ Umsatzstatistiken
  - nach Artikeln
  - nach Warengruppen
  - nach Kunden
  - nach Absatzgebieten
- ❑ u. a.

Lehrbuch Seiten 467, 468

1

		Vorjahr	Abrechnungsjahr
a)	1. Arbeitsstunden je Mitarbeiter	$\frac{128\,800}{80}$ = 1 610 Std.	$\frac{120\,960}{84}$ = 1 440 Std.
	2. Umsatz je Mitarbeiter	$\frac{8\,372\,000}{80}$ = 104 650,00 EUR	$\frac{8\,588\,160}{84}$ = 102 240,00 EUR
	3. Umsatz je Arbeitsstunde	$\frac{8\,372\,000}{128\,800}$ = 65,00 EUR	$\frac{8\,588\,160}{120\,960}$ = 71,00 EUR

b) **Beurteilung der Umsatzentwicklung im Vergleich zur Arbeitszeit:**

zu a) 1.: Im Durchschnitt hat jeder Mitarbeiter 170 Std. oder 10,6 % weniger gearbeitet als im Vorjahr. Gründe hierfür könnten in allgemeinen Arbeitszeitverkürzungen aufgrund von Tarifverträgen oder in erhöhten Fehlzeiten liegen.

zu a) 2.: Der Umsatz je Mitarbeiter hat um 2 410,00 EUR oder 2,3 % nur geringfügig abgenommen. Das liegt einzig daran, dass die Belegschaft stärker angestiegen (5 %) ist als der Umsatz (2,6 %).

zu a) 3.: Die Arbeitsproduktivität je Stunde hat erheblich zugenommen (9,2 %). Dadurch und durch die Neueinstellungen wurde der Rückgang der Arbeitszeit je Mitarbeiter weitgehend ausgeglichen.

2

Abrechnungsjahr							Vorjahr						
Sortiments-gruppen	Rang	Umsatz in TEUR	Umsatz-anteil in %	Waren-einsatz in TEUR	Warenein-satzanteil in %	Kalkula-tionszu-schlag	Sortiments-gruppen	Rang	Umsatz in TEUR	Umsatz-anteil in %	Waren-einsatz in TEUR	Warenein-satzanteil in %	Kalkula-tionszu-schlag
4	1	2 100	19,9	1 200	16,8	75	4	1	2 275	19,7	1 300	17,1	75
2	2	2 100	19,9	1 500	21,0	40	2	2	2 030	17,5	1 450	19,1	40
8	3	1 540	14,6	1 400	19,5	10	8	3	1 650	14,3	1 500	19,7	10
1	4	1 536	14,6	960	13,4	60	1	4	1 440	12,5	990	13,0	45,5
10	5	1 080	10,2	600	8,4	80	9	5	1 320	11,4	440	5,8	200
7	6	1 025	9,7	820	11,4	25	7	6	1 000	8,6	800	10,5	25
6	7	432	4,1	320	4,5	35	10	7	900	7,8	500	6,6	80
9	8	360	3,4	120	1,7	200	3	8	500	4,3	280	3,7	78,6
3	9	270	2,6	150	2,1	80	6	9	405	3,5	300	4,0	35
5	10	102	1,0	85	1,2	20	5	10	48	0,4	40	0,5	20
		10545	100,0	7 155	100,0	47,4			11 568	100,0	7600	100,0	52,2

3 1.

		Abrechnungsjahr		Vorjahr	
a)	Aufwendungen	EUR	%	EUR	%
	Personalaufwand Wareneinsatz Abschreibungen Sonstige betriebl. Aufw.	600 000,00 3 420 000,00 320 000,00 650 000,00	12,0 68,5 6,5 13,0	680 000,00 3 200 000,00 330 000,00 640 000,00	14,0 66,0 6,8 13,2
	Gesamtaufwendungen	4 990 000,00	100,0	4 850 000,00	100,0
b)	Umsatz – Wareneinsatz	6 464 000,00 3 420 000,00		6 840 000,00 3 200 000,00	
	Rohgewinn – Handlungskosten	3 044 000,00 1 570 000,00		3 640 000,00 1 650 000,00	
	Reingewinn	1 474 000,00		1 990 000,00	
c)	Wirtschaftlichkeitsfaktor	$\frac{6\,464\,000}{4\,990\,000} = 1{,}30$		$\frac{6\,840\,000}{4\,850\,000} = 1{,}41$	
d)	Umsatz je Beschäftigten	$\frac{6\,464\,000}{75} = 86\,186{,}67$ EUR		$\frac{6\,840\,000}{80} = 85\,500{,}00$ EUR	

2. **Auswertung der Ergebnisse:**

zu 1. a): Gegenüber dem Vorjahr konnten alle Handlungskosten relativ gesenkt werden. Eine Kostensteigerung wird durch den erhöhten Wareneinsatz hervorgerufen.

zu 1. b): Rohgewinn (16,4 %) und Reingewinn (25,9 %) haben drastisch abgenommen. Dies kann in verstärkter Konkurrenz, in einer teilweisen Marktsättigung, in der eigenen Sortimentspolitik u.a. begründet sein.

zu 1. c): Der Wirtschaftlichkeitsfaktor ist zwar mit 1,3 immer noch gut, aber gegenüber dem Vorjahr um 0,11 zurückgegangen, d.h. der Ertrag für 1,00 EUR Einsatz ist von 1,41 EUR auf 1,30 EUR zurückgegangen.

zu 1. d): Offenbar haben Absatzschwierigkeiten bereits zu einer Eingrenzung des Personals und zu einer Intensivierung des Arbeitseinsatzes geführt. Trotz eines Umsatzrückganges konnte der Umsatz je Beschäftigten geringfügig gesteigert werden.

4 a)
- ❑ **als Stabsfunktionsstelle:** Ist der Unternehmensleitung direkt unterstellt, berät die Unternehmensleitung, bereitet Entscheidungen vor, besitzt keine Entscheidungs- und Weisungsbefugnis
- ❑ **als Linienfunktionsstelle:** Ist eingebunden in eine Funktionsebene, besitzt Weisungsrecht gegenüber anderen Abteilungen

b)
- ❑ formuliert Ziele für die Zukunft
- ❑ konkretisiert diese durch Pläne und Sollvorgaben
- ❑ erarbeitet Methoden, Modelle, Daten zur Kontrolle
- ❑ analysiert die Kontrollergebnisse
- ❑ erarbeitet Veränderungsvorschläge und Planungsvorgaben

operativ (kurzfristig) zwei bis drei Jahre	strategisch (langfristig) drei bis fünf Jahre
❑ Sicherung der Lebensfähigkeit – Liquidität – Überschuldung ❑ ausreichende Verzinsung des eingesetzten Kapitals – Eigenkapitalrentabilität – Gesamtkapitalrentabilität ❑ günstiges Verhältnis von Leistungen und Kosten – Wirtschaftlichkeit – Deckungsbeitrag	❑ Sicherung der Lebenserhaltung bei veränderten Marktbedingungen – politische Bedingungen (wirtschaftliche Beziehungen, Bündnisse, ökologische Rahmenbedingungen) – wirtschaftliche Änderungen (Kundenverhalten, Marktsättigung, technische Entwicklung, Trends) ❑ Erkenntnis der Änderungen und Entwicklungen ❑ Erkenntnis künftiger Chancen und Risiken ❑ Entwicklung von Maßnahmen zur Kursänderung

Lösungen der Aufgaben auf der CD

1 Inventur: Inventar, Bilanz, Bilanzveränderungen, Bestandskonten

1

	Soll	Haben
1. Aktivtausch	Maschinen	Bank
2. Aktivtausch	Kasse	BuG
3. Passivtausch	Verbindlichkeiten a. LL	Darlehensschulden
4. Aktiv-Passiv-Minderung	Darlehensschulden	Bankguthaben
5. Aktiv-Passiv-Mehrung	Maschinen	Verbindlichkeiten a. LL
6. Aktiv-Passiv-Minderung	Verbindlichkeiten a. LL	Bankguthaben
7. Aktivtausch	Kasse	Bankguthaben
8. Aktiv-Passiv-Minderung	Eigenkapital	Kasse
9. Aktiv-Passiv-Mehrung	Bankguthaben	Darlehensschulden
10. Aktivtausch	Fuhrpark	Bankguthaben

2

A	Bilanz		P
I. Anlagevermögen		I. Eigenkapital	3 455 000,00
1. Bebaute Grundstücke	895 000,00	II. Schulden	
2. Gebäude	850 000,00	1. Hypothekenschulden	
3. Maschinen	820 000,00	(8 Jahre)	700 000,00
4. Betriebs- und Geschäftsausstattung	120 000,00	2. Darlehensschuld (4 Jahre)	550 000,00
5. Fuhrpark	580 000,00	3. Verbindlichkeiten a. LL	940 000,00
II. Umlaufvermögen			
1. Rohstoffe	260 000,00		
2. Hilfsstoffe	64 000,00		
3. Fertige Erzeugnisse	470 000,00		
4. Forderungen a. LL	800 000,00		
5. Bankguthaben	780 000,00		
6. Kasse	6 000,00		
	5 645 000,00		5 645 000,00

Siegburg, den 26. Januar ...

Franz Klein

3

Geschäftsfälle	Auswirkungen in der Bilanz: Anlagevermögen +	Anlagevermögen −	Umlaufvermögen +	Umlaufvermögen −	Eigenkapital +	Eigenkapital −	Schulden +	Schulden −	Bilanzveränderung*: AT	PT	APMe	APMi
1.				×				×				×
2.	×						×				×	
3.			×	×					×			
4.			×		×						×	
5.			×				×				×	

4 a) 1, b) 3, c) 4, d) 2, e) 1, f) 2, g) 1, h) 3, i) 1

5 a) Stichtaginventur 4
b) Permanente Inventur 2
c) Zeitlich verlegte Inventur 5

6 a) 6 b) 4 c) 5 d) 2 e) 6 f) 4 g) 1 h) 1 i) 6 j) 5

7 a) 4 b) 2 c) 3 d) 3 e) 4 f) 2

8 a) 1 b) 2 c) 1 d) 2 e) 3 f) 1 g) 4

2 Erfolgskonten einschl. Bestandsveränderungen

1 a) 74,50 EUR
b) 1 499 685,00 EUR
c) 20 130 Stück
d) 135,00 EUR
e) 4 500 000,00 EUR
f) 112,50 EUR
g) 900 000,00 EUR
h) 22,50 EUR
i) 20 %
j) 1,2

2 a)

	1. Quartal	2. Quartal	3. Quartal	4. Quartal	Jahr
Anfangsbestand in Stück	660	**920**	**750**	**970**	**660**
Einkäufe in Stück	1 500	1 500	1 500	1 500	
Endbestand in Stück	920	750	970	360	
Absatzmenge in Stück	**1 240**	**1 670**	**1 280**	**2 110**	**6 300**

b)

	I	II	III	IV	Jahr
ba) Umsatz in EUR	3 013,20	4 058,10	3 110,40	5 127,30	15 309,00
bb) Wareneinkäufe in EUR	2 025,00	2 025,00	2 025,00	2 025,00	8 100,00
bc) Bestandsveränderungen in EUR	– 351,00	229,50	– 297,00	823,50	405,00
bd) Aufwendungen für Waren in EUR	1 674,00	2 254,50	1 728,00	2 848,50	8 505,00

c) ca) 15 309,00 EUR
cb) 8 505,00 EUR
cc) 6 804,00 EUR
cd) 80 %
ce) 1,8
cf) 44,44 %
d) da) 360 Stück
db) 486,00 EUR
dc) 3,7 %

3

a) GuV	an Aufwendungen für Rohstoffe
b) Umsatzerlöse für Erzeugnisse	an GuV
c) Verbindlichkeiten a. LL	an SBK
d) SBK	an Forderungen a. LL
e) BVÄ	an GuV
f) GuV	an Eigenkapital
g) Eigenkapital	an GuV

4 a) 6, b) 4, c) 5, d) 2, e) 6, f) 5, g) 3, h) 4, i) 1, j) 4, k) 3, l) 1, m) 7

5

	Soll	Haben	Auswirkung auf das Eigenkapital	Auswirkung auf die Bilanz
1.	Bankguthaben	Forderungen a. LL	keine	Aktivtausch
2.	Forderungen a. LL	Unsatzerlöse	Mehrung	Aktiv-Passiv-Mehrung
3.	Aufw. für Rohstoffe	Verbindlichkeiten a. LL	Minderung	Passivtausch
4.	Löhne	Bankguthaben	Minderung	Aktiv-Passiv-Minderung
5.	Aufw. für Rohstoffe	Rohstoffe	Minderung	Aktiv-Passiv-Minderung
6.	Miete	Bankguthaben	Minderung	Aktiv-Passiv-Minderung
7.	Verbindlichkeiten a. LL	Bankguthaben	keine	Aktiv-Passiv-Minderung
8.	Bankguthaben	Zinserträge	Mehrung	Aktiv-Passiv-Mehrung
9.	Verbindlichkeiten a. LL	Darlehensschulden	keine	Passivtausch
10.	Fertige Erzeugnisse	BVÄ	Mehrung	Aktiv-Passiv-Mehrung

6 1 1 200 000,00 EUR
2. 1 200 000 : 15 000 = 80,00 EUR
3. 225 000 − 75 000 = 150 000, also 150 TEUR Bestandsminderung
4. 150 000 : 80 = 1 875 Stück
5. 1 200 000 + 150 000 = 1 350 000,00 EUR
6. 15 000 + 1 875 = 16 875 Stück
7. 2 160 000 : 16 875 = 128,00 EUR
8. insgesamt: 2 160 000 − 1 350 000 = 810 000,00 EUR
je Stück: 128 − 80 = 48,00 EUR
9. $= \frac{810\,000 \cdot 100}{2\,160\,000} = 60\,\%$ oder $\frac{48 \cdot 100}{80} = 60\,\%$
10. $\frac{2\,160\,000}{1\,350\,000} = 1{,}6$ oder $\frac{128}{80} = 1{,}6$

7 a) Erfolgskonto „6800 Büromaterial"
b) Bestandskonto „4250 Verbindlichkeiten gegenüber Kreditinstituten"
c) Erfolgskonto „7030 Kraftfahrzeugsteuer"
d) Erfolgskonto „6900 Versicherungsbeiträge"
e) Bestandskonto „4400 Verbindlichkeiten a. LL"
f) Erfolgskonto „7510 Zinsaufwendungen"
g) Erfolgskonto „6000 Aufwendungen für Rohstoffe"

8 a) 221 000,00 EUR Gewinn

b)	5201	5 000,00	an 2200	5 000,00
	2100	46 000,00	an 5202	46 000,00

3 Umsatzsteuer

1 a) aa) 11 312,50 EUR
ab) 9 300,00 EUR
ac) 2 012,50 EUR
ad) 382,38 EUR

b) ba)	2400	13 461,88	an 5000	11 312,50
			an 4800	2 149,38
bb)	6000	9 300,00		
	2600	1 767,00	an 4400	11 067,00
2 a)	2400	11 206,23	an 5000	9 417,00
			an 4800	1 789,23
	6000	55 200,00		
	2600	10 488,00	an 4400	65 688,00
	2400	55 692,00	an 5000	46 800,00
			an 4800	8 892,00
	6160	875,00		
	260	166,25	an 4400	1 041,25

b) ba) 10 681,23 EUR USt-Zahllast
bb) 10 654,25 EUR absetzbare Vorsteuer
bc) 26,98 EUR USt-Zahllast

3 a) **ER 19230**

0860	12 600,00		
2600	2 394,00	an 4400	14 994,00
AR (Kopie) 1633			
2400	21 669,90	an 5000	18 210,00
		an 4800	3 459,90
Kassenzettel			
6800	70,39		
2600	13,37	an 2880	83,76
Quittung			
6050	48,91		
2600	9,29	an 2880	58,20
Bankauszug			
4400	14 994,00	an 2800	14 994,00
2800	99 067,50	an 2400	99 067,50

b) ba) 13,37 EUR
bb) 9,29 EUR
bc) 3 459,90 EUR Umsatzsteuerschuld
2 416,66 EUR Vorsteuer
1 043,24 EUR Umsatzsteuerzahllast

4 16,13 EUR

5 b) als Posten des Umlaufvermögens (Forderung gegenüber dem Finanzamt)

6 a) 28,70 EUR

b) Beleg 450:	6800	81,34		
	2600	15,46	an 2880	96,80
Beleg 451:	6050	69,71		
	2600	13,24	an 2880	82,95

7 a) 3 b) 1 c) 5 d) 1 e) 3 f) 5 g) 5 h) 5 i) 2 j) 4

8 a) 11 842,00 EUR

b) ba)	4800	9 528,00	an 2600	9 528,00
bb)	4800	11 842,00	an 8010	11 842,00
bc)	4800	11 842,00	an 2800	11 842,00

c) 10. Januar ..

9 a) 2 b) 5 c) 4 d) 5 e) 1 f) 3

4 Beschaffung und Absatz

1

a) aa)	6000	16 500,00		
	6001	150,00		
	2600	3 163,50	an 4400	19 813,50
ab)	4400	19 813,50	an 2800	19 417,23
			an 6002	333,00
			an 2600	63,27

b) ba) 29,66 EUR
bb) 3 100,23
bc) 20 %

2 a) 3 645 TEUR
b) 5 832 TEUR
c) 60 %
d) 300 TEUR
e) 12,15 mal

3 a) aa) 5
ab) 6 715
ac) 1,64
ad) 40
ae) 100
b) ba) 4800 an 2600
bb) 6080 an 2280
bc) 6080 an 6081

4 a) aa) 6080 an 6081
ab) 6082 an 6080
ac) 5100 an 5101
ad) 2280 an 6080
ae) 8020 an 6080
af) 8010 an 2280
ag) 5100 an 8020
b) ba) 24 000 TEUR
bb) 43 200 TEUR
bc) 19 200 TEUR
bd) 80 %
be) 600 TEUR
bf) 40 mal
bg) 9 Tage

5 a) aa) 6140
2600 an 4400
ab) 2400 an 5000
4800
ac) 5000
4800 an 2400
ad) 5001
4800 an 2400
b) ba) 32 092,70 EUR
bb) 5 945,61 EUR

6 a) 69 615,00 EUR
b) 42,0 %
c) 510,51 EUR
d) 30,0 %
e) 285,00 EUR
b)

4400	71 400,00	an 2800	69 615,00
		an 6062	1 500,00
		an 2600	285,00

7 a) aa) 2400 an 5000
4800
ab) 5000
4800 an 2400
ac) 2800
5001
4800 an 2400
b) ba) 42 818,85 EUR
bb) 8 135,58 EUR

8 a) aa) 2400 an 5000
an 4800
ab) 6140
2600 an 4400
ac) 2400 an 5000
an 4800
ad) 5001
4800 an 2400
ae) 2800
5001
4800 an 2400
b) ba) 76,30 EUR
bb) 36,7 %
bc) 19 818,40 EUR
bd) 3 738,90 EUR

9 a) 24 380,00 EUR
b) 2800 an 2400

10 a) aa) 55 216,00 EUR
ab) 176,32 EUR
b) ba) 4400 an 2800
6062
2600
bb) 2800 an 5710
7510
6750 an 2800

11 a)

2400	62 618,99	an 5000	52 621 00
		an 4800	9 997,99
5000	6 480,00		
4800	1 231,20	an 2400	7 711,20
2800	54 907,79	an 2400	54 907,79

b) Nettoumsatz: 46 141,00 EUR
Umsatzsteuerschuld: 8 766,79 EUR

12 a) aa) 35 700,00 EUR
ab) 114,00 EUR
b) ba) 56 227,50 EUR
bb) 179,55 EUR
c)

4400	35 700,00	an 2800	34 986,00
		an 6002	600,00
		an 2600	114,00
2800	55 102 95		
5001	945,00		
4800	179,55	an 2400	56 227,50

13 a)

aa)	6020	5 700,00		
	2021	72,00		
	2600	1 096,68	an 4400	6 868,68
ab)	4400	6 868,68	an 2800	6 731,31
			an 6022	115,44
			an 2600	21,93

b) ba) 14,14 EUR
bb) 1 096,68 − 21,93 = 1 074,75 EUR
bc) $p = \frac{2 \cdot 100 \cdot 360}{98 \cdot 13} = 56{,}51\ \%$

14 a) aa)

6000	43 320,00		
6001	480,00		
2600	8 322,00	an 4400	52 122,00
ab) 4400	571,20	an 6001	480,00
		an 2600	91,20
ac) 4400	51 550,80	an 2800	50 004,28
		an 6002	1 299,60
		an 2600	246,92

b) ba) 35,02 EUR
bb) 7 983,88 EUR
bc) $p = \frac{3 \cdot 100 \cdot 360}{97 \cdot 20} = 55{,}67\ \%$

c) **Lieferbedingung „frei Haus":** Im Preis sind die Transportkosten einkalkuliert, die die Abels, Wirtz & Co. KG für den Transport zur Bürodesign GmbH aufwenden muss.
Zahlungsbedingung: „Ziel 30 Tage rein netto oder 3 % Skonto binnen 10 Tagen".
Die Abels, Wirtz & Co. KG bietet einen Kredit mit einem hohen Zins an. Damit will sie erreichen, dass die Kunden vorzeitig (binnen 10 Tagen) zahlen.

d) da) **Lagerdatei:** Zugang 1 200 m
Bezugspreis je m: 35,02 EUR
db) **Kreditorendatei**

ER 3851	Wareneinkauf einschl. USt	52 122,00 H
Gutschrift 306	Rücksendung der Leihverpackung einschl. USt	571,20 S
BA 138	(Banküberweisung für ER 3851 − Gutschrift 306) + Skonto	51 550,80 S

15 a) aa)

2400	30 523,50	an 5000	25 650,00
		an 4800	4 873,50
ab) 2800	29 913,03		
5001	513,00		
4800	97,47	an 2400	30 523,50

b) ba) Kunden-Nr., Anschrift
bb) AR-Nr, Artikelbezeichnung, Einzelpreis

c) ca) 97,47 EUR
cb) $p = \frac{2 \cdot 100 \cdot 360}{98 \cdot 20} = 36{,}73\ \%$

d)

AR 21843	Warenverkauf auf Ziel	30 523,50 S
BA 130	Banküberweisung + Skonto für AR 21843	30 523,50 H

e) ea) Die Bewegungen und der Bestand können jederzeit abgerufen werden.
eb) Zahlungsverhalten und -gebaren können verfolgt werden.
Das Debitorenkonto kann genutzt werden, den Umsatz mit den Kunden zu ermitteln.
Dieser ist Grundlage für die Kundenbeurteilung und die Bonusberechnung.

16

Belege	Soll			Haben		
	Konto-Nr.	Konten-bezeichnung	EUR	Konto-Nr.	Konten-bezeichnung	EUR
Beleg 1	6000 6001 2600	Aufw. für Rohstoffe Bezugskosten Vorsteuer	18 400,00 600,00 3 610,00	4400	Verb. a. LL	22 610,00
Beleg 2	6000 6001 2600	Aufw. für Rohstoffe Bezugskosten Vorsteuer	76 660,00 1 200,00 14 793,40	4400	Verb. a. LL	92 654,40
Beleg 3	4400	Verb. a. LL	10 091,20	6000 6001 2600	Aufw. für Rohstoffe Bezugskosten Vorsteuer	7 840,00 640,00 1 611,20
Beleg 4	4400	Verb. a. LL	4 379,20	6002 2600	Nachlässe Vorsteuer	3 680,00 699,20
Beleg 5	6140 2600	Ausgangsfrachten Vorsteuer	500,00 95,00	4400	Verb. a. LL	595,00
Beleg 6	2400	Ford. a. LL	18 326,00	5000 4800	Umsatzerlöse Umsatzsteuer	15 400,00 2 926,00
Beleg 7	5001 4800	Erlösberichtigungen Umsatzsteuer	583,20 110,81	2400	Ford. a. LL	694,01
Beleg 8 Banklastschrift	4400	Verb. a. LL	59 500,00	2800 6002 2600	Bank Nachlässe Vorsteuer	57 715,00 1 500,00 285,00
Beleg 8 Bankgutschrift	2800 5001 4800	Bank Erlösberichtigungen Vorsteuer	17 279,35 296,34 56,30	2400	Ford. a. LL	17 631,99

17 (5)

18 17 %

19 7 200 Stück

20 a) 29 750,00 EUR
b) 4 655,00 EUR

21 a) 37 128,00 EUR
b) 204,20 EUR
c) 747,80 EUR
d) 42,0 %

22 a) 175 000,00 EUR
b) 875 000,00 EUR
c) 5 mal
d) 72 Tage
e) 1,8 %
f) 15 750,00 EUR

23 a) Kosten der Fremdlagerung: $750 \cdot 0{,}30 \cdot 30 = 6\,750{,}00$ EUR
b) $x \cdot 0{,}30 \cdot 30 = 9\,000$
$9x = 9\,000$
$x = 1\,000$
Bei 1 000 Stück sind die Kosten für Fremd- und Eigenlagerung gleich. Ab 1 001 Stück ist die Eigenlagerung günstiger.

24

	A			B		
	1	2	3	4	5	6
a)			×	×		
b)		×			×	
c)		×			×	
d)			×			×
e)			×		×	
f)	×					×

25 a) richtig
b) falsch, der Verbrauch beträgt 525 000,00 EUR
c) falsch, sie beträgt 83 450,00 EUR. Es wurde die Vorsteuerkorrektur durch Nachlässe der Lieferer in Höhe von 2 850,00 EUR nicht berücksichtigt.

26 a)

	A		B		C	
Zieleinkaufspreis		3 750,00		3 675,00		3 600,00
Skonto	3 %	112,50	2 %	73,50	2,5 %	90,00
Bareinkaufspreis		3 637,50		3 601,50		3 510,00
+ Bezugskosten		125,00		150,00		175,00
Bezugs-/Einstandspreis: 50 E		3 762,50		3 751,50		3 685,00
Bezugs-/Einstandspreis je E		75,25		75,03		73,70

	EUR
b) günstigster Lieferer: C	73,70
ungünstigster Lieferer: A	75,25
Differenz	1,55 oder 2,1 %

27 a) 1 b) 1 c) 1 d) 2 e) 3 f) 1

28 a)

	A		B	
Listenpreis		48 000,00		45 000,00
Rabatt	15 %	7 200,00	10 %	4 500,00
Zieleinkaufspreis		40 800,00		40 500,00
Skonto	3 %	1 224,00	2 %	810,00
Bareinkaufspreis		39 576,00		39 690,00
Bezugskosten		504,00		486,00
Bezugs-/Einstandspreis für 6 000 Stück		40 080,00		40 176,00
Bezugs-/Einstandspreis für 1 Stück		6,68		6,70

29

Anfangsbestand	200 · 7,40	1 480,00	
Verbrauch	160 · 7,40	1 184,00	
	40 · 7,40	296,00	
Zukauf	700 · 8,00	5 600,00	
Endbestand	740 · 7,97	5 896,00	a)
Tageswert	740 · 7,20	5 328,00	
Bewertungsdifferenz		568,00	b)

30 a) 26,19 t
b) 310 kg

31 a) Bisheriger Barverkaufspreis: 4 155,34 EUR

b) Neuer Barverkaufspreis: $\frac{5\,093{,}20 \cdot 100}{119} = 4\,280{,}00$ EUR

c) Selbstkosten: 4 280 − 520 = 3 760,00 EUR

Gewinn in %: $\frac{520 \cdot 100}{3\,760} = 13{,}83$ %

32 a) 3 b) 2 c) 2 d) 3 e) 1 f) 1 g) 1

33 a) 28 755,26 EUR
b) 2800 an 2400

34 a) 25 010,52 EUR
b) 2800 an 2400

35 a) Vierteljahresumsatz: $\frac{(196\,350 + 148\,750 + 92\,820 - 4\,760) \cdot 100}{119} = 364\,000{,}00$ EUR

b) Umsatzrückvergütung: $\frac{364\,000 \cdot 3}{100} = 10\,920{,}00$ EUR

c)

Bonus netto	10 920,00
19 % USt	2 074,80
Gutschrift	12 994,80

d)

5001	10 920,00		
4800	2 074,80	an D 24003	12 994,80

e) 3

36

a) aa)	2400	13 424,63	an 5000	11 281,20
b)			an 4800	2 143,43
ab)	5001	1 048,25		
	4800	199,17	an 2400	1 247,42
ac)	2800	11 933,67		
	5001	204,66		
	4800	38,88	an 2400	12 177,21

c) 11,281,20 − 1 048,25 − 204,66 = 10 028,29 EUR
d) 1 905,38 EUR

37

a) aa)	6140	1 290,00		
	2600	245,10	an 4400	1 535,10
ab)	2400	53 841,55	an 5000	45 245,00
			an 4800	8 596,55
ac)	2800	52 764,72		
	5001	904,90		
	4800	171,93	an 2400	53 841,55

b) ba) + 44 340,10 EUR Nettoumsatz
bb) + 8 179,52 EUR Mehrung der Umsatzsteuerzahllast

38 a) Verteilung der K_f auf größere Absatzmengen
geringere Anzahl bestellabhängiger K_v
daher preisgünstigere Verkaufsmöglichkeit

b) Preise ab 10 Stück 240,00 EUR
ab 50 Stück 216,00 EUR
ab 200 Stück 204,00 EUR

ba) $240\,x = 50 \cdot 216$

$x = \frac{10\,800}{240} = 45 \rightarrow$ also ab 45 Stück

bb) $216\,x = 200 \cdot 204$

$x = \frac{40\,800}{216} = 188{,}89 \rightarrow$ also ab 189 Stück

c) ab Bahnhof Triberg
– Lieferer trägt 1. Rollgeld
– Fracht, eventuell Transportversicherung, 2. Rollgeld trägt die Bürodesign GmbH

d) $p = \frac{2{,}5 \cdot 360}{22} = 40{,}9$ % (Überschlagsrechnung)

$p = \frac{2{,}5 \cdot 360 \cdot 100}{97{,}5 \cdot 22} = 41{,}96 \rightarrow 42$ % (genaue Rechnung)

e) hoher Zinssatz, mit dem erreicht werden soll, dass Kunden möglichst schnell (vorzeitig) zahlen, fördert die eigene Liquidität

39 a)

	I	II
Listenpreis	93,50	87,45
− Mengenrabatt 8 %	7,48	–
Zieleinkaufspreis	86,02	87,45
− Skonto 3 %	2,58	–
	83,44	87,45
+ Fracht	–	0,53
+ Versicherung	–	0,44
Bezugspreis	83,44	88,42

Alles spricht für Angebot I:
- Preis
- sofortige Lieferung
- gleichartige Qualität

b) Beziehungen, Erfahrungen, Kulanz
Zahlungsziel (z. B. 3 Monate)
Zuverlässigkeit, Bekanntheitsgrad, Marke
Qualität, Garantie, Kooperation bei Werbung
Abnahmemenge, Verpackungsentsorgung

c) – absatzpolitische Wirkung: Verhinderung des Verwaltungsaufwandes mit kleinen Mengen (z. B. Stückverpackung)
– Kundenselektion
– Ausnutzen von Transportkapazitäten

5 Personalwirtschaft[1]

1 a) aa) 3 990,00 EUR
ab) 3 740,00 EUR
ac) 743,41 EUR
ad) 66,90 EUR
ae) 40,88 EUR
af) 290,33 EUR
ag) 397,01 EUR
ah) 35,83 EUR
ai) 55,86 EUR
aj) 2 359,78 EUR
ak) 745,95 EUR
al) 851,19 EUR
am) 1 524,98 EUR

b)

ba)	2640	1 500,00	an 2800	1 500,00
bb)	6300	3 990,00	an 2800	2 359,78
			4830	851,19
			4840	779,03
bc)	6400	745,95	an 4840	745,95
bd)	4830	851,19	an 2800	851,19

2 a) aa) 2 926,00 EUR
ab) 2 701,00 EUR
ac) 410,28 EUR
ad) 36,93 EUR
ae) 22,57 EUR
af) 231,47 EUR
ag) 291,54 EUR
ah) 28,57 EUR
ai) 41,02 EUR
aj) 1 863,62 EUR
ak) 566,22 EUR
al) 469,78 EUR
am) 1 158,82 EUR

[1] Die Lösungen der Aufgaben beziehen sich auf die Aktualisierungen im Bereich Lohnsteuer. Die neuen Aufgaben finden Sie unter BuchPlusWeb auf www.bildungsverlag1.de.

b) ba)	2640	1 150,00	an 2800	1 150,00
bb)	6300	2 926,00	an 2800	1 863,62
			an 4830	469,78
			an 4840	592,60
bc)	6400	566,22	an 4840	566,22
bd)	4830	469,78	an 2800	469,78

3 a) aa) 1 815,19
ab) 3 015,19
ac) 634,73

b) ba)	6200	3 100,00	an 2800	3 015,19
	2650	1 200,00	an 4830	650,08
			an 4840	634,73
bb)	6400	599,08	an 4840	599,08

4 a) aa) 2 079,00 EUR
ab) 2 079,00 EUR
ac) 1 347,12 EUR
ad) 1 307,12 EUR
ae) 306,00 EUR
af) 827,84 EUR
b) ba) 2640 an 2800
bb) 6300 an 2800
an 4830
an 4840
an 4860
bc) 6400 an 4840
bd) 4830 an 2800
be) 8020 an 6400
bf) 4830 an 8010
bg) 4840 an 8010

5 a) aa) 2640 an 2800
ab) 2650 an 2880
ac) 6300 an 4830
an 4840
an 2800
6400 an 4840
ad) 4830
6400 an 2800
b) 88 000 + 17 006 + 3 800 = 108 806,00 EUR

6 a) aa) 2640 an 2800
ab) 6300 an 2800
an 4830
an 4840
ac) 6400 an 4840
ad) 4830 an 2800
b) ba) 102 261,53 EUR
bb) 40,60 %

6 Anlagenwirtschaft

1 a) 10 % b) lineare c) 198 000,00 EUR d) 30 % e) 10 Jahre

2 aa) 225 400,00 EUR ab) 28,52 EUR ac) 249,75 EUR ad) 18 783,33 EUR
ba) 0830
2600 an 4400
bb) 6800
2600 an 4400
bc) 4400 an 0830
an 2600
an 2800
bd) 2800 an 2400
be) 6520 an 0830

3 a) aa) 176 400,00 EUR
ab) 35 280,00 EUR

b) ba)	0840	180 000,00		
	2600	34 200,00	an 4400	214 200,00
bb)	4400	214 200,00	an 2800	209 916,00
			an 0840	3 600,00
			an 2600	684,00
bc)	6520	11 760,00	an 0840	11 760,00

4 a) aa) 54 000,00 EUR
ab) 8 250,00 EUR
ac) 45 750,00 EUR

b) ba)	0840	54 000,00		
	2600	10 260,00	an 4400	64 260,00
bb)	6520	8 250,00	an 0840	8 250,00
bc)	8020	8 250,00	an 6520	8 250,00
bd)	8010	45 750,00	an 0840	45 750,00

5 a) 15 000,00 EUR b) 105 000,00 EUR c) 10 %

d) (da)	084	150 000,00	an 440	178 500,00
	260	28 500,00		
(db)	652	15 000,00	an 084	15 000,00
(dc)	802	15 000,00	an 652	15 000,00
(dd)	801	135 000,00	an 084	135 000,00

6

a) aa)	0720	380 000,00		
	2600	72 200,00	an 4400	452 200,00
ab)	4400	28 560,00		
	6960	6 000,00	an 0720	30 000,00
			an 4800	4 560,00
ac)	0720	5 000,00		
	2600	950,00	an 4400	5 950,00

b) ba) 385 000,00 EUR
bb) = Minderung einer Umsatzsteuerzahllast bzw. Mehrung eines Vorsteuerüberhangs:
72 200 + 950 − 4 560 = 68 950,00 EUR
bc) 380 000 + 5 000 − 24 000 = 361 000,00 EUR

7 a) AK: 626.550 − 12 531 + 3 981 = 618 000,00 EUR

b) ba)	0830	626 550,00		
	2600	119 044,50	an 4400	745 594,50
bb)	0830	3 981,00		
	2600	756,39	an 4400	4 737,39

c) AfA: $\frac{618\,000 \cdot 8}{8 \cdot 12} = 51\,500{,}00$ EUR

d)

	EUR
Anschaffungswert	618 000,00
planmäßige AfA	51 500,00
außerplanmäßige Abschreibung	100 000,00
Aktivierung zum Jahresende	466 500,00

8 a) 6520 55 000,00 an 0720 55 000,00
b) 100 : 8 = 12,5 %
c) 62 500,00 EUR
d) (1)

9 a) aa) 68 600,00 EUR
ab) 6,87 EUR
ac) 178,03 EUR
ad) 5 002,08 EUR

b) ba)	0830	70 000,00		
	2600	13 300,00	an 4400	83 300,00
bb)	6800	36,13		
	2600	6,87	an 2880	43,00
bc)	4400	83 300,00	an 2800	81 634,00
			an 0830	1 400,00
			an 2600	266,00
	2800	25 593,54	an 2400	25 593,54
bd)	6520	5 002,08	an 0830	5 002,08

7 Jahresabschluss

1 a) 6900 an 2900 7 200,00 EUR
b) 4900 an 5400 12 000,00 EUR
c) 6900 an 2900 10 400,00 EUR
d) 4900 an 5710 2 400,00 EUR

2 a) aa) 18 800,00 EUR
ab) 1 920,00 EUR
b) ba) 2800 an 4900
an 5400
bb) 2900
7030 an 2800

3 a) aa) 73 066,00 EUR
ab) 291,65 EUR
ac) 840,00 EUR
b) ba) 2800
5101
4800 an 2400
bb) 7030
2900 an 2800

4 a) 35,80 EUR
b) 80 000,00 EUR
c) 44.952,38 EUR
d) 30 000,00 EUR

5 a) 125 925,93
b) 160 000,00
c) ca) 172 000,00
cb) 137 600,00
d) I 2 500,00
II 5 400,00

6 a) 420 Stück
b) 375 Stück
c) 4,97 EUR
d) 980 Stück
e) 4 870,60 EUR
f) 2 087,40 EUR
g) 2,6 mal
h) 2 074,80 EUR
i) 5,10 EUR

7 a) 3 080 TEUR
b) 1 920 TEUR
c) 3 200 TEUR
d) 1 800 TEUR
e) 64 %
f) 80 %
g) 103,9 %
h) 139,6 %
i) 50 800 TEUR
j) 52 000 TEUR
k) 1 200 TEUR
l) 60 %

8 a)

S	GuV		H
Wareneingang	14 400	Umsatzerlöse	25 000
Personalaufwand	8 000	Sonstige Erträge	1 000
Abschreibungen	600		
Sonstige Aufwendungen	2 400		
Jahresüberschuss	600		
	26 000		26000

A	Bilanz		P
Gebäude, Grundstücke	800	Gezeichnetes Kapital	800
Betriebs- und Geschäftsausstattung	280	Rücklagen	350
Fuhrpark	450	Jahresüberschuss	600
Warenbestand	300	Rückstellungen	270
Forderungen a. LL	570	Darlehensschulden	650
Bankguthaben	700	Verbindlichkeiten a. LL	430
	3 100		3 100

b) ba) 1 530 TEUR
bb) 1 570 TEUR
bc) 1 750 TEUR
bd) 1 350 TEUR
be) 25 400 TEUR
bf) 26 000 TEUR
bg) 600 TEUR

9 a) 30 TEUR
b) 620 TEUR
c) 20,97 %

10 a) 73 542,00 EUR
b) 234,84 EUR
c)

ca)	2800	72 071,16		
	5001	1 236,00		
	4800	234,84	an 2400	73 542,00
cb)	2800	4 800,00	an 5400	3 200,00
			an 4900	1 600,00

d) 36,73 %

11 a) 5 b) 4 c) 5 d) 1 e) 5 f) 3 g) 3

12 a) 2 b) 3 c) 2 d) 3 e) 1 f) 3 g) 1

13 a) 0860 10 612,24 an 4400 10 612,24
b) 10 956,60 EUR
c) (3)

14 a) 6950 5 709,38 an 2470 5 709,38
b) Insolvenzquote: $\frac{1\,941{,}19 \cdot 100}{9\,705{,}94} = \underline{\underline{20\ \%}}$
c)

ca)	2800	1 941,19		
	6960	815,62		
	4800	1 139,75	an 2470	3 996,56
cb)	8010	16 950,06	an 2470	16 950,06

15 A: a) 1 b) 520,00 EUR
B: a) 2 b) 1 200,00 EUR
C: a) 3 b) 1 000,00 EUR

16

	A			B				
	1	2	3	4	5	6	7	8
a)	×				×			
b)	×						×	
c)		×				×		
d)	×				×			
e)			×	×				
f)		×		×				

17 a) 8010 an 2900
b) 2200 an 5202
c) 8020 an 5200
d) 4800 an 2600
e) 3000 an 8020
f) 8010 an 2600

18

	A			B				
	1	2	3	4	5	6	7	8
a)		×		×				
b)	×				×			
c)	×						×	
d)		×				×		
e)	×						×	
f)	×							×

19 a) das Anlagevermögen: 7 728 TEUR
b) das Umlaufvermögen: 2 148 TEUR
c) das Eigenkapital: 6 540 TEUR
d) die Fremdkapitalintensität: $\frac{3\,336 \cdot 100}{9\,876} = 33{,}8\ \%$
e) die Anlagevermögensintensität: $\frac{7\,728 \cdot 100}{9\,876} = 78{,}3\ \%$
f) die Barliquidität: $\frac{54 \cdot 100}{104 + 384} = 11{,}1\ \%$

20 a) 2 b) 3 c) 1 d) 1 e) 1 f) 3

21 a) aa) 12,2 %
ab) 3 366 TEUR
ba) 8020 366,00 an 3000 366,00
bb) 3000 3 366,00 an 8010 3 366,00

22 a) 7510 an 4890
b) 2900 an 6900
c) 5400 an 4900
d) 2900 an 7030
e) 2900 an 6810
f) 2690 an 6002
g) 6160 an 4890

23 a) aa) 1 EUR = 1,75 Kan$
ab) 1 422,00 EUR
b) ba) 6850 2 400,00
6750 6,00 an 2800 2 406,00
bb) 6900 474,00
2900 1 422,00 an 2800 1 896,00

24 a) aa) 43 792,00 EUR
ab) 117,76 EUR
ac) 720,00 EUR
b) ba) 2800 42 916,16
5101 736,00
4800 139,84 an 2400 43 792,00
bb) 7030 2 160,00
2900 720,00 an 2800 2 880,00

25 a) 52 360,00 EUR
b) 209,00 EUR
c) 13 000,00
d) da) 2800 51 051,00
5101 1 100,00
4800 209,00 an 2400 52 360,00
db) 2800 19 500,00 an 5400 6 500,00
an 4900 13 000,00
e) 33 %

8 Kosten- und Leistungsrechnung

1

	EUR
Listeneinkaufspreis	580,00
8 % Rabatt	46,40
Zieleinkaufspreis	533,60
2,5 % Liefererskonto	13,34
Bareinkaufspreis	520,26
Bezugskosten	4,74
Bezugs-/Einstandspreis	525,00
50 % Handlungskosten	262,50
Selbstkostenpreis	787,50
12 % Gewinn	94,50
Barverkaufspreis	882,00
2 % Kundenskonto	18,00
Zielverkaufspreis	900,00
10 % Kundenrabatt	100,00
Listenverkaufspreis	1 000,00

a) 1 000,00 EUR
b) 525,00 EUR
c) 580,00 EUR
d) 90,5 %
e) 1,90476
f) 47,5 %

2 a) aa) 3 050 TEUR
ab) 2,25
ac) 110 %
ad) 7,14 %
ae) 12,2 %
af) 3 206 TEUR

b) ba) 3000 an 3001
bb) 8020 an 3000
bc) 3000 an 8010

3 a) aa) 5 500 TEUR
ab) 2 640 TEUR
ac) 48 %
ad) 8 140 TEUR
ae) 407 TEUR
af) 5 %
ag) 13,57 %

b) ba) 8020 an 6080
bb) 5100 an 8020
bc) 8020 an 3000
bd) 3000 an 8010

4 a) 261,00 EUR
b) 3 300 Stück
c) 22 %
d) 1 970 100,00 EUR
e) 1 585 575,00 EUR

5 a) aa) 97,50 EUR
ab) 3 900 Stück
ac) 26 %
ad) 836 550,00 EUR
ae) 15 000 Stück
af) 570 375,00 EUR

b) ba) 20 %
bb) 117,00
bc) 75 %
bd) 81 900,00 EUR

6 a) 38 556,00 EUR
b) 37 784,88 EUR
c) 1 587,60 EUR
d) 2 857,68 EUR

7 a) aa) 6080
2600 an 4400
ab) 6081
2600 an 4400
ac) 4400 an 2800
an 6082
an 2600
ad) 4400 an 2800

b) ba) 3,57 EUR
3,86 EUR
bb) 20,24 EUR
bc) 846,17 EUR
bd) 42 %
be) 5,00 EUR
5,79 EUR

8 a) 624 000,00 EUR
b) 1 920 000,00 EUR
c) 1 536 000,00 EUR
d) 5 mal
e) 307 200,00 EUR
f) 1,8 %
g) 27 648,00 EUR

9 a) 17 Mio. EUR
b) 85 Mio. EUR
c) 5 mal
d) 72 Tage
e) 80 %
f) 44,44 %

10 a) 50 000 Stück
b) 90 000 Stück
c) 60 000 Stück

11 43 %

12 a) 1. 750 TEUR
2. 750 TEUR
3. 710 TEUR
4. 790 TEUR
b) 3 000 TEUR
c) 5 400 TEUR
d) 2 400 TEUR
e) 80 %
f) 400 TEUR
g) 7,5 mal
h) 48 Tage

13 a) 2,8 b) 1,7 c) 1,5 d) 1,3 e) 6,7 f) 2,4 g) 1,5 h) 6,7

14 a) aa) Reisender: 60 000 + 25 000 = 85 000,00
Handelsvertreter: = 100 000,00

ab)

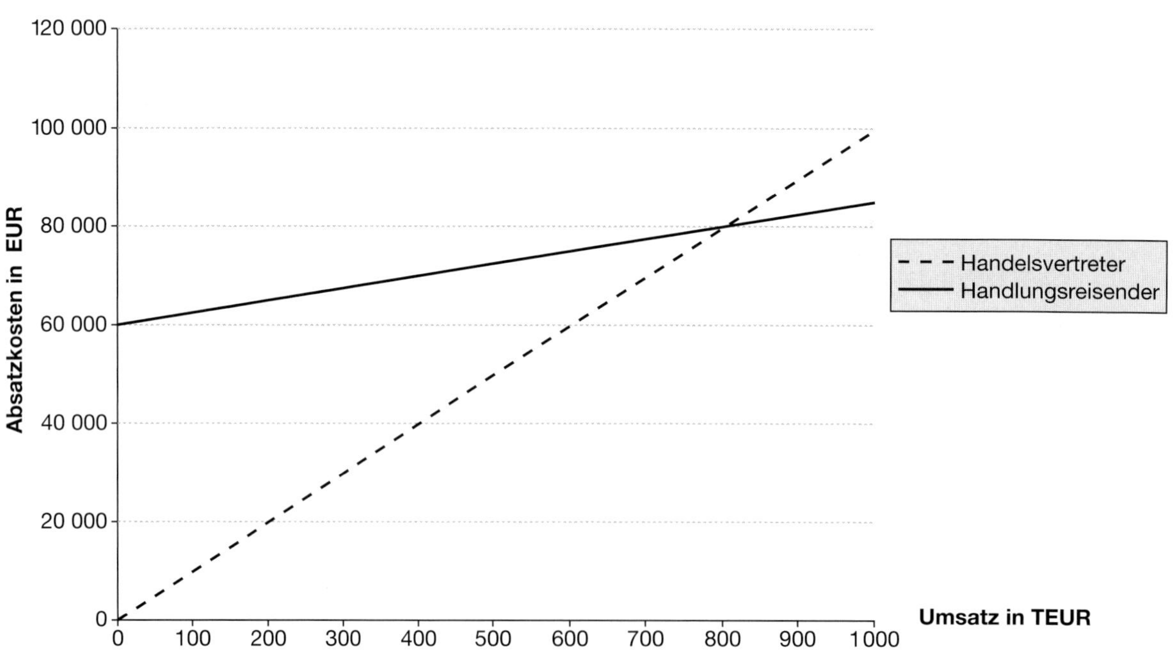

ac) $10\,x = 60\,000 + \frac{2{,}5\,x}{100}$

$\frac{7{,}5\,x}{100} = 60\,000$

$x = \frac{6\,000\,000}{7{,}5} = \underline{\underline{800\,000{,}00\ \text{EUR Umsatz}}}$

b) ba) – Verkaufsniederlassungen, Verkaufsräume
- Reisende
- Ordersatz
- Telefonverkauf
- Vertragshändler
- Rack-Jobber

bb) – Kontakt mit Kunden (Ohr am Markt)
- Anpassung des Produktions- und Absatzprogramms am Kunden
- Kosten bei größeren Umsätzen geringer
- Kundenservice
- Unabhängigkeit
- Gestaltungsfreiheit der Absatzpolitik
- niedrigere variable Kosten

c) ca) **Rack Jobber (direkt)**
- mietet Verkaufsfläche/Regale
- füllt diese mit eigener Ware
- pflegt Ware
- Verkaufsprovision
- breites Vertriebsnetz
- zur Produkteinführung geeignet
- für Einzelhandel Sortimentserweiterung

cb) **Kommissionär (indirekt)**
- übernimmt Produkte des Herstellers
- verkauft im eigenen Name auf fremde Rechnung gegen Provision
- kein Absatzrisiko
- gut zur Produkteinführung

15 a) aa) $\frac{620 \cdot 12 \cdot 100}{12\,000} = 62\ \%$

ab) im Monat: $\frac{49\,000}{275} = 178{,}2$ → 179 Stück

im Jahr: $\frac{49\,000 \cdot 12}{275} = 2\,138{,}2$ → 2 139 Stück

ac)

	Monat	Jahr
Umsatzerlöse : 620 · 495	308 760	3 705 120
K_v : 620 · 223	138 260	1 659 120
D_B	170 500	2 046 000
– K_f	49 000	588 000
Gewinn	121 500	1 458 000

ad) 223,00 EUR

b) – Höchstpreispolitik (Premiumstrategie)
- Psychologische Preisbildung (Eindruck einer knappen Kalkulation)
- Orientierung am Preisführer (Konkurrenten mit höchstem Marktanteil)

16 a) $\frac{228\,375}{525} = 435{,}00$ EUR/Maschinenstunde

b)

		EUR
	FM	2 500,00
16 %	MGK	400,00
	MK	2 900,00
	FL	1 000,00
50 %	FGK	500,00
	8 Maschinenstunden	3 480,00
	SE d. F	2 500,00
	FK	7 480,00
	HStK	10 380,00
20 %	VwGK	2 076,00
10 %	VtGK	1 038,00
	Selbstkosten	13 494,00
c) 15 %	Gewinn	2 024,10
	Barverkaufspreis	15 518,10
2 %	Kundenskonto	316,70
	Zielverkaufspreis	15 834,80

d) Umsatzrentabilität: $\frac{2\,024{,}10 \cdot 100}{15\,518{,}10} = 13{,}04\ \%$

17 a) 2 b) 1 c) 4 d) 3 e) 2 f) 1 g) 4

18

	Sollkosten (EUR)	Zuschlags-satz (%)	Istkosten (EUR)	Zuschlags-satz (%)
Fertigungsmaterial Materialgemeinkosten	3 000,00 300,00	 10	3 300,00 363,00	 11
Materialkosten	3 300,00		3 663,00	
Fertigungslöhne Fertigungsgemeinkosten	6 000,00 6 600,00		5 850,00 6 318,00	 108
Fertigungskosten	12 600,00		12 168,00	
Herstellkosten	15 900,00		15 831,00	
Verwaltungsgemeinkosten Vertriebsgemeinkosten Sondereinzelkosten des Vertriebs	4 134,00 2 385,00 1 200,00	26 15	4 432,68 2 216,34 1 125,00	28 14
Selbstkosten	23 619,00		23 605,02	
Gewinnzuschlag	2 361,90	10	2 375,88	10,1
Barverkaufspreis	25 980,90		25 980,90	
Skonto	530,22	2	530,22	2
Zielverkaufspreis	26 511,12		26 511,12	

a) aa) 10 %
ab) 15 900,00 EUR
ac) 23 619,00 EUR
ad) 26 511,12 EUR

b) ba) 23 605,02 EUR
bb) 2 375,88 EUR
bc) 8,96 %

c) 13,98 EUR

d) (1)

19

Aufwands- und Ertragspositionen / Abgrenzungsrechnung			Werte der Finanzbuchhaltung		I Unternehmungsbezogene Abgrenzungsrechnung		II Betriebsbezogene Abgrenzungsrechnung und kostenrechn. Korrekturen		III Kosten- und Leistungsarten	
			1	2	3	4	5	6	7	8
Z.	Konto	Bezeichnung	Aufwendungen	Erträge	betriebsfr. Aufwendungen	betriebsfr. Erträge	betr. a. o. Aufwendungen	betr. a. o. Erträge	Kosten	Leistungen
01	5000	Umsatzerlöse für eigene Erzeugnisse		23 144						23 144
02	5200	Bestandsveränderungen		605						605
03	5400	Mieterträge		308		308				
04	5710	Zinserträge		176		176				
05	6000	Aufwendungen für Rohstoffe/ Fertigungsmaterial	6 160				6 160	6 468	6 468	
06	6020	Aufwendungen für Hilfsstoffe	1 749						1 749	
07	6030	Aufwendungen für Betriebsstoffe	77						77	
08	6200	Löhne	5 280						5 280	
09	6300	Gehälter	1 100						1 100	
10	6400	Soziale Abgaben	1 320						1 320	
11	6500	Abschreibungen	1 430		90		1 340	1 000	1 000	
12	6800	Aufwendungen für Büromaterial	110						110	
13	6870	Aufwendungen für Werbung	671						671	
14	7700	Gewerbeertragsteuer	418				22		396	
15	7460	Verluste aus Wertpapieren	88		88					
16	7510	Zinsaufwendungen	1 188				1 188	2 057	2 057	
17	7600	A. o. Aufwendungen	572				572			
		Kalkulatorischer Unternehmerlohn						660	660	
			20 163	24 233	178	484	9 282	10 185	20 888	23 749
			4 070		306		903		2 861	
			24 233	24 233	484	484	10 185	10 185	23 749	23 749

a) 4 070 TEUR Gesamtergebnis
b) 660 TEUR Zusatzkosten (echte)
c) 2 057 TEUR Kalkulatorische Zinsen
d) 2 861 TEUR Betriebsgewinn
e) $\frac{4\,070 \cdot 100}{20\,000} = 20{,}35\ \%$

20 a) aa) Relative Deckungsbeiträge in EUR:
A 4,00 B 6,00 C 10,00 D 8,00 E 5,00

ab)

Rangfolge	Produkt	Menge	Zeitbedarf je Stück in Min.	Zeitbedarf insgesamt	Restkapazität	D_B gesamt
1	C	625	5	3 125	16 875	31 250
2	D	125	25	3 125	13 750	25 000
3	B	625	3	1 875	11 875	11 250
4	E	5 000	2	10 000	11 875	50 000
5	A	468	4	1 872	3	7 488

	124 988
K_f	30 000
ac) Gewinn	94 988

21 a) Produktions- und Absatzmenge: 7 500 Stück

b)	K_v: 7 500 · 27,50 =	206 250,00 EUR
	K_f:	234 375,00 EUR
	K_g:	440 625,00 EUR
c)	Umsatzerlöse: 7 500 · 65 =	487 500,00 EUR
	Gesamtgewinn:	46 875,00 EUR

d) Deckungsbeitrag: 65 − 27,50 = 37,50 EUR

e) Nutzenschwelle: $\frac{234\,375}{37{,}50}$ = 6 250 Stück

f) absolute Preisuntergrenze: 27,50 EUR/Stück (kurzfristig)

22

Aufträge	Nettoumsatzerlöse je A in EUR	Variable Kosten je A in EUR	Engpassbelastung in Stunden	Deckungsbeitrag je A in EUR	Relativer Deckungsbeitrag je A in EUR	Rangfolge
A1	18 000,00	11 980,00	14	6 020	430	3
A2	10 000,00	5 980,00	6	4 020	670	1
A3	30 000,00	19 920,00	16	10 080	630	2
A4	15 000,00	11 640,00	15	3 360	224	4
				a)	b)	c)

23 a) 2 b) 1 c) 2 d) 4 e) 3 f) 1

24

			Vollkostenbasis EUR	Teilkostenbasis EUR	
aa)		FM	7 500,00	7 500,00	
	20 %	MGK	1 500,00	1 200,00	
		MK	9 000,00	8 700,00	
		FL	10 000,00	7 000,00	
	80 %	FGK	8 000,00	6 400,00	
		FK	18 000,00	13 400,00	
		HStK	27 000,00	22 100,00	ba)
	20 %	VwGK	5 400,00	–	
	12 %	VtGK	3 240,00	810,00	
		SEK d. V.	2 000,00	2 000,00	
ab)		Selbstkosten	37 640,00	24 910,00	bb)
	8 %	Gewinn	3 011,20		
ac)		Angebotspreis	40 651,20		

bc)	Verkaufspreis	38 000,00 EUR
	k_v	24 910,00 EUR
	d_B	13 090,00 EUR

25 a) aa) Betriebsnotwendiges Vermögen: 1 080 000
Abzugskapital (zinsfreies Fremdkapital) 100 000
Betriebsnotwendiges Kapital 980 000
ab) davon 5,2 % kalkulatorische Zinsen = 50 960,00 EUR
ba) (1) bb) (1) bc) (1) bd) (3)

26

			a) EUR			b) EUR
	FM		150 000,00			135 000,00
	MGK	15 %	22 500,00		15 %	20 250,00
aa)	MK		172 500,00	ba)		155 250,00
	FL		50 000,00			
	FGK	180 %	90 000,00			
	SEdF		18 750,00			
	FK		158 750,00	bd)		156 014,00
ab)	HStK		331 250,00	bc)		311 264,00
	VwGK	20 %	66 250,00			63 077,00
	VtGK	10 %	33 125,00			31 538,00
	SEK d. V.		17 925,00			15 000,00
ac)	Selbstkosten		448 550,00	bb)		419 643,00
	Gewinn	12 %	53 826,00			50 357,00
ad)	Angebotspreis		502 376,00			470 000,00

be) $\frac{(158\,750 - 156\,014) \cdot 100}{158\,750} = 1{,}7\ \%$

9 Controlling

a) 35 %
b) 20 %
c) ca) 0,50 EUR
cb) 12,5 %
d) 1 920 TEUR

10 Zahlungsverkehr und Finanzierung

1 a) aa) 118 440,00 EUR
ab) 3 850,00 EUR
b) ba) 2800
2900 an 4250
bb) 7510 an 4890
bc) 4890
7510 an 2800

2 a) aa) 4 250,00 EUR
ab) 86 000,00 EUR
b) ba) 2800 an 4200
bb) 7510 an 4890
bc) 4200
4890
7510 an 2800

Klassenarbeiten

Klassenarbeit Nr. 1: Inventar, Bilanz, Wertbewegungen in der Bilanz, Bestandskonten

1 A — Bilanz der Möbelfabrik Adam Eich GmbH zum 31. 12. 20.. — P

A		P	
I. Anlagevermögen		**I. Eigenkapital**	303 200,00
1. Grundstück und Gebäude	850 000,00	**II. Schulden**	
2. Maschinen	252 000,00	1. Hypothekenschulden	980 000,00
3. BuG	24 000,00	2. Verbindlichkeiten a. LL	316 800,00
4. Fuhrpark	96 000,00		
II. Umlaufvermögen			
1. Rohstoffe	130 000,00		
2. Fremdbauteile	26 000,00		
3. Hilfsstoffe	46 800,00		
4. Betriebsstoffe	27 400,00		
5. Fertige Erzeugnisse	56 000,00		
6. Forderungen a. LL	37 400,00		
7. Bankguthaben	42 000,00		
8. Kasse	12 400,00		
	1 600 000,00		1 600 000,00

Stuttgart, den 25. Januar 20.. *Adam Eich*

2 c), e)

3 a), d)

4 a), d)

5 b), c)

6 b), d)

7 b)

8

	Auswirkungen auf die Bilanz								Bilanzveränderung*			
	Anlagevermögen		Umlaufvermögen		Eigenkapital		Schulden					
	+	−	+	−	+	−	+	−	AT	PT	APMe	APMi
1.				×				×				×
2.	×						×				×	
3.			×	×					×			
4.		×			×						×	
5.			×				×				×	

* AT = Aktivtausch, PT = Passivtausch, APMe = Aktiv-Passiv-Mehrung, APMi = Aktiv-Passiv-Minderung

9 (1) a), e), g) (2) c), d), e) (3) b), d), e), f), g)

10 zeitnahe Inventur: a), e), h)
zeitlich verlegte Inventur: b)
permanente Inventur: c), d), f), g)

11 a) Anlagevermögen: 15 000 000,00 EUR
b) Umlaufvermögen: 15 000 000,00 EUR
c) liquide Mittel: 3 000 000,00 EUR
d) Eigenkapital: 12 000 000,00 EUR
e) kurzfristige Verbindlichkeiten: 9 000 000,00 EUR

12

a) **Buchungen**				b) **Bilanzbewegung**
1. Rohstoffe	700,00	an Kasse	700,00	Aktivtausch
2. Kasse	800,00	an Maschinen	800,00	Aktivtausch
3. Darlehen	3 000,00	an Bank	3 000,00	Aktiv-Passiv-Minderung
4. Hilfsstoffe	2 200,00	an Verbindlichkeiten a. LL	2 200,00	Aktiv-Passiv-Mehrung
5. Verbindlichkeiten a. LL	1 800,00	an Bank	1 800,00	Aktiv-Passiv-Minderung
6. Verbindlichkeiten a. LL	5 000,00	an Darlehen	5 000,00	Passivtausch

A — Eröffnungsbilanz — P

A			P
Masch.	80 000,00	Eigenk.	108 000,00
Ausst.	20 000,00	Darlehen	40 000,00
Rohst.	25 000,00	Verbindl.	22 000,00
Hilfsst.	12 000,00		
Ford.	11 000,00		
Bank	18 000,00		
Kasse	4 000,00		
	170 000,00		170 000,00

S — Eröffnungsbilanzkonto — H

S			H
Eigenk.	108 000,00	Masch.	80 000,00
Darlehen	40 000,00	Ausst.	20 000,00
Verbindl.	22 000,00	Rohst.	25 000,00
		Hilfsst.	12 000,00
		Ford.	11 000,00
		Bank	18 000,00
		Kasse	4 000,00
	170 000,00		170 000,00

S — Maschinen — H

S			H
EBK	80 000,00	(2) Kasse	800,00
		SBK	79 200,00
	80 000,00		80 000,00

S — Bank — H

S			H
EBK	18 000,00	(3) Darl.	3 000,00
		(5) Verb.	1 800,00
		SBK	13 200,00
	18 000,00		18 000,00

S — Ausstattung — H

S			H
EBK	20 000,00	SBK	20 000,00

S — Kasse — H

S			H
EBK	4 000,00	(1) Rohst.	700,00
(2) Masch.	800,00	SBK	4 100,00
	4 800,00		4 800,00

S — Rohstoffe — H

S			H
EBK	25 000,00	SBK	25 700,00
(1) Kasse	700,00		
	25 700,00		25 700,00

S — Hilfsstoffe — H

S			H
EBK	12 000,00	SBK	14 200,00
(4) Verb	2 200,00		
	14 200,00		14 200,00

S	Eigenkapital		H
EBK	108 000,00	SBK	108 000,00

S	Forderungen a. LL		H
EBK	11 000,00	SBK	11 000,00

S	Darlehensschulden		H
(3) Bank	3 000,00	EBK	40 000,00
SBK	42 000,00	(6) Verb.	5 000,00
	45 000,00		45 000,00

S	Verbindlichkeiten a. LL		H
(5) Bank	1 800,00	EBK	22 000,00
(6) Darl.	5 000,00	(4) Hilfsst.	2 200,00
SBK	17 400,00		
	24 200,00		24 200,00

S	Schlussbilanzkonto		H
Masch.	79 200,00	Eigenk.	108 000,00
Ausst.	20 000,00	Darlehen	42 000,00
Rohst.	25 700,00	Verbindl.	17 400,00
Hilfsst.	14 200,00		
Ford.	11 000,00		
Bank	13 200,00		
Kasse	4 100,00		
	167 400,00		167 400,00

13 (1) a), h), i), l) (2) b), c), g), k) (3) e), f), j), m), n) (4) d)

Klassenarbeit Nr. 2: Erfolgskonten

1

	Buchungssatz		Auswirkung auf das Eigenkapital			Auswirkung auf die Bilanz			
	Soll	Haben	Minderung	Mehrung	keine	AT	PT	APMe	APMi
1.	Aufw. f. Rohstoffe	Bank	×						×
2.	Forderungen a. LL	Umsatzerlöse		×				×	
3.	Rohstoffe	Verbindl. a. LL			×			×	
4.	Löhne	Bank	×						×
5.	Bank	Forderungen a. LL			×	×			
6.	Miete	Bank	×						×
7.	Verbindl. a. LL	Bank			×				×
8.	Bank	Zinserträge		×				×	
9.	Verbindl. a. LL	Darlehen			×		×		
10.	Rohstoffe	Aufw. f. Rohstoffe		×					

2 (1) h), l) (2) d) (3) g), k) (4) b), h), i), j) (5) c), f) (6) a), c) (7) m)

3
a) GuV an Rohstoffaufwand
b) Umsatzerlöse an GuV
c) Verbindlichkeiten a. LL an SBK
d) SBK an Forderungen a. LL
e) GuV an EK
f) EK an SBK

4
a) 1 200 TEUR
b) 80,00 EUR
c) 112,00 EUR
d) 480 TEUR
5. 32,00 EUR
6. 40 %
7. 1,4

5

S	Maschinen		H
EBK	720 000,00	SBK	720 000,00

S	Forderungen a. LL		H
EBK	104 000,00	Bank	972 000,00
U-Erl.	980 000,00	SBK	112 000,00
	1 084 000,00		1 084 000,00

S	Bank		H
EBK	100 000,00	Verb	540 000,00
Ford	972 000,00	LÖ/Geh	240 000,00
U-Erl.	616 000,00	Fremdinst.	60 800,00
		Miete/Bürok.	140 000,00
		SBK	707 200,00
	1 688 000,00		1 688 000,00

S	Eigenkapital		H
SBK	1 303 200,00	EBK	812 000,00
		GuV	491 200,00
	1 303 200,00		1 303 200,00

S	Verbindlichkeiten a. LL		H
Bank	540 000,00	EBK	112 000,00
SBK	236 000,00	Aufw./Ro	480 000,00
		Aufw./Hi	184 000,00
	776 000,00		776 000,00

S	Umsatzerlöse		H
GuV	1 596 000,00	Ford	980 000,00
		Bank	616 000,00
	1 596 000,00		1 596 000,00

S	Aufwendungen für Rohstoffe		H
Vb	480 000,00	GuV	480 000,00

S	Aufwendungen für Hilfsstoffe		H
Vb	184 000,00	GuV	184 000,00

S	Löhne/Gehälter		H
Bank	240 000,00	GuV	240 000,00

S	Fremdinstandhaltung		H
Bank	60 800,00	GuV	60 800,00

S	Miete/Bürokosten		H
Bank	140 000,00	GuV	140 000,00

S	GuV		H
Aufw./Ro	480 000,00	U-Erl.	1 596 000,00
Aufw./Hi	184 000,00		
Lö/Geh	240 000,00		
Fremdinst.	60 800,00		
Miete/Bürok.	140 000,00		
EK	491 200,00		
	1 596 000,00		1 596 000,00

S	SBK		H
Ma	720 000,00	EK	1 303 200,00
Fo	112 000,00	Vb	236 000,00
Ba	707 200,00		
	1 539 200,00		1 539 200,00

6 (1) b), e), g) (2) h) (3) f) (4) d) (5) a), c), i), j) (6) c), d), h) (7) b), e), f), g) (8) a), i), j)

7 (1) b), e) (2) d), g), l) (3) c), h), i), k) (4) a), f), j)

Klassenarbeit Nr. 3: Umsatzsteuer und Abschreibungen

1

1. Rohstoffe	30 000,00		
Vorsteuer	5 700,00	an Verbindlichkeiten a. LL	35 700,00
2. Forderungen a. LL	20 230,00	an Umsatzerlöse	17 000,00
		an Umsatzsteuer	3 230,00
3. Fuhrpark	32 000,00		
Vorsteuer	6 080,00	an Bank	38 080,00
4. Energie	380,00		
Vorsteuer	72,20	an Bank	452,20
5. Umsatzsteuer	22 000,00	an Bank	22 000,00
6. Verbindlichkeiten a. LL	57 126,00	an Bank	57 126,00
7. Gehälter	89.300,00	an Bank	89.300,00
8. Bank	32 368,00	an Forderungen a. LL	32 368,00
9. Hilfstoffaufwand	8 000,00		
Vorsteuer	1 520,00	an Bank	9 520,00
10. Abschreibungen	14 000,00	an BuG	14 000,00
11. GuV	84 000,00	an Abschreibungen	84 000,00
12. Umsatzsteuer	25 000,00	an Vorsteuer	25 000,00
13. Bank	45 000,00	an Vorsteuer	45 000,00
14. Umsatzsteuer	36 000,00	an SBK	36 000,00
15. SBK	34 000,00	an Vorsteuer	34 000,00
16. GuV	250 000,00	an Eigenkapital	250 000,00

2 (1) a), c), e), f) (2) b), c), g)

3 a) lineare b) 6 1/4 % c) 16 d) 302 500,00

4

	linear	Leistungsabschreibung
Anschaffungswert AfA 1	180 000,00 22 500,00	180 000,00 20 000,00
Buchwert 1 AfA 2	157 500,00 22 500,00	160 000,00 28 000,00
Buchwert	135 000,00	132 000,00

5

	1	2	3	4
a)	×			
b)				×
c)		×		
d)			×	
e)	×			
				×

6

	Umsatzsteuer EUR	Vorsteuer EUR
1.		12 350,00
2.	26 980,00	
3.		16,34
4.		551,00
5.	684,00	
Umsatzsteuer/Vorsteuer insgesamt	27 664,00	12 917,34
Zahllast	14 746,66	

7 Umsatz: 650 000,00

Umsatz:	650 000,00		
USt-frei (40 %)	260 000,00		
USt-pflichtig	390 000,00	USt	74 100,00
Vorumsatz	440 000,00	Vorsteuer	83 600,00
		Vorsteuerüberhang	9 500,00

8 (1) a), c), d), h) (2) b), e) (3) e), f), g)

9 a)

S	Vorsteuer		H
1. Verb	6 400,00		
4. Kasse	16,15		
5. Bank	1 425,00		

S	Umsatzsteuer		H
3. Bank	4 500,00	EBK	4 500,00
		2. Ford	14 250,00
		6. Bank	3 078,00

b) ba) abziehbare Vorsteuer 9 041,15 EUR
bb) Umsatzsteuerschuld 17 328,00 EUR
bc) Umsatzsteuerzahllast 8 286,85 EUR

Beleggeschäftsgang

Buchungssätze

Beleg Nr. 801	K 70001	40 698,00	an S 28000	40 698,00
	S 48000	39 025,00	an S 28000	39 025,00
Beleg Nr. 802	D 24030	23 550,10	an S 50000	19 790,00
			an S 48000	3 760,10
Beleg Nr. 803	S 60500	48,91		
	S 26000	9,29	an S 28800	58,20
Beleg Nr. 804	S 68200	100,00	an S 28800	100,00
Beleg Nr. 805	S 68000	70,39		
	S 26000	13,37	an S 28800	83,76
Beleg Nr. 806	D 24040	50 479,80	an S 50000	42 420,00
			an S 48000	8 059,80
Beleg Nr. 807	wird beim Eingang des Bankkontoauszugs (Beleg Nr. 809) gebucht.			
Beleg Nr. 808	wird beim Eingang des Bankkontoauszugs (Beleg Nr. 809) gebucht.			
Beleg Nr. 809	S 61600	840,00		
	S 26000	159,60	an S 28000	999,60
	S 60500	785,12		
	S 26000	149,17	an S 28000	934,29
Beleg Nr. 810	wird beim Eingang des Bankkontoauszugs (Beleg Nr. 811) gebucht.			
Beleg Nr. 811	S 68000	4 000,00		
	S 26000	760,00	an S 28000	4 760,00
	S 28000	41 055,00	an D 24030	41 055,00
Beleg Nr. 812	wird beim Eingang des Bankkontoauszugs (Beleg Nr. 813) gebucht.			
Beleg Nr. 813	S 61600	500,00		
	S 26000	95,00	an S 28000	595,00
Beleg Nr. 814	S 61600	82,86		
	S 26000	15,74	an S 28800	98,60
Beleg Nr. 815	S 60000	23 000,00		
	S 26000	4 370,00	an K 70001	27 370,00
Beleg Nr. 816	wird beim Eingang des Bankkontoauszugs (Beleg Nr. 818) gebucht.			
Beleg Nr. 817	wird beim Eingang des Bankkontoauszugs (Beleg Nr. 818) gebucht.			
Beleg Nr. 818	S 61600	1 248,00		
	S 26000	237,12	an S 28000	1 485,12
	S 62000	75 800,00	an S 28000	75 800,00
	S 63000	72 200,00	an S 28000	72 200,00
	K 70001	13 090,00	an S 28000	13 090,00
	S 28000	54 145,00	an D 24030	54 145,00
Beleg Nr. 819	D 24030	21 301,00	an S 50000	17 900,00
			an S 48000	3 401,00
Beleg Nr. 820	S 28000	50 218,00	an D 24040	50 218,00
	S 68200	1 200,00		
	S 26000	228,00	an S 28000	1 428,00
Beleg Nr. 821	S 60000	6 000,00		
	S 26000	1 140,00	an K 70004	7 140,00

S	S 05000 Grundstücke und Gebäude		H
S 91900	720 000,00	S 80100	720 000,00

S	S 07000 Maschinen		H
S 91900	370 000,00	S 80100	370 000,00

S	S 08400 Fuhrpark		H
S 91900	250 000,00	S 80100	250 000,00

S	S 08600 Geschäfts- und Betriebsausst.		H
S 91900	128 000,00	S 80100	128 000,00

S	S 24000 Forderungen a. LL		H
S 91900	142 800,00	S 28000	41 055,00
S 5000, S 48000	23 550,10	S 28000	54 145,00
S 5000, S 48000	50 479,80	S 28000	50 218,00
S 5000, S 48000	21 301,00	S 28000	41 055,00
		S 80100	51 657,90
	238 130,90		238 130,90

S	S 26000 Vorsteuer		H
S 91900	53 400,00	S 48000	60 577,29
S 28800	9,29		
S 28800	13,37		
S 28000	159,60		
S 28000	149,17		
S 28000	760,00		
S 28000	95,00		
S 28000	15,74		
S 28000	4 370,00		
S 28000	237,12		
S 28000	228,00		
K 70004	1 140,00		
	60 577,29		60 577,29

S	S 28000 Bankguthaben		H
S 91900	515 838,00	K 70001	40 698,00
D 24030	41 055,00	S 48000	39 025,00
D 24030	54 145,00	S 61600, S 26000	999,60
D 24040	50 218,00	S 60500, S 26000	934,29
S 24030	41 055,00	S 68000, S 26000	4 760,00
		S 61600, S 26000	595,00
		S 61600, S 26000	1 485,12
		S 62000	75 800,00
		S 63000	72 200,00
		K 70001	13 090,00
		S 68200, S 26000	1 428,00
		S 80100	451 295,99
	702 311,00		702 311,00

S	S 28800 Kasse		H
S 91900	4 697,00	S 60500, S 26000	58,20
		S 68200	100,00
		S 68000, S 26000	83,76
		S 61600, S 26000	98,60
		S 80100	4 356,44
	4 697,00		4 697,00

S	S 30000 Eigenkapital		H
S 80100	1 862 784,72	S 91900	1 500 000,00
		S 80200	362 784,72
	1 862 784,72		1 862 784,72

S	S 44000 Verbindlichkeiten a. LL		H
S 28000	40 698,00	S 91900	123 760,00
S 28000	13 090,00	S 60000, S 26000	27 370,00
S 80100	104 482,00	S 60000, S 26000	7 140,00
	158 270,00		158 270,00

S	S 48000 Umsatzsteuer		H
S 28000	39 025,00	S 91900	92 425,00
S 26000	60 577,29	D 24030	3 760,10
S 80100	8 043,61	D 24040	8 059,80
		D 24030	3 401,00
	107 645,90		107 645,90

S	S 50000 Umsatzerlöse für Erzeugnisse		H
S 80200	4 353 160,00	S 91900	4 273 050,00
		D 24030	19 790,00
		D 24040	42 420,00
		D 24030	17 900,00
	4 353 160,00		4 353 160,00

S	S 51000 Umsatzerlöse für Handelswaren		H
S 80200	1 800 000,00	S 91900	1 800 000,00

S	S 60000 Aufwendungen für Rohstoffe		H
S 91900	2 660 500,00	S 80200	2 689 500,00
K 70001	23 000,00		
K 70004	6 000,00		
	2 689 500,00		2 689 500,00

S	S 60200 Aufwendungen für Hilfsstoffe		H
S 91900	116 000,00	S 80200	116 000,00

S	S 60500 Auf. für Energie/Wasser		H
S 91900	41 600,00	S 80200	42 434,03
S 28800	48,91		
S 28000	785,12		
	42 434,03		42 434,03

S	S 6080 Aufwendungen für Handelswaren		H
S 91900	800 000,00	S 80200	800 000,00

S	S 61600 Fremdinstandhaltung/Reinigung		H
S 91900	20 400,m00	S 80200	23 070,86
S 28000	840,00		
S 28000	500,00		
S 28800	82,86		
S 28000	1 248,00		
	23 070,86		23 070,86

S	S 62000 Löhne		H
S 91900	823 000,00	S 80200	898 800,00
S 28000	75 800,00		
	898 800,00		898 800,00

S	S 63000 Gehälter		H
S 91900	800 000,00	S 80200	872 200,00
S 28000	72 200,00		
	872 200,00		872 200,00

S	S 68000 Büromaterial		H
S 91900	82 100,00	S 80200	86 170,39
S 28800	70,39		
S 28000	4 000,00		
	86 170,39		86 170,39

S	S 68200 Postentgelte/Telekommunikation		H
S 91900	26 900,00	S 80200	28 200,00
S 28800	100,00		
S 28000	1 200,00		
	28 200,00		28 200,00

S	S 68700 Werbung		H
S 91900	144 100,00	S 80200	144 100,00

S	S 69000 Versicherungsbeiträge		H
S 91900	28 900,00	S 80200	28 900,00

S	S 77000 Gewerbeertragsteuer		H
S 91900	61 000,00	S 80200	61 000,00

S	S 8020 GuV		H
S 60000	2 689 500,00	S 50000	4 353 160,00
S 60200	116 000,00	S 51000	1 800 000,00
S 60500	42 434,03		
S 60800	800 000,00		
S 61600	23 070,86		
S 62000	898 800,00		
S 63000	872 200,00		
S 68000	86 170,39		
S 68200	28 200,00		
S 68700	144 100,00		
S 69000	28 900,00		
S 77000	61 000,00		
S 30000	362 784,72		
	6 153 160,00		6 153 160,00

S	S 8010 SBK		H
S 05000	720 000,00	S 30000	1 862 784,72
S 07000	370 000,00	S 44000	104 482,00
S 08400	250 000,00	S 48000	8 043,61
S 08600	128 000,00		
S 24000	51 657,90		
S 28000	451 295,99		
S 28800	4 356,44		
	1 975 310,33		1 975 310,33

S	D 24030 Herstadt Warenhaus GmbH		H
S 91900	142 800,00	S 28000	41 055,00
S 5000, S 48000	23 550,10	S 28000	54 145,00
S 5000, S 48000	21 301,00	S 28000	41 055,00
		Saldo	51 396,10
	187 651,10		187 651,10

S	K 70001 Vereinigte Spanplatten AG		H
S 28000	40 698,00	S 91900	124 760,00
S 28000	13 090,00	S 60000, S 26000	27 370,00
Saldo	97 342,00		
	151 130,00		151 130,00

S	D 24040 Krankenhaus GmbH Duisburg		H
S 5000, S 48000	50 479,80	S 28000	50 218,00
		Saldo	261,8
	50 479,80		50 479,80

S	K 70004 Lieferer Abels, Wirtz & Co. KG		H
Saldo	7 140,00	S 60000, S 26000	7 140,00

Saldenliste Kunden:

D 24030	51 396,10
D 24040	261,80
	51 657,90

Saldenliste Lieferer:

K 70001	97 342,00
K 70004	7 140,00
	104 482,00